中大经济研究院·国际证券期货经典译丛

至臻掘金
——金银铂钯趋势交易指南

菲利普·戈特海尔福
(Philip Gotthelf) 著

益 智 主译
林 皓 主校

上海财经大学出版社

图书在版编目(CIP)数据

至臻掘金:金银铂钯趋势交易指南/(美)戈特海尔福(Gotthelf, P.)著;益智主译;林皓主校.—上海:上海财经大学出版社,2012.8
(中大经济研究院·国际证券期货经典译丛)
书名原文:Precious Metals Trading: How to Profit from Major Market Moves
ISBN 978-7-5642-1190-5/F·1190

Ⅰ.①至… Ⅱ.①戈… ②益…③林… Ⅲ.①贵金属-投资 Ⅳ.①F830.94

中国版本图书馆 CIP 数据核字(2011)第 193157 号

□ 责任编辑　袁　敏
□ 封面设计　张克瑶
□ 责任校对　王从远

ZHIZHEN JUEJIN
至 臻 掘 金
——金银铂钯趋势交易指南

菲利普·戈特海尔福　著
(Philip Gotthelf)
益　智　主译
林　皓　主校

上海财经大学出版社出版发行
(上海市武东路 321 号乙　邮编 200434)
网　　址:http://www.sufep.com
电子邮箱:webmaster@sufep.com
全国新华书店经销
上海华教印务有限公司印刷装订
2012 年 8 月第 1 版　2012 年 8 月第 1 次印刷

787mm×1092mm　1/16　18.5 印张(插页:1)　293 千字
印数:0 001—4 000　定价:48.00 元

图字:09-2010-325 号

Precious Metals Trading: *How to Profit from Major Market Moves*

Philip Gotthelf

Copyright © 2005 by Philip Gotthelf

All Rights Reserved. This translation published under license.

No part of this publication may be reproduced, stored in a retrieval system or transmitted in any form or by any means, electronic, mechanical, photocopying, recording, scanning or otherwise, except as permitted under Sections 107 or 108 of the 1976 United States Copyright Act, without the prior written permission of the Publisher.

CHINESE SIMPLIFIED language edition published by SHANGHAI UNIVERSITY OF FINANCE AND ECONOMICS PRESS, Copyright © 2012.

2012年中文版专有出版权属上海财经大学出版社

版权所有　翻版必究

中大经济研究院·国际证券期货经典译丛
编辑委员会

主任　林　皓

委员　林　皓　鲁　峰
　　　高　辉　益　智

主编　益　智

策划　黄　磊

总　序

《黄帝阴符经》说："天发杀机,斗转星移;地发杀机,龙蛇起陆;人发杀机,天地反覆"。市场在有组织的暗含杀机的博弈中,演奏出来的"天地反覆"风险狂舞曲,足以警醒人们的理性。如果说博弈成为暗藏杀机的"艺术",操盘成为"哲学"理念的表达,那么风险认识与管理就是那死重死重的"节拍"。在"艺术"、"哲学"和"节拍"的表达中,在能完美解释"华盛顿共识"的经济学理论用于解释"北京共识"所展现的窘迫中,我和我的同事们常常又有着几分深刻的无奈。无论我们用什么理论来解释和预测市场、市场风险和操盘,总是呈现"顾此失彼"的窘态。特别是在当前世界深陷由美国华尔街金融风暴引起的危机的时候,各种传统经济理论尽显无力与疲惫。

我和我的同事们在无奈的热论中,常常会想起历史中的相似之点。在中世纪崩溃以及新兴民族国家兴起之时,出现了由英国、荷兰、西班牙、法国、德国以及斯堪的纳维亚等国家所共同信奉的重商主义学说,但随着自由主义思想的兴起和国家干预造成的经济衰败日趋严重,重商主义出现了危机,以致在法国出现了激进的重农主义革命。在重农主义革命基础上,斯密把生产领域从农业扩展到工业,从而以"经济人"假设、自由市场机制和劳动价值论构筑了古典政治经济学的基础,斯密有关生产性劳动和自由放任的观点为不同价值取向的学者所继承,从而也逐渐产生了古典主义的危机。基于古典主义内部的纷争,穆勒综合了当时的各种学说而把古典经济学综合成一个庞大的折衷体系,但在暂时缓和了历史学派和社会主义学派的攻击的同时却引来了边际效用学派更猛烈的进攻,从而出现了边际革命。在边际革命的基础上,马歇尔综合了自斯密以来的经济学而建立了一个以供求分析为基本框架的新古典经济学,但它过分强调市场且无法解释和预测宏观经济危机而逐渐瓦解。凯恩斯在1929~1933年大危机期间基于三个基本心理法则而创立了现代宏观经济学体系,开出了国家干预主义的新处方,但凯恩斯经济学本身缺乏微观理论基础而面临着新的危机,20 世纪 70 年代初的滞胀使得理性预期革命出现。最后,萨缪尔森吸收了新古典宏观派的一些分析方法和特点,将马歇尔的微观经济学和凯恩斯的宏观经济学结合起来,但萨缪尔森综合本身就存在逻辑的不一致,因而西方经济学依旧存在着危机。

  问题和危机时代总是创新时代的起点,我和我的同事们总是被热论中的无奈激发,又常常在无奈中热论,我们能够做点什么呢?在大家达成共识后,我们决定翻译出版一套多角度解读经济行为、市场行为和操盘行为及其背景的丛书,这既是企业文化建设和投资者教育的需要,也是对行业管理,对同行们和对投资者的一点儿贡献。

林　皓

浙江中大期货有限公司董事长

2009 年 3 月 3 日于杭州

译者序

2010年5月10日,白银期货在上海期货交易所正式上市,而我也正为这本关于贵金属投资的译作尽快面世而加紧修改。原著的题目(Precious Metal Trading：How to Profit from Major Market Moves)很平实,直译就是"贵金属交易：如何从趋势中获利",为了与我前面翻译系列书名("与狼共舞"、"量价秘密"和"按图索骥")吻合,所以还是用四字箴言作为主题词了。而金银铂钯是国内外贵金属交易的典型标的,也是书中的主要内容,所以本书书名翻译成《至臻掘金——金银铂钯趋势交易指南》完全是为了更加直观。

这本书出版于2005年,并不是一本时新的应景之作,但却是当时最有价值的投资指南。当年黄金价格的波动区间是在(541,410)美元/盎司,之前的15年金价一直徘徊在每盎司300~400美元之间,绝对属于没有投资机会的品种,2005年刚刚处于一个平台突破,连最低价都已经在400美元之上,之后黄金的走势大家就比较熟悉了,扶摇直上1 900美元,即使在2012年5月经过回撤,也站在1 500美元之上。从这一点看,作者菲利普·戈特海尔福(Philip Gotthelf)不但是浸淫于贵金属投资行业的老法师,而且对于交易机会也有着敏锐的直觉,特别是他强调了趋势投资的重要性,如果看到这本书之后采用趋势投资法买入黄金期货,那么收益率将会是天文数字了。可惜的是,正是因为作者经过了长期的黄金市场的低迷,尽管他写了一个系统性研究贵金属商品的分析框架,但他自己对未来的实际走势显然是没有料到的,正如他在书的结尾预测中写到的,"也许金属永远不会重回货币标准的职能,但是这并不要紧。黄金、白银、铂金和钯金在工业使用领域仍处于技术的上升通道中。站在投资的角度来看,不带货币职能的投机机会越多则越好","但是永远记得要实事求是,不要以为贵金属就会经常爆发上涨"。由于黄金的避险功能导致的重回货币标准的压力,基于货币职能的黄金投机被大大放大了,所以2005~2011年黄金价格上涨了3倍多,可以说贵金属的走势与此书的预测方向吻合,但幅度和速度却是他当时写作时做梦也想不到的。尽管如此,这本书在当时的前瞻性是值得推崇的。

  本书的贵金属仅指可供投资的金、银、铂、钯四种具有重要货币职能价值或工业价值的元素,这四种元素在元素周期表里居于紧密相邻的四方核心地带,在全球的分布也很是独特,其发现、开采和提炼的过程非常的困难,这也是这些金属珍贵的理由。在新技术、新经济、新的人口力量冲击的背景下,本书从产业供给与需求这个较为独特的视角详细介绍了如何从贵金属市场投资获利。比如,油电混合汽车的不断使用,白金烤瓷牙等导致的对铂的需求,在商品市场上就是巨大的获利机会;菲利普以其敏锐的洞察力对金银铂钯四种贵金属商品的供需基本面作了详尽的分析,在此基础上对其长期价格走势作了比较正确的预测,同时也提供了在变化多端的期货市场中获利的指南。特别是期权战略在贵金属期货交易中的实战应用,对中国金融期货交易所正在探讨的股指期货期权的产品设计和引入有着很好的借鉴意义。有趣的是,本书不仅关注贵金属商品,还分析了涉及这些金属矿藏的股票,对目前我国涉矿资产重组的股票交易有一定的借鉴意义。

  如果这本书我们在2005年就看到,或许能够把我们带入贵金属商品交易的殿堂,使我们分享黄金价格不断上涨的喜悦,但自金价在2011年夏季突破1 900美元并创下历史高点以来,黄金一直处于跌势之中,是否会打破原有的持续向上的趋势还有待观察,现在我们看到这本系统介绍贵金属投资的译著,或许能够从中体会到相对保守的因素,黄金价格乃至贵金属价格的回归的理由也许从中可以找到。而我国的期货品种和产品越来越多,这种分析思路和方法不仅适用于贵金属商品,同样也适用于其他的商品。

益 智
金融学教授　经济学博士
浙江财经学院证券期货研究中心主任
2012年5月

目　录
CONTENTS

总序 1

译者序 1

导论 1

第一章　贵金属的魅力何在 10

第二章　货币角色 18

第三章　贵金属是否是投资品 38

第四章　新市场新战略 57

第五章　价格动向 81

第六章　黄金 136

第七章　白银基本分析 180

第八章　铂金基本分析 205

第九章　钯金的基本面分析 229

1

第十章　投资股票 ………………………………………… 247

第十一章　现货市场 ………………………………………… 267

第十二章　预测 ……………………………………………… 273

附录 A　元素周期表 ………………………………………… 277

附录 B　度量衡 ……………………………………………… 278

后记 …………………………………………………………… 280

导　论

　　不久以前，黄金和白银在世界经济中扮演主要货币的角色。从19世纪中叶到1975年，黄金和白银一直主导着世界货币的供应。数千年以来，人类都信任这些贵金属。古往今来，人们用白银来交换商品和服务，通过比较黄金多少来判断一个国家的财富实力。虽然我们认识到纸币相比金属类货币在流通中更为便捷，但是，发行纸币仍以贵金属作为担保。作为表现良好的交易介体，黄金和白银在十年之间其地位有所下降。从1975年美国居民可以合法地进行黄金投资开始到1985年，其间由于其价格没有从大幅波动的投机中恢复过来，而渐渐失去了其投资的价值。

　　到了20世纪90年代，市场认为黄金不再是经济发展的指标，而白银的地位也在下降，仅仅被视为是一种商品。贵金属地位的巨大变化，让那些从20世纪前半段走过来的人们感到讶异。同时，纸币的流通，创造了前所未有的财富。从20世纪80年代固定收益回报的上升到20世纪90年代证券市场的大牛市，纸币成了真正的主导货币，而传统的价值储藏方式如硬资产和不动产则江河日下。

　　1995年8月3日，我签订了一份关于撰写贵金属市场书籍的合同（《新贵金属市场》，麦格劳—希尔集团，1998），那个时候，由于黄金和白银长期不尽如人意的投资表现，市场非常低迷。我调查了自1975年居民可以私人仓储黄金以来的黄金市场，以及在此之前的白银市场，我被一种共识所吸引，那就是贵金属作为一种投资资产而渐渐失去其价值。但是，我却发现黄金、白银、白金（铂金）、钯金具有作为交易介体而独一无二的特征。让我感到吃惊的是，投资者没有意识到在纸币与黄金、白银等金属货币的动态变化中蕴含着巨大的潜在利润。投资者需要具有这样的投资视野。

　　一个朋友问我："既然人们没有意识到这类投资，为什么不写一本关于贵金属的书？既然新的金融工具和投资战略替代了原有的模式，那么回顾与研究它们的意义何在?"当我给这本书写导论的时候,针对的内容就是黄金和白银在 1980～2001 年间缺乏投资价值的原因,并对其进行全面合理的分析。我认为,事实被一些带有感情色彩的解释和出于自身利益的报告所遮掩。我想让投资者们回想一下 20 世纪 80 年代,在黄金和白银价格下跌的趋势中,"黄金狂热者"坚持认为新的牛市即将到来。实体产业也几乎没有任何负面的消息。面对其不温不火的表现,黄金和白银受到不断的鼓吹,但其价格还是降到了最低点。即使金属的产值在平稳地增长,可我们仍然听到面临短缺的传闻(这就是那些希望价格上涨的顽固分子有意让我们相信的)。

然而,事实却是另外一种情形,在 1980 年的高峰之后,由于受到利率上升和大规模抗通胀政策的影响,贵金属市场的收益率很低。让人感到意外的是被动投资策略,如购买并持有债券,却有很好的利润回报。在同一时期,金属的开采量并没有缩小,反而有扩大的趋势。对基本金属的需求转到了黄金和白银的生产。铂金的回收和提炼也刺激需求的上升。供求相等,价格平稳,市场清淡。此时撤出贵金属行业,是一个明智的选择,纸币受到了热捧。

虽然现实充满了很多消极因素,但是,我仍要指出,其中也蕴藏着大量获利机会。例如,1986～1996 年之间,钯金的供给和需求很不稳定。这种失衡的状态为牛市和熊市的走向提供了条件。像冷核聚变能源这种新能源的发现,或是俄罗斯、南非将钯金的价格提高到每盎司 1 000 美元以上的行为,都对钯金的需求造成影响,我们必须对此加以关注。我回想起早期有一本书,书中对钯金高价的预期嗤之以鼻,按照 1996 年的行情来看,其价格范围仅为每盎司 150～115 美元之间(见图 I.1)。

当然,一方面,由于钯金相对于铂金来讲,其价格更具有优势,对于钯金的需求比较旺盛。另一方面,由于欧洲采取了比较严格的汽车排放标准,进一步推动了钯金的需求。1998 年钯金的价格尚处于每盎司 200 美元以下,到了 1999 年第四季度,价格已升至每盎司 320 美元。2000 年,作为钯金的主要输出国俄罗斯,开始减少钯金的出口,这导致钯金的价格从 1999 年 7 月的每盎司 320 美元飙升至 2001 年 1 月的每盎司 1 080 美元。由于"不可能"变成了现实,我也得以沉冤昭雪。如果按照最高价和最低价来算,钯金期货每份合约价值增加了 76 000 美元,对于经纪商来讲,平均每份合约的收益接近 1 500 美元。

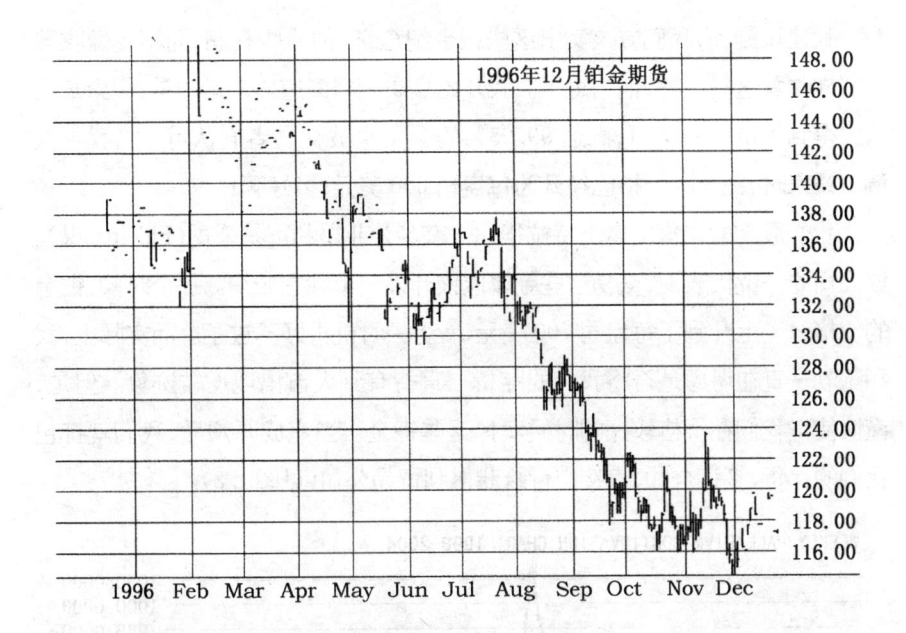

数据来源：eSignal.com。

图 I.1　1996 年的铂金走势并没有出现牛市行情。价格由每盎司 150 美元下跌到 115 美元以下

必须承认，我也没有预料到价格的变化会如此巨大。早在 1989 年，我的同事罗伯特·里根邀我参加一项风险投资，铸造 1.5 盎司的钯金纪念章，用来投机于即将到来的冷核融合反应。我们的逻辑很简单，如果冷核融合反应成为新能源，那么这些钯金纪念章就会变得非常有价值，钯金也会变成最珍贵的稀有金属；反之，若不能实现，纪念章还是会保持其相同价值，或许比先前购买的价格略有偏差。

最初，我们纪念章的销售还算可以。由于硬币很容易造假，报纸对于硬币的广告审核非常严格，这些我们并不知道。之后，当对钯金的争论逐渐升温时，许多著名的广告商把我们拒之门外。大家开始为大量的钯金纪念章没有销售渠道和广告途径而着急。更糟糕的是，由于冷核融合反应被认为是一种垃圾科学，钯金的价格开始暴跌。

不管怎样，我们最初的销售还是让我们略有盈余。所以，我们也就不太担心之后的销售。我的家里堆满了钯金，鲍勃和我认为应该等待下一个卖出时机的到来。你可以想象，当钯金价格涨到每盎司 400 美元时我们的心情。

我建议鲍勃，我们应该卖出这些钯金纪念章，创造些利润，而不要像收藏家那样收藏这些玩意，他同意了。我开始调研销售渠道。幸运的是，纪念章的款式得到了市场的认可，高达99.95%的含量也被交易者们认可。当我首次调研结束时，钯金的价格已经升为每盎司600美元，多好啊！

我们最高的销售出自于特拉华州一家名为菲得利贸易公司(Fidelitrade)。该公司的一位代表说，交易这些金属应该开设一个独立账户。那个时候，钯金的价格已经上升到了每盎司700美元，看上去时机再好不过了。而实际上，我和鲍勃一直在考虑是否将我们的存货一直持有到大市出现反转迹象。但是，谨慎使得我们在价格较好的时候卖掉这些钯金。当完成开户后，我们就打包我们的存货，签订合约，直接交付给菲得利贸易公司(见图I.2)。

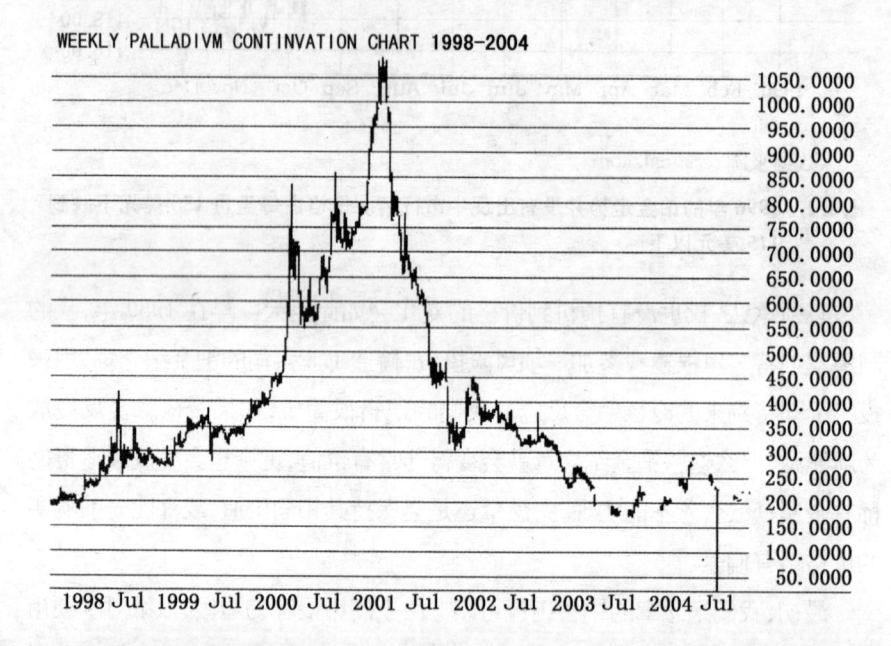

数据来源：eSignal.com。

图I.2 一旦供需平衡被俄罗斯的"限售令"打乱后，铂金价格暴涨至预测中的每盎司1 000美元

当准备发货时，钯金的价格已经攀升到每盎司800美元。而更好的是，几天之后，当我设定卖单并成交时，钯金价格已经达到了每盎司1 050美元。钯金最高价是每盎司1 075美元。我因抓住了钯金最高价而欣喜。这是一次难忘的经历，基间存在着许多因素，值得发表。

基于我对钯金的投资经验，我认为在相同的供应错位下，铂金的获利能力低。像钯金一样，铂金的生产和消费都比较少。2003年，由于铂金的供应紧张，它被以前相对贵的钯金所替代。到了2004年4月19日，铂金的期货价格已经达到了每盎司954美元(见图 I.3)。

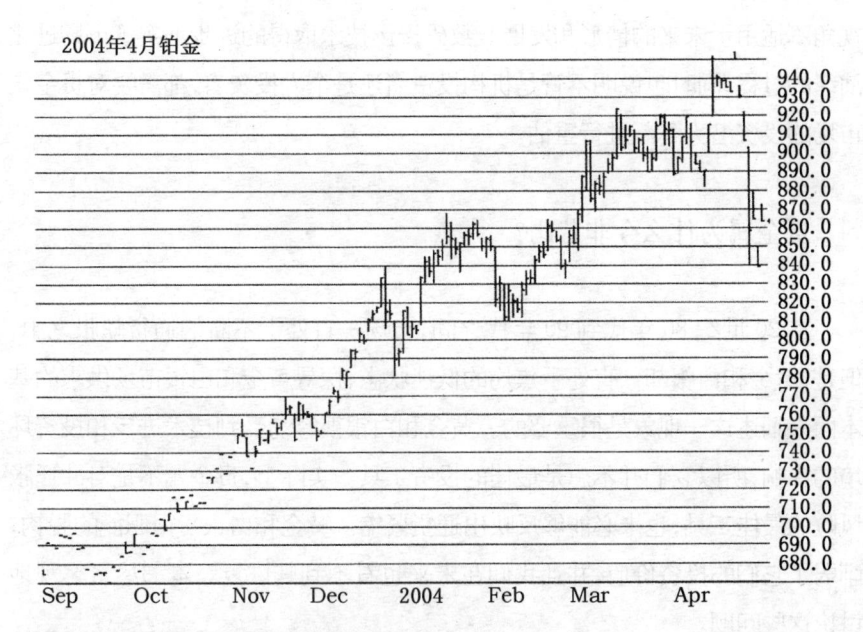

数据来源：eSignal.com

图 I.3　由于供不应求，铂金呈现阶段性上涨，就像2003～2004年钯金的情况一样

令人高兴的是，书中的其他预测也都成了现实。这些预测包括对黄金和白银价格范围的预测，以及其价格可能超出预测范围的情况。本书将期权战略应用在实际中，我可以自豪地说，其成果也是巨大的。

1998年，我和简·保利参加了"今日秀"节目，并且指出白银正面临艰难时期。秘鲁和智利增加了白银的产量，但是无胶片化摄影对于白银产业造成了一定的威胁。我预测白银很可能会降到每盎司5美元，最终的结果验证了我的预测。

当第一本书出版时，无胶片摄影更名为数码摄影，首批主要数码相机生产商开始开拓其市场。书中预测了伴随着胶卷退出市场，白银的需求也会减少。正如我们看到的那样，相比传统的摄像技术，数码摄像技术有很多的优点。

由于通过并购可以实现规模效益，我对于矿业公司之间相互合并的预言也变成了现实。的确，一些公司已经合并重组，而这也是未来的趋势。

在 2003~2004 年间，随着贵金属市场的大热，本书的第一版已经售完，价格也比销售之初高出许多。即使贵金属市场重获信心或者遇到像"9·11"这样的重大事件，原来的假设也是一样。贵金属市场是不断变化发展的，传统的视角不适用于未来的情形和发展。数码摄影技术取得的进步证实了市场进化演绎的过程，同时也说明不管是机构投资者还是个人投资者，都需要对贵金属市场的投资潜力不断进行重估。

贵金属为什么今非昔比？

在 20 世纪 80 年代到 90 年代之间，市场一直处于不断的通货膨胀之中，但是，黄金和白银却一直处于焦灼的低迷状态，探寻黄金和白银市场供求的基本面来阐述这一现象是很重要的。黄金和白银很容易受到技术进步和投资环境的影响，所以它们并不总是最佳的投资工具。实际上，贵金属不是对冲通胀风险的最佳工具，也未必能够反映出通货紧缩。黄金和白银货币职能的脱钩，削弱了它们的投资价值，并且我们在未来也看不到其恢复。本书尽量客观地讨论这些问题。

出于这种观点，对于新市场中新的稀有金属投资，需要相应地加以阐述。技术影响着我们对于贵金属的开采方式和应用方式。实际上，整个贵金属市场的结构都已经发生了变化。影响供求的基本面也不同了，货币体系改变了，政治体制也发生了变化。金融衍生品、汇率期货和期权、利率期货和期权等新的投资工具出现在市场中，投资的策略也必须重新规划。在这样的金融大背景下，写一本关于现代贵金属投资的书，其意义可见一斑。本书的前几章讨论了黄金、白银还有工业贵金属如钯金和铂金的传统角色。本书从供给和需求两个方面全面深刻地回答了一些核心的问题，你是否将要投资或者投机于贵金属市场？如果是，那么什么是获利的最佳途径？

从 20 世纪 80 年代到 90 年代前半段，我认为，贵金属市场会低迷。在 CNBC（消费者新闻与商业频道）、NBC（美国全国广播公司）、CNN（美国有线电视新闻网）上，我预计在未来几年之内白银的价格会从 1988 年的每盎司 6.5 美元降到不足每盎司 4 美元。如果遇到通胀，我更会坚持我的观点，黄金和白银都不会出现价格回升。其实,原因很简单,客观来看,供给不断增加,但是,需求没有变化。这些现实并不是独立的。除了供给方面的扩大,由于世界各国之间都普遍适用于浮动汇率制度,黄金、白银和纸币之间的平价关系在逐渐脱钩。换句话说,就是一个国家的货币再也不用其含有的黄金或者白银多少来和另外的主权货币进行价值比较。在浮动汇率制度下,各个国家货币可以在外汇市场上方便地进行交换,像买卖商品一样。

本书的出版先于欧元的产生。欧洲主要货币组合成一种货币,欧元在建立一种用黄金作为储备资产赎回权的基础上,大大减弱了黄金和货币之间的关系。这样,在欧盟成员国中,黄金不再起到作为价值储藏的作用。货币联盟最终也会导致重新引入金属计价方式,我们会在第十二章中进行讨论。

如果将货币看作商品,那么,它的波动也要受到供求因素的影响。如果欧元相对于美元升值,投资者将会抛掉美元,买入欧元。那么,黄金呢? 谁需要黄金? 从美联储的通胀估计来看,去除掉食品和能源影响,通胀的时期是有选择性和地域性的。现在,投资者可以灵活地处置其所持有的货币,可以方便地将通胀货币换成另外更加稳定的货币。在以前,人们用黄金和白银来保值,来抵消利率波动的影响。在 20 世纪 80 年代初期,如美国政府国民抵押协会期货(Ginnie Mae)、国库券期货、利率期权和其他大量的金融衍生品的产生,减少了人们对于硬资产的需求。新的投资清单已经扩大到伦敦银行间同业拆借利率(LIBOR)、两年期和五年期的票据,还有市政债券。在利率上升时,投资者可以卖掉像期货和期权类利率金融衍生品;当利率下降时,可以相应买进期权和期货。简单地说,在金融创新中,黄金和白银逐渐被替代,退出了市场。

信息时代

信息快速广泛的传播,对黄金和白银也产生了不利的影响。在信息时代以前,一些会议的信息在进入贵金属市场之前,不确定的要素会被剔除,黄金和白银是储藏价值的最合适工具。随着信息时代的到来,一切不确定的因素都被消除了。我们可以更快、更方便地分析信息。如果投资市场有不确定因素,可以很方便地用电脑进行分析。如果没有电脑快速精确地价值计算和关系推算,大规模的金融衍生品就不可能产生。

在早期一本名为《技术交易基础》的书中,我谈到了"合成投资"的概念。

那本书出版于1995年,在之后的一年里,合成投资被扩大为"计算机网络投资"。信息可以创造投资。一种指数可以成为一种合约,合约可以进行交易。这些都在网络交易市场进行交易——用网络支付终端进行支付。所有这些看起来都使得黄金和白银的处境更加恶化。甚至你可以在网络上拥有一个相当完美的贵金属的图片。可能我们用意识来触摸它、拥有它,在"虚拟世界"中佩戴它。真实的东西谁还要呢?

由于交易逐渐向网络交易转移,我们必须注意到,网络系统其本身内在的不稳定性导致了风险的出现。任何数据失误或系统故障都可能导致网络市场的瘫痪。黄金和白银都是实实在在的东西,虚拟世界则不是真实的。我们远离了现实,以后还会需要现实吗?我们开始质疑电子货币甚至美元的有效性。随着科技的发展,通过高分辨率的打印机和镶嵌有内置编码的条带,我们很容易创造面额为100美元的钞票。伪造的货币也越来越多。那么,什么是真的?谁又会肯定是真的?你的信用卡、声音、指纹——所有用来交易的东西,都很容易通过高科技被非法篡改。那么,我们到底相信什么?或许我们被迫还是回到旧的货币体系中,就像美国新生代所说的"黄金是冰冷的"。

贵金属基础

探索贵金属市场的发展是引人入胜的,但是,圆满地完成是要基于我们对于其基本面的了解。的确,网络是非常迷人的,但到底什么是黄金、白银、铂金和钯金?这些贵金属来自哪里?它们的用途是什么?为什么它们很珍贵?白银、钯金、铂金和黄金是不是替代的关系?什么技术会导致贵金属消费的扩大和收缩?新能源的发现能否导致对催化转化器需求的减少?每年我们用于生产催化转化器的铂金有多少?如果我们想要在贵金属市场获利,这些基本信息是非常重要的。

技术的飞速发展,也导致了政体的变更。同时,我们也应该感谢信息科技为全球化进程排除障碍,产生新的可以推动贵金属市场发展的激励政策。大量的黄金和白银都储藏在各国中央银行作为政府的资产。如果货币和贵金属之间相脱离真的存在,中央银行也不会承认这一事实。甚至在今天,基于分散投资和分散风险,政府不会擅自卖出其国库存内的贵金属。全球黄金储备的重要意义是什么？黄金储备对于投资战略有何重要影响？对于黄金和白银的探索，可以写上几本书籍。

为了了解全局，本书主要讨论了贵金属的地理环境、开采、冶炼及其应用。铜的价格对于白银、黄金、铂金和钯金的影响如何？其他基本金属如镍、锡、锌、铅和铁对贵金属的影响如何？融合和分解技术能不能影响贵金属的价格？宗教信仰、人口数量和分布、受教育程度？我们能否在一定的条件下放弃黄金和白银？我们能否将其与其他金属平等地看待？有没有一个总体的规划？

最终，本书可以让你了解到：怎样从事贵金属的投资？为什么要投资贵金属？何时比较适宜投资？是不是股市要比贵金属市场利润高？期货和期权市场怎么样？你是否应该考虑一下稀有硬币、纪念章，还有流通的硬币？面值的重要意义是什么？

这一切听上去很有趣且令人兴奋吧？那么，我们开始吧！

第一章　贵金属的魅力何在

贵金属的诱惑

"美好如金"、"白银希望"和"铂金成就"——这些熟悉的语句都表达了至高的价值。贵金属常常和观念中的财富、价值和成就相联系,这并不是偶然巧合。我们开始逐个讨论贵金属。

黄金

感受黄金,持有黄金,把玩黄金并将它置于聚光灯之下,如果你曾经看到过或者拥有一块24克拉的纯金锭,你肯定知道它不仅仅是一个商品那么简单。人们对于这种金属有一种向往和着迷。我认为其神秘力量超越了人类的情感。12岁那年,我去参观位于纽约的美联储,去看美元发行担保物。当时黄金和白银还与货币的发行相挂钩,美国居民不能私自储存大量的黄金。它就在那,闪闪发光的金条就在我的面前,我非常激动。从那以后,我就被海盗和珍宝方面的故事所吸引。父亲告诉我怎么用金币,在我去美联储之前,他给过我5美元的金币,我对那次经历记忆犹新。这或许就是黄金在人们心中具有独特地位的原因吧。不管以何种标准衡量,黄金都是最漂亮的金属。

在我参观过美联储几年后,我应邀参观了一名黄金交易商的私人储藏室,当时刚好是在1975年美国取消禁止私人储存黄金之后,我被邀请去鉴定这些金块的纯度,其数量没有像美联储那样多。很多读者理解我说的重量体积比率——密度,我们都知道金是地球上密度最高的元素之一。然而,亲自鉴定那些重达2磅却只有手掌大小的金砖,让我感到兴奋,无论想表现得多么无动于衷,对于我个人而言,面对这样大量黄金的经历仍记忆犹新。

实际上,社会的各个领域都视黄金为财富的象征。无论政府和央行极力鼓吹还是贬低黄金,它与各国货币始终保持一种平价关系。简单来说,黄金是人类存在的一个方面,人们不会认为黄金仅仅是一个物品。

在写这本书之初,我就常常在书中表现我对于黄金的向往,这并不是说我是一个拜金主义者。从20世纪80年代到20世纪末,我一直是一个看空者,但是,这种对于黄金的热情一直没有消退过,我一直喜欢观赏和触摸金锭,那种感觉实在是令人兴奋。对于人类社会来说,黄金的功能在于人们对它的购买需求。黄金相对于其感知的价值来说,实际用途比较有限,工业用黄金相对于价值投资而言,占比很少。也就是说,从古至今,黄金很少用于消费,大部分都被储藏起来了。

白银

相较于黄金,人们对于白银的青睐程度要少一些,但是,你只需看看硬币中含有的白银,你马上也会对这种金属产生向往。它质地柔软,具有反光的属性,白银拥有黄金没有的其他完美属性。白银和黄金是完美的组合。如果你不相信我,可以尝试观赏一下经过打磨的白银和黄金,我敢保证你对任何一个都爱不释手。

从我出生到十几岁,一个叔叔每年送我银元——第一年一个银元,第二年两个,逐年增加。每当这个时候,我都从储藏柜里小心翼翼地取出带有棕红色束带的厚棉布包,安放我的银元。像黄金一样,白银也有其内在的特性。也许这就是它可以反映资产的原因。白银可以用来做漂亮的厨具、首饰、镜子和装饰物。

在黎明,天空中是金黄的色调,在晚上,月亮的银光倒影在海上、湖泊中、海湾里。金色和银色是大自然中美好的颜色。如果你不同意我的说法,可以考察我们的文学作品,研究一下历史,就可以发现没有任何东西像黄金和白银那样受到人们的追捧。这就是问题的答案。

铂金

当然,贵金属家族还没有讲完。铂金色泽亮丽,闪耀着银光,它是黄金、白银这些贵金属的一员,人们热衷于它的重量和强韧的硬度。铂金是一种非常难以提炼的金属。虽然发现它以来历史较短,但是,由于它价值巨大,也弥足珍贵。经过我们分析发现，铂金与它同类的钯金、铑金一样，有其特有的化学属性。不同于黄金，铂金具有非常稳定的物理属性，具有电抗属性。铂金分子之间的排列十分紧密，它能为小分子化合物如碳氢化合物提供催化作用。由于铂金的广泛应用和不可替代性，有着非常高的工业价值。

铂金独特的颜色和出色的抗氧化能力，被选用制作珍贵的首饰。更重要的是，铂金首饰搭配深颜色的皮肤更衬托得好看，所以它在亚洲和印度特别受欢迎。铂金在中国、日本以及印度的需求巨大，对黄金的需求也形成一定的竞争，也对黄金价格产生重要影响。

铂金数量的稀少，加之工业用途和人们对装饰品的需求，在贵金属投资战略中，铂金的地位非常重要。

钯金

在20世纪大部分时间，黄金、白银和铂金形成铁三角，代表着贵金属。但是钯金作为铂金家族中的一员，其受欢迎程度与日俱增。直到1989年之前，人们对于钯金的了解也是相对的模糊，在那年的3月份，两位犹他州立大学的教授宣布他们发明了冷核融合反应技术，钯金才第一次亮相于公共场合。钯金被认为是一种干净、廉价、无限制的新能源。其价格也从每盎司的100美元飙升到180美元。但是，后来冷核融合技术被科学界认为不可行，钯金的价格立即降到了每盎司78美元以下。尽管如此，人们还是记住了钯金。

冷核融合反应技术还在继续研发中，钯金最终还是会在这一领域得到应用。后面的章节中，我们会就这一潜在问题做大篇幅的介绍。冷核融合技术的失败后，由于钯金在汽车制造和卡车催化转化器领域可以替代铂金，它也受到价值认可。这也不是说由于冷核融合技术才使得钯金用于催化领域，而是说明大众开始更多地关注钯金。

钯金的市场增长动力另外来源于在电子元件、补齿合金、化工领域的应用。我们发现，推动钯金需求的主要力量是科技进步和人们对于环境因素的考虑。

铑金

你熟悉铑金吗？除了禁止交易的金属，像铀和钚，在20世纪80年代，铑金在贵金属中价格最高,达到了每盎司7 000多美元。在某些技术过程和三步骤转化中,铑金起着非常关键的作用。铑金的每盎司价格变化达4 000美元,迄今为止,它是最稀有的金属。

遗憾的是,迄今为止,铑金只能通过现金交易。没有以铑金为标的物的期货和期权合约,投资者不能用杠杆工具来参与铑金的交易。如果你不是交易员或者使用者,那么你很难买到铑金。从短期来看,铑金不容易投资。

贵金属的来源

除了分析贵金属投资之外,了解金属本身对我们也有帮助。黄金是什么?它来自于哪里?是不是有自然原因导致它如此稀少和奇妙?相同的问题可以应用于白银、铂金和钯金。为了发现其产生的自然环境,我们必须回到宇宙诞生的那一刻。大多数人都对大爆炸理论非常了解,它主要说明了宇宙来源于十亿年前的一场巨大爆炸。这次大爆炸产生了大量的热和能量,我们都可以通过核爆炸加以理解。其实,我们只了解物质起源的很小一部分,对于宇宙中大多数物质,人们还没有探究明白。科学家们还在继续研究宇宙,探究宇宙中的各种物质。你或许听说过统一标准理论和完美对称理论,最终,某个理论家的说法肯定是正确的。但是,本书主要关注元素和元素周期表的形成,它是通过观察而最终确立的。

第一个元素是氢,它是组成物质的基石,处于周期表的第一个,原子量为1.008,氢是银河系的主要燃料。在早期的宇宙中,大量的氢气被引力所压缩。这些大量的氢气云不断积累,形成巨大的压力,最终使得氢气转换成了氦气。绝大多数可见的恒星都经历过这一过程。

恒星里面的核变反应一直就没有停止过。数十亿年以来,所有恒星的氢气最终都转变为了氦气,这主要是因为氦有更高的原子量,在更强的压力下,氦可以转变为锂。元素按照元素周期表的顺序依次转化,恒星当到爆炸的点或者遇到黑洞时,它就会发生爆炸。如果恒星爆炸变成新星或者超新星,则恒星还会重生。

太阳作为恒星,我们相信其形成也遵循同样的过程。残渣或星尘是行星的起源。其实,在我们周围,物质的存在都是星尘。这些都解释了元素周期表上面越高级的元素,就是越靠后的融合过程。同时,也说明了在更高元素融合的发生不像低元素那样经常发生。所以,有更高原子量的元素,在实际中的存量越是稀少。在宇宙所有物质中,黄金和铂金族占有的量是最少的,不仅仅在地球上面很稀有,在宇宙中它们的含量也是非常稀有的。明白了这些,我们就可以理解贵金属在自然界的稀缺性,才是它们广受欢迎的最重要的原因。所以,不仅仅我们人类视这些金属为宝,其他的宇宙文明也一样。

贵金属为什么珍贵?

当然,贵金属在元素周期表上面所处的位置并不是其珍贵的唯一原因。实际上,贵金属独特的属性和功能也是其珍贵的因素之一。从地球的角度来看,黄金、白银还有铂金类在全球的分布很是独特。它们被发现、开采和提炼的过程非常困难。所有这些都增加了贵金属的稀缺性。正如后面几章所述,每种贵金属都有其重要的工业价值和货币职能。

最终,科技的发展改变它们的使用习惯。同样,科技和发明也可以创造很多新的应用功能和价值角色。很多迹象表明,未来贵金属会在政治和货币体系中起到重要的作用。控制了这些贵金属,就等于控制了政治和社会。我相信,即使是挑剔本书的读者也会和世界人民分享这些贵金属。人们心理上对贵金属的痴迷会决定它们的首要职能。拥有贵金属是一种权利的象征,权力象征着统治。在21世纪或者更远的未来,我们的激励因素还是权利和统治。如果黄金、白银或者铂金类贵金属在货币或者工业领域有价值,那么,谁拥有这些贵金属,谁就是统治者、领导者,这就是贵金属的魅力所在。

如果你是西方工业化国家的居民,你的视角可能与远东国家、中东或者印度居民的不同。在绝大多数文化中,黄金就是货币标准。可以想象一个简单的结婚戒指:爱情的象征以及丈夫和妻子之间的婚约。这个戒指可能只有几克重,纯度也不高,但是,大量的婚姻夫妇都与黄金戒指相联系时,其产生的对黄金的需求非常大。更重要的是,从1972年开始,人类财富快速增加,人们的生活日益富裕,生活在更低阶层中的人们也开始流行选用黄金戒指。

在后面章节中,我们会分析流动性、人口数量、贸易对下一轮黄金需求趋势的影响,这对于投资者决定投资哪种贵金属有着非常重要的意义。从传统意义上看，对于黄金的需求是唯一亘古不变的。

对于白银来讲，婚庆数量的增加并没有在很大程度上刺激对它的需求。我们都对"老妇人银饰服务"很熟悉，但遗憾的是，随着现代生活节奏的加快，当代很少有人来打磨自己的银饰，银饰的魅力黯淡了。有时，我们会为了提高自身的品位，在所用的餐具上镶嵌纯银。但这并不能改变白银需求量下降的趋势。随着全球人口的增加，白银价值的提升将远不如黄金。有人会说，白银的价格走向取决于它的工业用途：影像产业。随着人们财富的增加和对物质生活要求的提高，对于影像器材的需求也会增加。这些都反映在对于专业摄像、X光片、摄影等领域的需求上。旅游业、新闻业、杂志行业、精密医疗设备等一系列产业的发展都会推动白银的需求。

当然，并非所有的因素都有利于白银。曾经给予白银工业生命力的科技，可能很快将它夺去。电脑制图和数码摄像技术的诞生使白银的年需求量降低30%。随着去白银化影像技术的不断发展，是否会出现新的科技来提振白银的需求？对于白银生物和电导特性的应用将取代传统工业赋予它的价值，对于投资者而言，心中的疑问是"它几时会发生？"

耐人寻味的是，贵金属投资在所有的投资中最难被人理解。可能是因为很少有人能真正理解其历史角色。再精明的投资者也会产生一种疑虑，那就是在过去的历史长河中，到底有多少黄金和白银已经被用掉了。所有这些疑虑的根源都来自于我们对它们的认识。大家是否发现，黄金与白银作为流通货币的年代其实非常短暂，作为长期投资的回报也差强人意，甚至在硬资产的投资回报中几乎垫底。

其实，理解这些关于贵金属的谜团只需要明白两件事：

第一件是发生在1849年美国西部的"淘金热"，这次事件促使了黄金供应的大量增加和早期新世界的开拓。虽然很多美国人浅显地认为淘金热对于美国的影响有限，但稍有知识的人都知道，那次淘金热是全球性的，并且一直持续到了1920年（其实，当今也有"淘金热"）。

第二个重要的事件就是20世纪70年代由能源危机引发的全球通胀。白银上升到将近每盎司50美元（见图1.1）。黄金高达每盎司800多美元（见图1.2）。铂金飙升到每盎司1 000美元，钯金超过每盎司400美元。真正的高位发生在1978~1980年之间，作为投机工具，贵金属没有相应的匹配物。这次

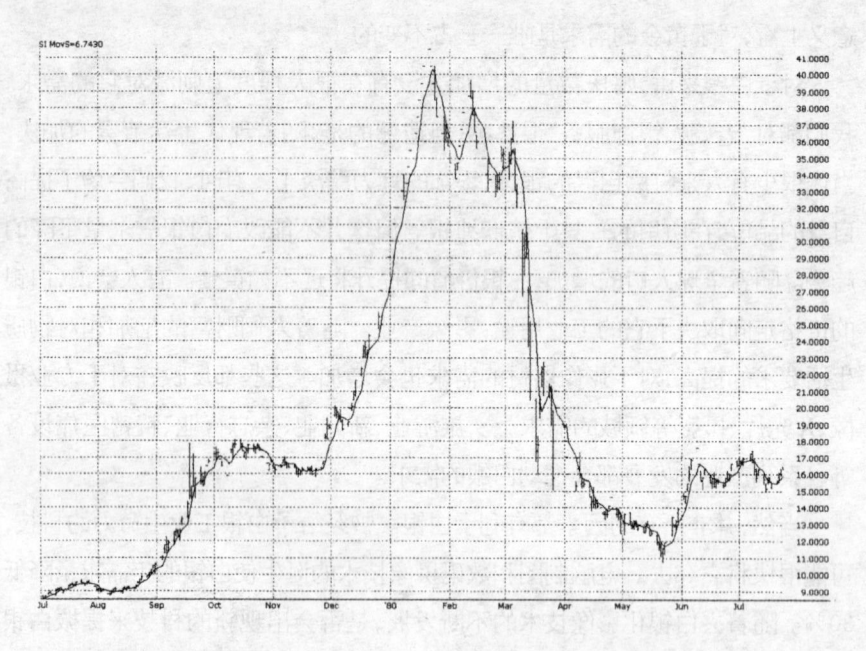

数据来源：eSignal.com

图 1.1 1979～1980 年银价出现了 20 世纪最显著的变化。通胀恐慌，以及亨特兄弟的投机计划使得价格不断走高

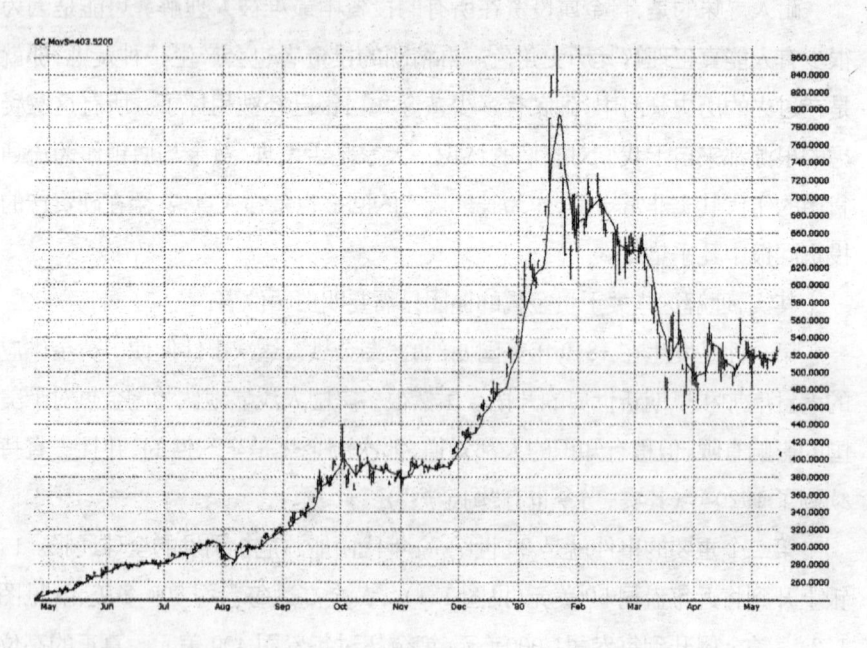

数据来源：eSignal.com

图 1.2 在贵金属的黄金年代(1978～1980 年)，黄金价格随着白银不断上涨

事件给投资者留下了深刻的印象,人们也开始将黄金、白银、铂金和钯金作为投资产品。

很多人认为,本书应该强调用贵金属来担保发行货币等主要事件,他们可能认为应该考虑罗斯福总统关于黄金和美元之间的重新界定,或是征收美国居民的黄金会造成什么后果,或是美国历史上的标志性事件,如布雷顿森林体系和尼克松总统关闭美国的黄金窗口。显然,在贵金属发展的历史上,有很多的重大事件发生。虽然书中也涉及了这些事件,但完全是从历史的角度来看待这些事件。

贵金属怎样保持其稀缺性

我们不是简单地回顾历史,关键在于理解贵金属的传统角色和传统的市场结构。诚然,黄金和白银在货币体系和政治体系中起过很重要的作用,钯金和铂金却没有。理解新的贵金属市场的本质关键是:我们要评估贵金属传统的职能会不会恢复以及是否会有新的职能出现。是不是人们将要重新持有金币和白银?中央银行是不是还将货币政策定为金银本位?在工业应用领域,如铂金燃料电池、含有白银的电脑记忆卡、金质等离子反应器或者超导合金,贵金属是否有新的机遇?换句话说,我们应该将注意力从传统的产业转移到新兴产业。这种灵活的投资视角决定了贵金属的远期价值。

综观历史,我们感悟到,人类对于贵金属总是充满了兴趣。我们所经历的只是整个历史的一个片段,假设每个世纪四代人,那么,有历史记载的也仅400代人。人们也会惊讶地发现,很多对于黄金和白银的事情都是虚构的,的确,黄金被崇拜了好几个世纪,而其作为货币的历史甚是短暂,铜和白银一直被用来作为交易的媒介。在未来,贵金属很可能还被应用于货币交易领域。在贵金属市场里,重大事件可以导致其发生变革,它同样是进化的一部分。

第二章 货币角色

金属曾经直接被用来当作货币,我们对铜币、白银和金币比较熟悉,作为货币工具是这些金属最基本的通途。19世纪,随着经济的发展,黄金和白银和通货一样作为本位货币。这些举措形成了货币的双本位制,为工业革命中全球经济的不断发展作出了贡献。几次黄金的大量发现(包括美国1849年开始的淘金热)是世界经济发展的直接因素,淘金热到目前为止仍在继续。

金属和货币之间的关系

在黄金大量发现之前,主要作为货币的是在量上更加占优的白银和其他金属。一种有效的货币应该拥有足够的供应量,这是非常重要的。20世纪60年代到20世纪70年代中期,黄金供应量的缺乏是其被放弃作为世界货币本位的最主要的原因。

黄金储备用途的限定

第一次世界大战之后,工业迅速兴起。这轮经济的扩张一直延续到1929年股市大崩盘。虽然大量的投机是导致这一经济危机的催化剂,但是,流动性危机使得美国和其他国家陷入了长期衰退。1934年,政府提高了官方金价,从每盎司20.67美元增加到35美元,这样增加了美国的货币供应,才使得经济走出危机。为了促进各个工业国家之间的货币稳定性,美国财政部打算以官方定价买卖黄金。美元和黄金相挂钩,其他国家的货币和美元挂钩。这些举措最终促成了布雷顿森林体系的形成,它要求每个成员国的货币以黄金和美元的标准小幅波动。自1946年布雷顿森林体系创建开始,这种国际货币体系一直维持到了1971年。黄金作为国家的储备资产,用于国家间贸易余额的结算,其用途受到了限定。

第二次世界大战后，德国由于没有军事方面的支出，其投资主要集中在消费性产业。作为战败国，德国不允许发展自己的军工产业，从而为发展出口产业提供了大量的人力和财力，随后因贸易顺差的扩大，大量的美元和黄金流入德国。德国利用美元和黄金可以交换的方式，以官方的黄金价格，将美元兑换为黄金。其他国家也采取了相同措施。到了1960年，美国的黄金储备开始减少，伦敦黄金市场的金价由每盎司35美元上升到40美元。虽然各个国家对于美元和黄金挂钩很有信心，但现实中他们还是觉得持有黄金才是最佳选择。

这种现象引发了新的思考，当这些贵金属自由地进行交易时，官方价格和其实际的价格之间会产生套利机制。例如：如果市场上白银出售价格为每盎司1美元，政府以1美元买进，而其实际的价值为5美元，这样政府就会获利4美元。相反，如果白银的价格上升为每盎司10美元，投资者可以以5美元价格从政府那里买进，然后在市场上卖出而获利。再进一步，如果开采白银的是私人企业，且没有任何的限制，除非政府是以市场价格收购，否则企业就不会卖给政府。当货币可以自由兑换时，官方的定价具有相同的效果。

这一过程并不是仅限于贵金属市场。当每磅铜币的实际价值大于其面值时，它就会被储藏起来。政府长时间以来一直考虑金属的替代物，可以经过多年的通胀和消费扩张，拥有很强的变化性。这就是一些国家认为用可塑性的金属制币的原因。这些金属拥有导电性，所以其可以在自动售货机上使用。但其贵金属的含量是很少的，制造成本也计入硬币成本中。

投资功能 vs. 货币功能

从20世纪80年代初开始，政府开始涉足硬币领域。加拿大5加元的枫叶银币和美国的银元是硬币投资的典型代表。由于这些硬币有面值，在平价理论下，购买者能够以合理的价格购入。一般来讲，政府造币不是为了获利。20世纪90年代，白银的价格在每盎司5美元以下，于是钱币收藏者将他们的银币用作货币使用。其实，硬币的面值对于它们自身的投资价值起到了保护作用。

当贵金属被用作货币时，我们经常会忽略它的投资价值，这是因为它们的内在价值与市场的供需关系是脱钩的。对黄金和白银标准潜在影响的是官方禁止居民私人储备贵金属，如果其发生的话，那么人们就不会以最大价值收回黄金或白银。由于其价值的固定,如果美国回到金本位的话,黄金也不见得有什么潜在的利益。这并不意味着在发生货币危机时,黄金不能够提供安全。从长期来看,货币中总存在着投机因素,在短期内,持有黄金或白银可以抵消所谓的货币比价调整发生的损失。

在单本位时代,商品仅和一种货币形式相联系。对于白银,其单位是金衡制盎司。经济力量决定了与每盎司白银等同的各种商品和服务的数量。一盎司白银可以购买一磅谷,一磅谷等同于半磅牛肉的价值,那么,需要两盎司的白银才能购买一磅牛肉。通过各种商品与白银之间的平价,我们可以演算出各种商品的价值。平价是商品和货币之间简单的比率。

与之相对应的是以物易物交易,两磅谷子与一磅牛肉的价值相同。可以很明显地看出,用各种物品和货币之间的交叉平价来计量更加方便。从物物交易到货币物品交易,极大地方便了各种物品和服务之间的交换。由于白银的量比黄金多,所以,它是作为货币比较常见的贵金属。相比之下,黄金比较稀少,大多数被用来做首饰。在公元前,铸造的金币都是用来当作纪念币而非货币使用,这是因为将黄金分割成小的单位作为货币很不实际。作为一种货币本位,它需要某些长期的特性,数量是其首要考虑的因素。

贵金属和经济体系的联系

一般来说,好的货币本位要求货币的供应量与经济的发展必须保持相同的速度。随着人口的增加,商品和服务的需求也会相应增加,如果货币供应量不变,则商品的单位价格就会下降,货币供应逐渐减少,最终导致其货币系统功能的丧失。货币供应的不足,常常导致经济的衰退。当人们不能获得足够的货币用以交易时,另外一种新的货币本位就会应运而生。

两次巨大的变革明显地改变了全球经济增长的速度。第一次发生在重商主义时期,它促使经济从封建主义的封闭经济转向了更加开放和全球化的资本主义经济,一个国家的财富不仅仅取决于其国内资源,还取决于其对外贸易。重商主义极大地丰富了商品的种类,同时也需要更多的货币来进行交易。国际性的贸易需要国际化的货币本位,黄金和白银恰好符合这一需求。

重商主义后期,工业革命促使了新运输工具的出现。从某些方面而言,运输时代起源于重商主义时期的船舶运输和陆路运输的发展成熟,世界真正建立了完备的贸易体系。但是,工业革命的重大意义在于对经济增速和技术革新的冲击。新产业的兴起,为了要支付更多的工资、购买原材料、建立厂房、投资设备和贸易扩张,经济体系需要更多的货币供应量。1849年加利福尼亚州希特米尔黄金的大量发现和淘金热,迎合了货币急速上升的需求。据估计,在1800年到1900年之间开采的黄金量,远多于其前半个世纪开采的总量,黄金供应充足,将其作为货币的本位,极大地推动了工业化进程。

然而,奇怪的是,黄金作为有重要影响的货币本位,其持续时间只有2个世纪。在18世纪初,牛顿作为当时造币厂厂长,计算出了黄金的英镑价格,但是在19世纪中叶之前,其他正式货币却一直没有与黄金挂钩。其实,撇开第一次世界大战,黄金作为货币本位的时间仅仅只有大约80年,即从1850年到1930年。第一次世界大战之后,经济受到了货币供应的限制,导致了大萧条,映射出黄金本位的局限性。让经济走出萧条的解决方式就是要重新估计黄金的价格,美国也因此增加了货币的供应量。这是黄金第一次作为国际化货币的标准所显现出来的局限性。

当附带可赎回票据的黄金和白银在市场上流通时,金银双本位开始确立。在美国,由于联邦票据也可以直接交易黄金,它替代了用于赎回黄金的个人银行凭证。罗斯福总统取消了个人拥有和赎回黄金的权利,美国基础经济开始用银铸币,英国比美国还早两年。国际债务的清算还是用黄金,但是在美国国内,人们还是只能用白银或者银票。20世纪50年代,由于白银供应量不足的压力,其开始让位于信用货币。在双本位时代,纸币和黄金、白银之间有一定的平价关系,黄金、白银与单位纸币——如美元或英镑等——之间有固定的平价关系。

明白这些对于双本位就很清楚了,可以选择用单本位或者双本位。第一类是金属而第二类是纸币,基于黄金和白银这两种金属就可以发行更多的纸币和更多的硬币。其局限性在于,一种金属可能相对另外一种金属而进行不合理升值。

货币是交易的一种媒介,代表着价值,繁荣了经济。一些经济学家认为,货币应该保持稳定。钱是赚来的,也有可能是发掘的,淘金热导致人们快速致富的心态。成千上万的人满怀希望去淘金,有些人很幸运,但是大多数却失败。淘金热给人们留下了挥之不去的影响,那就是拥有黄金就拥有财富。如果你能够找到黄金，那么，你就会变得富有，这个逻辑一直持续到了21世纪。虽然黄金和白银已经不是货币本位，但人们还是努力在矿石中寻找它们。

20世纪70年代是一个通胀时期，这时白银的受欢迎程度和黄金几乎一样。在70年代初，由于各种物资的短缺，物价在螺旋式上涨。首先，1971年，由于受气候的影响，美国的玉米产量下降，紧接着苏联的农作物减产。祸不单行，由于受太平洋暖流的影响，南美洲秘鲁的渔业损失惨重。作为喂养动物的重要来源，谷物的价格开始受到压力。1972~1973年，俄罗斯小麦成交价引领玉米、大豆创出了高价纪录。食物的价格也明显上升，随后，中东石油输出国也联合起来禁止对美国出口石油，以报复美国对于以色列的支持。在70年代末，能源价格飞涨，这些因素叠加起来，使得人们失去对货币的信心。

亨特家族是美国极有权势的石油大亨，其在白银市场持有大量的仓位，所以，其尝试复兴银本位，他们几乎成功了。随着物价上升的趋势，投资者开始持有白银。从银块到成袋的银币，都成了热门的投资工具。人们卖掉了先辈的银镯子，白银期货在市场上非常热门。但是，炒白银泡沫破灭了。亨特家族大赚特赚。中东石油生产者被说服放弃禁止出口的计划，条件是答应用白银或黄金来交易。货币危机以来，工业国家都能够控制住货币供应和价格管制。1979~1980年间的贵金属价格大幅波动，给投资者留下了深刻的印象。甚至到今天，也有人希望回到那个年代。

当今贵金属本位制的意义

如果经济回到贵金属本位制，对于黄金和白银投资者就会是负面消息。假设回到黄金和白银时代，当然，这得有一次大的信任危机才能实现。政府为了保证黄金和白银供应量，没收居民的私人黄金和白银也不是没有可能。如果人们被允许持有黄金和白银，那么其价值也要根据纸币来定，这大大降低了人们持有的黄金和白银的价值。换句话说，任何回到贵金属本位的言论都是不符合最优投资的，尽管如此，货币危机是回到贵金属时代的最好时机。通货正在被重新设计，黄金和白银可能是仅有的价值不变的资产。历史告诉我们，任何危机从开始到平息,贵金属都担当了稳定者的角色。

有些人没有经历过货币危机,怀疑是否存在直接原因促使经济回到金本位时代。全球货币体系瓦解的潜在因素并非那么简单。不久前,一些专家预测到2100年,人类将会正好用完所有的燃料和食品:其是通过大量的数据和计算机模型分析出来的,世界正处于原材料短缺和各种灾难之中。1973年能源危机之后,各国领导人被日益增长的能源短缺和经济危机困扰而忙碌,但是预言中的经济瘫痪从未到来。各种经济问题都奇迹般地解决了,主要是靠新能源技术,包括矿物燃料的发现以及新兴的能源政策。但是,人们认为技术进步的速度难以跟上人类的需求速度。

另外,世界货币体系得以维持的一系列因素包括第三次债务危机、美国储蓄和信贷危机、东德并入西德、苏联的解体和形成独联体、东方阵营的经济危机、日本房地产和银行危机、2003年美国股市7.5万亿美元的崩盘、目前还在进行的反恐战争。所有这些都在影响着全球金融系统的稳定,引起新的恐慌。尽管有这么多的问题,消费和投资的热情仍然不减,这背后有一股强劲的力量支撑着。

当市场信息比较通畅时,人们不容易陷入恐慌。今天的通信更加快捷、更加准确,比以前更加容易获得。电视和网络使得交流几乎没有任何限制,在深思熟虑之后,我们很容易找到解决问题的答案。虽然通信保障了经济的稳定,但是,并没有减少引起危机的潜在因素。

在世界新次序中,另一个要点是将现金作为商品来交易。金银不是唯一优先的商品工具。大多数人意识到货币是能像黄金、白银、小麦、猪脯肉、原油那样被交易买卖的。货币价值取决于一个国家的生产力、利率、贸易平衡和政治经济风险。正因为货币交易具有很大的投机性,所以一些人认为这会埋下毁灭经济的种子。在过去的30年中,国际汇率波动已经增长了几倍。在1995~1996年期间,各国间的汇率波动一般都在10%左右。但在世纪之交,新问世的欧元相对于美元在不到一年的时间里波动超过了30%。更惊人的是,有些汇率的波动在不到一个季度的时间里就能达到两位数。图2.1呈现了美元指数(基于一揽子货币)在1994~1999年期间的走势。图2.2则是该指数在2000~2004年间的波动情况。

数据来源：eSignal.com

图2.1 从1994年12月到1995年4月，仅仅4个月时间里，美元指数期货对一揽子外国货币下降了11.25%

数据来源：eSignal.com

图2.2 从2000年10月到2004年12月，美元指数期货合约从顶部到底部经历了29%的完整下跌。上下平均波动幅度为10%

货币市场的变化

虽然需求是发明之母,但用套期保值和风险规避在市场大幅波动中变得很难。在某种程度上,货币平价可以消除出口和进口的利润差,在当今国际贸易的新阶段,要求用于商品和服务的交易媒介具有更高的稳定性,那么黄金和白银还有希望吗?

当今的经济环境十分特别,没有规则可以遵从,也没有历史可以参考。在20世纪70年代,货币交易者都知道一个原则,那就是哪个国家被迫提高利率,那么,它肯定出现经济问题。高利率是用以控制通胀和消费的一种预警,同时也使资金离开这个国家以寻求更加稳定货币。提高利率对于货币平价存在不利的影响。如果英国的利率相对于美国的要高,这就预示着英镑相对于美元贬值,但是,这种逻辑在20世纪80年代的时候发生了彻底转变。1982～1989年,货币投资者为了寻求套利机会,开始找寻有利率差的货币组合。高利率的国家产出也高,同样,其货币也对应较高的平价,原先的高利率经常和高通胀相联系,它突然不被考虑在内了,那么到底什么变了?

投资者通过新的投资工具如货币期货和期权来规避平价风险。同时,利率的波动可以通过相关的利率期货和期权加以规避。这些新投资工具的发明和应用,改变了货币市场。这些巨大的变化,使得人们的投资理念发生了变化。如果欧盟的利率比美国的利率高,投资者就会用欧元买进欧盟债券,同时对于欧元贬值的风险,可以通过对冲一定量的期货或者购买一定量的欧元看跌期权规避。但是,专业的投资者并不使用这种方法。如果上升的利率和升值的货币存在相关性,对冲肯定就会失败。其实,最重要的一点是让人们意识到有这种对冲的工具存在。

每天数万亿的美元、欧元、英镑、日元、瑞士法郎、澳元、加拿大元、墨西哥比索、巴西里拉、俄罗斯卢布、中国人民币等其他的货币以不同的平价在交易着。外汇交易是一个多元化的业务,平价的波动是大型金融机构交易商的动力。20世纪70年代的货币浮动汇率制度产生了今天的外汇交易。

很多人认为,随着大量的以黄金抵押的货币在浮动汇率制度下大量蒸发,便可以回到贵金属本位时代。例如,在20世纪80年代,欧洲共同市场进化为欧共体(现在是欧盟),其开始建立统一的中央银行,发行统一的货币。《马斯特里赫特条约》起了非常关键的作用,它要求各个成员国限制自己货币的平价范围和政府债务规模,参加共同货币的协议,于是诞生了欧元。尽管欧盟货币反映了成员国的一揽子货币,但是,最终合并为一种货币叫做欧元。这意味着每个国家的货币市场也可能瓦解。在1997年,统一的欧盟货币还只是个设想,还处于讨论关于欧元的平价问题阶段。欧元能否完全流通,或者其他货币和欧元能否建立平价关系?统一的欧盟货币可以解决交叉平价的投机问题。这样,欧洲大量货币交易就从此不存在了。

1998年,欧元正式被官方确立,并在2000年正式流通,这是现代货币发展史上具有重要纪念意义的事件之一。随着时间的推移,单一货币逐渐替代了欧洲大部分国家的自有货币。反对者认为,这种过程会导致货币体系的崩溃,开始确实引起过恐慌。

不可否认,从1998年10月到2004年,欧元价格的大幅度波动也说明了其存在的不确定性。欧元发行之初,就有强劲的态势,与美元比价接近1.23,即1欧元兑换1.23美元。从最高价到最低价的落差达1/3(见图2.3)。2001

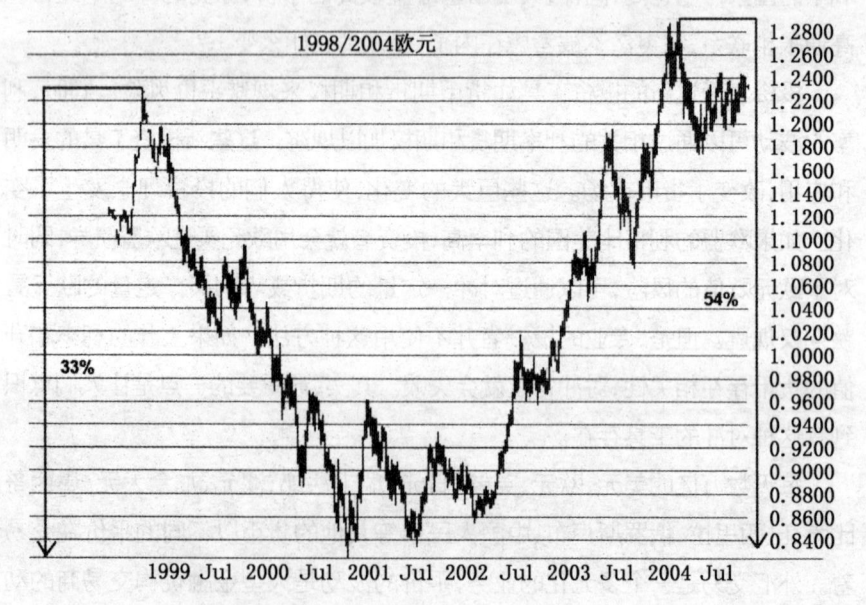

数据来源:eSignal.com

图2.3 欧元从1998年起开始了第一笔交易,2000年起变为一种实际的货币。从欧元的初始值开始,美元平价下降了33%

年 7 月到 2004 年 3 月,欧元升值超过了 50%,这种形态也是合理的。

例如,假设有德国一家制造玻璃器皿的厂家,其产品主要出口到美国,你在 2001 年 7 月收到一份价值 10 000 美元的订单,按照当时欧元和美元之间的汇率,你有 25% 的利润率。当货物制成准备交付时,欧元/美元已经升值了 25%,但是,你的货物是以美元计价交付的,这样由于美元的贬值,抵消了原先的利润。如果你生产制造设备或者喷气式飞机,由于其生产周期通常在一年以上,从图 2.3 上我们可以看到欧元升值逾 50%,其损失更大。

1999 年 9 月到 2000 年 5 月之间,黄金的走势如何呢? 图 2.4 是欧洲黄金拍卖价的楔形走势图。黄金(图 2.4)在 1999 年 10 月～2001 年 5 月期间,其价格一直比较低迷,这段时间黄金和美元指数之间没有很好地结合。如果这时用美元指数与黄金美元价格此消彼长来指导投资是非常危险的,但长期来看,我们还是能够证明这种黄金和美元指数间的关系。

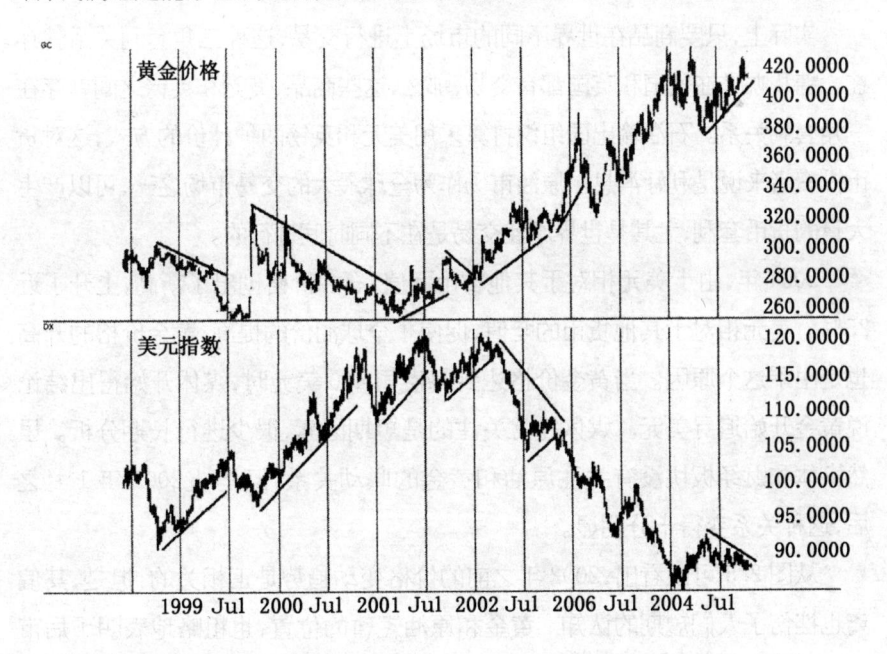

数据来源:eSignal.com

图 2.4 上图的黄金价格显示出与下图的美元指数的背离走势

大家都知道黄金和美元之间的相关性是负相关。黄金的支持者认为其实际上还是一种货币的标准。我们可以从图 2.4 上看到,在 2001～2002 年期间,黄金和美元呈现相反的变动趋势,这有力地证明了黄金是一种独立于通货的商品，反驳了其是货币的说法。

如果黄金的美元价格上升，但是，其瑞士法郎的价格却在下跌，在这种情况下，瑞士法郎对美元升值，但是瑞士的投资者会产生负的回报，而美国的投资者会产生正的回报。这些都说明了市场的怪异性。也就是说，美国和瑞士的投资者其各自处于各自的市场，是相互独立的。

货币投资者会认为，市场之间并不孤立，市场反映了所有的货币，当然，投资者会寻找各种货币间的差价来获取利润。贵金属投资者寻找的是长期的增值，投机者寻求的是短暂的波动以获取短期利润。

在黄金、美元和外汇之间有三角套利的概念。在伦敦和香港的黄金市场上，价格随着供求影响一直处于变化当中。但是，相同的因素没有对美国的黄金市场产生影响，其价格可能保持不变。敏锐的投资者就会用美元购买黄金，然后以更高的计价英镑或日元卖出黄金，这就产生了三角套利利润。

实际上，只要商品在世界不同的市场上进行交易，这种三角套利关系就存在。糖和咖啡在美国和英国都有交易，那么，这些商品、美元和英镑之间就存在三角套利关系。石油输出国组织打算采用美元和英镑两种计价的方式，这对货币投资者来说是利好消息。原油市场作为全球最大的交易市场之一，可以产生大量的货币套利，尤其是世界原油交易是在不同时间进行的。

2004年，由于美元相对于其他货币贬值，石油价格创出了新高，上升了近25%。美元相对于其他货币的贬值，促使了全球油价的提高，黄金价格的升高也是由于这个原因。当黄金价格达到每盎司400美元时，媒体开始得出结论说黄金开始追寻美元。媒体经常关注的是短期因素，很少进行长期分析。虽然媒体和财经板块没有关注原油和黄金的联动关系，但是从2002年1月之后，这种关系变得十分明显。

从图2.5可以看出，2002年之前的价格变动趋势是正相关的，但是，其偏离也挫伤了人们短期的认知。黄金和原油短暂的位置，也粗略地表明了后市走势。相反，从2002年开始，黄金、美元和原油之间的平价关系变得相当一致，同时升降。就在黄金被人说成不值钱的资产时，黄金反例开始受到追捧。黄金价格的变动作为经济的一个指标，对于新货币体系的忧虑，使得投资者重新开始关注黄金。

当人们意识到经济开始衰退时，都转而追捧黄金、收藏黄金，这很容易理

数据来源：eSignal.com

图 2.5 从 2002 年开始，黄金（上图）与原油（下图）走势开始趋于一致，再次显示出两者之间的货币联系

解。正是由于这种爱恨交织，才有了黄金的新市场。在前面的章节中，我们提出过一个问题："贵金属为什么这么受人欢迎？"人们迷恋黄金，主要是因为它的性质以及出色的质地和稀有性。人们如何才有可能放弃对黄金的追捧呢？人们对待黄金就像婚姻一样，夫妻之间可能会经常吵架，但最终还是会更加和睦。

黄金是否可以和国际货币市场保持良好的一致性？这个问题在很多情况下变得很紧迫。最重要的是，黄金和货币平价之间的长期关系存在货币性的挂钩。如果我们从图 2.5 往前推断，黄金也会再次成为货币计量标准位。有人说所有的商品都应当可以充当货币计量，然而，只有黄金比较独特，经常被定为货币标准。

我们应该弄清楚货币和货币本位之间的区别。货币是交换的实际手段。作为货币，黄金可以作为硬币或者发行主权国债票据的保证。而黄金作为货币本位，其他货币的价值要以黄金来衡量，要和黄金挂钩，规定了单位货币的含金量。单位货币（比如说美元）与一定数量的黄金价值相固定。这就要求实际的黄金来作为抵押物或者和黄金类似物或者国际汇票进行交易。与将单位美元固定含金量不同的是，美元可能是盯住一定数量的黄金浮动。也就是说，黄金作为货币本位其价值可以浮动，当然，货币与货币之间也是浮动的关系。黄金和各种货币之间已经是浮动关系了。那它们的区别是什么？

作为货币计量，它的波动是被控制的，并且政策决定了其货币的含金量，它处于一个固定汇率和完全浮动的汇率之间。为什么会实行这样的货币计量制度？难道美元标准没有被成功地实施？各国货币曾经盯住美元，保持固定的汇率，美元盯住黄金，石油用美元标价。金本位建立的最重要的原因是其确立了一种稳定的、不带政治色彩的中立货币作为基础货币。同时，黄金也是一种可靠的计量单位，这是长久以来支持将黄金作为货币计量本位的最主要原因。

一些经济学家推断通过黄金测量货币价值可以减弱货币平衡价格的波动。国际金本位时期有这样的例子，现代黄金货币主义者承认在有限的范围内适度浮动是有其必要意义的。正是由于这个理论，各国中央银行不断囤积黄金，尽管政府要求剥离像黄金这样的不良资产。

对于白银作为基础货币总是存在争论。与黄金不同，白银更多意义上是一种消费品。白银在传统摄影的卤化银薄膜、工业领域的X射线、医疗成像等领域都有其用途。在高能电池和后面我们详细介绍的其他方面，白银都有广泛的用途。这些应用所消耗的白银占年产量的很大部分比例，远高于黄金。然而，白银产量比黄金更丰富，从它们的平均价格可以反映出来。

与黄金一样，白银也曾经被用来当作货币和担保发行货币的工具。事实上，白银因为相对充足而担当货币工具更具有优势。虽然，黄金一直被用来反映石油的价格，在20世纪70年代初的石油危机中，美元贬值，实际上一直将白银作为交易的货币，一直持续到1975年著名的亨特兄弟白银操纵事件，当时的白银价格已经达到了每盎司50美元，该事件是企图用白银来做货币担保，理由与黄金相同。

在20世纪和21世纪交接之际，我们比较了白银和石油的价格。我们会注意到，尽管油价从每桶12美元上升到约50美元，白银却保持了相对稳定的价格(见图2.6)。这种稳定性实际是货币的理想状态，因为它和商品的价格变动保持了一种稳定的相关性，从而改变商品的价格，特别是像石油。当黄金和白银有这种固定的价值时,事实上就是货币标准。

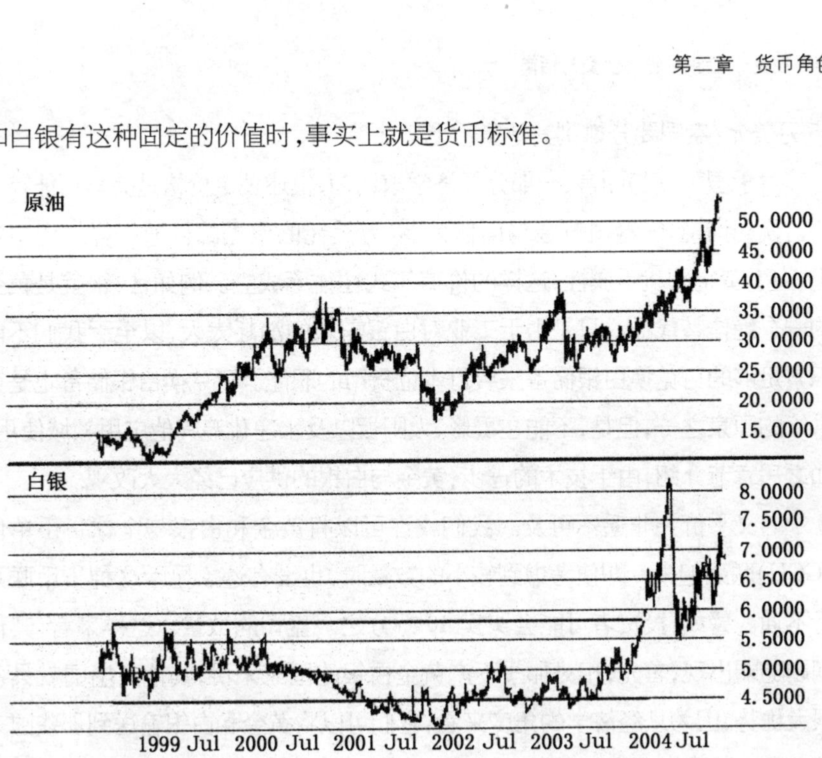

数据来源:eSignal. com

图2.6　银价与原油价格持续相关。1999年3月到2004年7月,原油价格从每桶12美元上升至50美元,这段时间银价保持窄幅波动

供给和需求

在拥有大量美元的外汇市场里,欧元化进程出现了一个耐人寻味的问题。如果有机构有能力将德国马克、法国法郎、意大利里拉和其他欧洲货币市场合并为一个单一的货币市场,为什么不回到黄金和白银的本位制?目前的答案依然是:"由于黄金和白银的供应量有限。"如果世界上所有的货币价值加总起来,和全球总的黄金存量相比,一盎司黄金的价值可能超过40万美元!如果经济学家将黄金只和美元建立平价,一盎司黄金价值依然高达15万美元以上。

如果按全球所有已发行货币的价值总和来计算世界上的全部黄金储备的价值,每盎司黄金大约为40万美元。如果仅以美元价值来衡量,那么,还有

15万美元/盎司要分摊到其他货币上。

对于国际交易而言，一部分经济学家认为，上述黄金价格是完全可能存在的。换句话说，一盎司黄金与面值为25万美元的票据的价值一样。但事实上，由于黄金的货币属性，这样的价值等式往往不成立。例如，白银就是黄金的一个绝佳替代品。只是由于工业对白银需求的消耗太大，以至于我们不能积累足够的可兑换白银储备来履行本位货币的职能。可兑换白银储备也是其供给的源泉之一，但是，不能在摄影、太阳板以及水净化等其他应用领域使用。如之后章节介绍，由于技术的进步，黄金与白银的供应已经大大改观。

名义平价并非遥不可及。我们或许可以将黄金和白银与全球货币单位(GCU)联系起来。即使考虑到较小的数量时，也没有迹象显示这种货币联系行不通。譬如，投资者可能会买卖40万分之一盎司的数量。这样来看，其他问题随即出现，首先，相对那些不产黄金白银的国家来讲，其他产出国就具备很大优势，因为从经济学的角度来看，它们可以将黄金和白银输送到那些国家进行交换。不过事实证明该说法并不成立。如果成立，南非就应该是世界上最富裕的国家之一了。在金本位时代不成立，现在仍不成立。例如，日本基本上不生产黄金，其央行的黄金储备也少得可怜，但日本在自然资源极其稀少的情况下成为了经济强国。

显然，将生产的黄金和白银销售出去能带来一笔可观的财富，而此后，黄金会因国家经济实力的不同而进行再次分配。所以关键是：谁拥有金矿？有见识的投资者通常这样投资，并且投资期通常为金矿开采前10年的过渡期。其中的利润远超乎你的想象。事实上，这样的生产行为更可能为政府所控制。

其实并不难理解我们为什么放弃金属本位制度。经济的不断发展就是原因之一。可能有人一直认为我们将重新使用黄金与白银作为货币。然而，投资者必须接受这样的现实：贵金属算不上好的货币，至少现在是这样。

虽然黄金和白银在现在的经济体系中难以充当合适的货币工具，但它们却是我们可信赖的最终价值载体。

对于那些经济不稳定的国家，持有黄金的人将不会受到货币贬值甚至经济灾难的影响。黄金是便携的有形资产。而且，因为任何人都可以轻松地将这些贵金属兑换成外汇，从某些方面来说，没有什么会比持有黄金更好的了。

最后，各国央行继续将几百万盎司的黄金作为储备资产，而实际上，世界已经放弃黄金作为货币本位，为什么各国还要囤积所谓的非储备资产？事实上，像西班牙、英国、日本、印度和瑞士这些国家从1975年已经开始扩大黄金储备的份额，其答案是显而易见的。如果其他方法都失败，黄金依然能够保持其货币价值。巨大的黄金储备，在市场中起了很重要的作用。它可以消除一些由比利时、澳大利亚、葡萄牙、英国和美国等国央行散布的谣言对价格造成的负面影响，当然，任何有关黄金利空的消息都使得市场上大量黄金储备出售。但事后，人们依然理智地积累其个人储备。

正如后面的章节所述，黄金和白银的产量正在加速。科技和发掘提高了黄金和白银的产量，这或许可以决定是否有可能重新会成为一种货币标准。由于储备余额随着货币平衡的波动而波动，因此，经济学家接受黄金和白银作为货币储备需有一个前提，那就是其在很大程度上取决于在你读这本书时各国新一届上台的领导人。当然，婴儿潮一代非常熟悉从他们父母或者祖父母处听来的像大萧条之类的事件。那些出生在1945~1975年之间的人经历了可以合法拥有大量黄金的时代，但是，他们可能没有意识到该事件的重大意义。1965年以后出生的人已经很难记得发生在20世纪70年代初的能源危机。

作为新一代，我们可能不愿再回到过去。特别是在投资行业的那些人，看着纸币飙升，但是，贵金属投资却表现平平。2001年"9·11"恐怖袭击之后，动荡加速了市场的不确定性，同时也让我们看到了黄金重新作为货币标准的潜力。不过，如果新的领导人认为交易纸币会比持有黄金储备获得更高的回报，那么，政府就会赞成在资本市场上出售不良资产。美国安全系统的保障体系很多项目投资于道—琼斯工业平均指数和标普500指数的股票来获取平均的收益。的确，由于美国政府的承诺，其社会保障就可以筹集到更多的资金。

如果中央银行放弃黄金和白银的持有呢？其价格会大幅度下降吗？在1991年和1992年，比利时清算了大约200吨黄金，荷兰也出售了400吨的黄金。与此同时，俄罗斯和中东也在市场上抛售了300吨黄金。这样做的目的是使黄金储备和欧共体其他成员国一致，并提高现金储备。图2.7画出了这两年相较于前后十年间的黄金价格变化。注意，从1988年黄金每盎司500美元降到1993年的每盎司330美元左右，其过程并不是温和的抛售。下降趋势在这些抛售之前已有，并且在抛售过程中其市场也保持相对稳定。1993~

1996年之间,克林顿执政时期,经济一片繁荣,高就业率、低通货膨胀促使了黄金市场的回暖。不仅仅是自由市场能够吸收更多的额外黄金供给,更多的是,有私人黄金的积累成功地战胜了中央银行销售黄金的能力。诚然,600吨远远小于当时政府估计的4万吨的黄金持有量。但是也没有明显迹象表明政府会将其所有的黄金储备同时变卖。

数据来源:eSignal.com

图2.7　1976～2004年黄金期货月度价格显示出这段时间内,黄金主要由比利时、荷兰、俄罗斯以及中东地区国家中央银行持有

在众多的论文和辩论中,核心问题仍然是"未来黄金和白银能否作为货币计量的工具?"自从欧盟建立后,世界各国领导人明显回避有关黄金作为储备资产的具体问题。黄金既不是官方储备资产,也不是非储备资产,它只是简单地存放在各国中央银行金库中。根据国际货币基金组织和世界黄金协会的估计,各个国家及其中央银行2004年的黄金储备量在3.5万～4.5万吨之间,每吨约合32 150盎司。假设储备量最高的4.5万吨,以每盎司400美元计算,2004年各国央行储备黄金价值达5 787亿美元,而美国国内生产总值也仅是几万亿美元。从20世纪开始,世界经济的巨大扩张,其要求我们的基础货币供应量应该同幅度增加。但是黄金的供应速度还没有达到这种经济增长速度。从图2.8可以看出,世界官方黄金储备从1948年开始增长到1965年达到顶峰。自此以后,随着出让变得平缓,各国央行的黄金储备开始逐步下降。

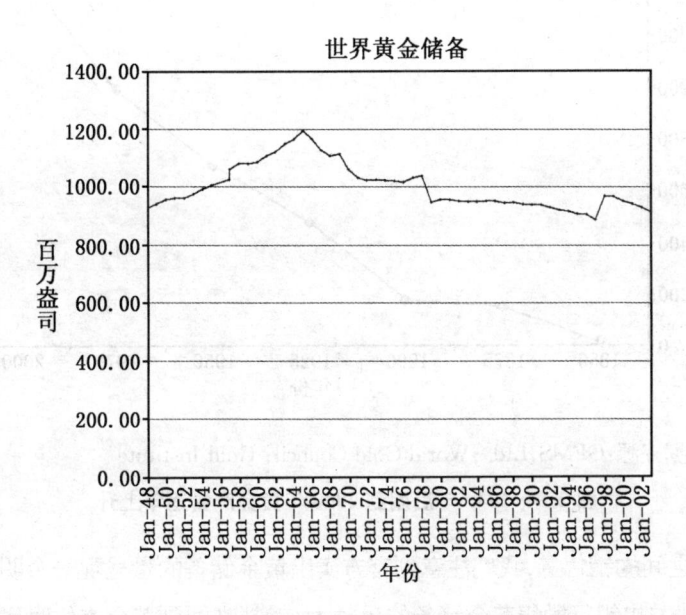

世界黄金储备

数据来源:World Gold Institute;IMF;World Gold Council

图2.8　1948～2002年世界官方黄金储备

图2.9是1850～2000年间的世界黄金产量图。从图中可以看到,20世纪后,随着黄金在西特米尔的发现和美国的淘金热,世界黄金的产量大幅度增加。1975年后,我们可以注意到黄金以一种较为平缓的趋势增长。由于黄金产量良好的增长趋势,很多人支持将其作为货币标准。另外,也有人认为黄金温和的增长率难以维持经济对于货币的高速增长需求,反对将其作为货币标准。

如前所述,20世纪80年代中期出现了一个过渡期,工业化国家从净积累期过渡到净卖出期。一个典型的例子就是企业尝试从铸币中获利。80年代中期以后,官方铸币价格低迷,这引起了黄金本位主张者的争论。他们认为官方以人为虚假的供应扭曲了黄金价格。只要官方的库存黄金量大于市场上的流通量,那么当下的金价就无法客观地反映出市场的供需状况。

在20世纪90年代,有一个强有力的论证。通过平滑处理从1986年到

世界黄金储备

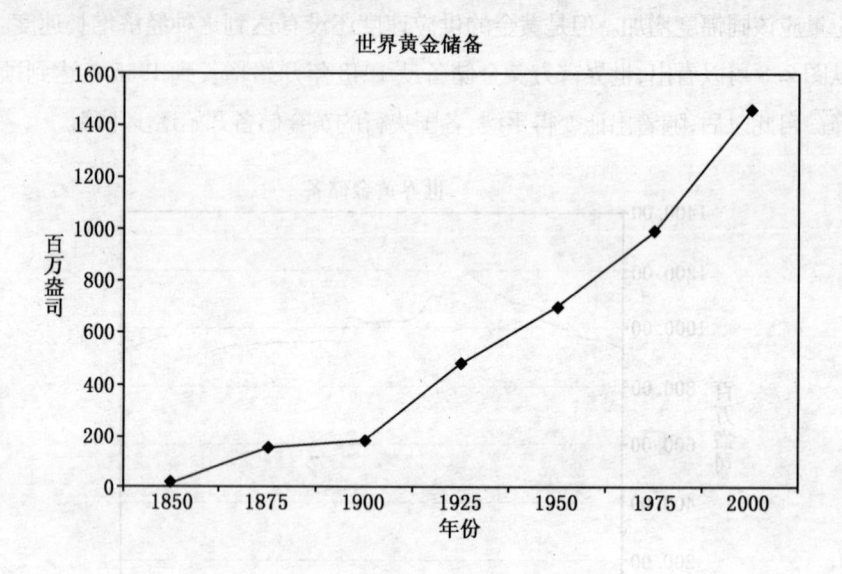

数据来源：GFMS, Ltd.；World Gold Council；Gold Institute

图 2.9　1849 年后期到 2000 年黄金产量逐年上升

1995 年之间的销售量，我们注意到官方卖出黄金储备的量呈现一个明显的增加趋势。中央银行抛售黄金储备的量越大，就越难回到黄金本位时代。耐人寻味的是，私人黄金的囤积一直和官方抛售黄金保持同步。从 1986 年到 1995 年，金条积累量稳步上升，奇怪的是，没有受任何事件的影响，但央行销售黄金的速度从 1997 年到 1999 年呈现下降的趋势。事实上，一些国家成为资本净积累国，这包括日本、法国、德国、意大利、荷兰、西班牙和英国等国家。

由于政府出售黄金，私人金条囤积是重要的投资需求。从 1986 年到 1995 年，官方公布的净黄金销售量达 1 284 吨，而私人金条囤积量达 2 733 吨。因此，净投资累计超过官方公布的 2 倍。官方黄金矿山的生产供给稳步增加，产生了积累效应，这在图 2.9 中可以反映出来。25%～30% 的黄金被囤积起来。但以这个速度，总积累量相比为了应付随时使用货币而应该的积累量显得过于缓慢。即使官方黄金储存量翻倍达到 80 000 吨，则每盎司黄金价格仍为 400 美元。金矿的发现和开采技术的发展趋势有助于增加黄金产量，5～10 年产量就可以翻倍。按照这种速度，需 10～20 年的时间来达到 1995 年官方的持有量。

一个返回黄金本位可能的情况，就是经济不断处于通货紧缩的恶性循环之中。为了使得黄金作为货币的标准，国家就要对其经济进行大规模的收缩。人们预测在20世纪90年代中期可能发生这种通货紧缩。艾略特波浪理论倡导者罗伯特·柏彻顿认为，终结经济繁荣的同时将迎来经济崩溃的到来。如果你相信大周期理论，那么，黄金在2020年可能重新作为货币。到那时，全球经济应该已经走出了低谷。

如果政府认真考虑内爆理论，我们就可以看到，净积累模式在新世纪最初数十年来的一个改变。如果你对下一个黄金潮感兴趣，你应该怎么做？直觉告诉我，黄金投资热潮的最初迹象将会从某种商品中反映出来，如图2.5所示的2002年以后的石油和黄金走势图。这仅仅是一个货币相关的提示，并不能代表一个真正的黄金本位的回归。伴随政治的不明朗，油价依然稳定地增长着，这也解释了为什么存在黄金和油价的高相关性。战略储备和分销模式是关键的潜在因素。如果你发现中央银行更多的是保护自己，而非执行政府之间的承诺，那么这就意味着货币危机的到来。黄金将是稳定的基石。如果官方做出了回购黄金的决定并且回购价格远远低于市场价格，请不要感到讶异。

由于受黄金产量的限制，各国央行可能会寻求双金属货币本位标准。因此，我们应该关注政府可能快速增加白银存储量，以弥补黄金储备的不足。如果摄影胶片不使用大量的白银，白银价格比率会更有优势；那么，很可能是采用黄金/白银双本位而非单一的金属本位。以白银每盎司5美元算，1吨白银价值大约是16.075万美元。如果白银年产量2万吨，以每盎司5美元来算的价值大约是32.15亿美元。

遗憾的是，这一数量和世界需要的货币量相比仍然仅占很少一部分。即使世界白银年产量增加到3倍，还是难有足够的金属维持世界经济的增长。此外，白银要作为货币基础，其官方白银储备还很不充足。在进入双本位之前，政府需要大量的储备，那才能够顺利进入双金属本位。美国财政部持有大约17亿盎司的白银，以每盎司5美元来算，其价值仅为85亿美元。

可以预见，未来几年关于金属作为货币的争论仍然会很激烈。或许在当全球经济体系和看法出现巨大调整时，领头的经济体才会开始思考转向金属本位制。一小部分非常优秀的体系需要和它们所积累的价值相符合（40万美元/盎司和一些白银黄金比率），否则，全球就会经历大规模的货币紧缩。在撰写本书时，金属作为货币仍然远不可期，即使是在恐怖的不稳定时代。

第三章 贵金属是否是投资品

对于"投资"的定义说法不一。一般意义上的投资是指为了获取未来的收益,牺牲现有的效用。你可以投资一个项目,因为你预期它会带来一定的回报。人们投资于金融工具,以此来获得未来的价值增长。一些人投资于艺术品,是出于它的好看以及未来潜在的升值期望。然而,特定的财富投资是一种过程,这种过程包含因追求预期价值所付出的资本投入。预期价值就是俗称的回报。期望回报的实现,是和风险联系在一起的。面临的风险量称为风险敞口。

我们用扔硬币的例子加以简单说明。我们知道硬币出现正面或者反面的概率相等,这样的话,无论是正面或者反面出现的概率都是50%或者说50/50。概率是和风险联系到一起的。对每个独立的翻转而言,不出现正面的风险是50%。你敢赌扔10美分硬币吗?当然敢赌——风险敞口仅仅为10美分。但是,如果我将赌注升到100万美元呢?相信风险依然是50%,但是,风险敞口增至了100万。

这都是一些非常重要的概念,因为它们经常被误解和误用。例如,期权已经变得大众化了。期权是在将来以约定的价格购买或出售某商品的权利,而不承担任何义务,这个约定的价格称为期权执行价。期权保持有效的时期,称为期权存续期。期权的价格被称为权利金。

期权是一种"有限风险"的投资工具。期权销售人员对你销售时说,白银期权的执行价格为6美元,权利金仅为500美元,将于12月到期。他可能会告诉你,你的风险是有限的,最多损失权利金500美元。真的是这样吗?如果在12月到期前银价超过每盎司6美元的几率为零,那么你所面临的风险损失就是100%。只有当银价超过6美元,并且超额总量大于500美元时,你才能真正获利。交易中,你的风险敞口是有限的。的确,你最多损失500美元,但是,很少有人看到它是风险和敞口的结合,所以"有限风险"的概念有很高的误导性。在贵金属市场,这点尤其要引起人们的关注。很多这种骗局被设计在高价期权中,它们其实很少或者根本没有价值升值的机会。本章主要描述的就是贵金属期权市场的正确投资战略和错误投资战略。

传统的投资组合理论提出了平衡投资的三个概念,即风险、敞口和收益。如前所述,投资就是为了获取未来的回报而牺牲现有的价值。预期收益是包含风险、敞口和回报的函数表达方式。你可能会考虑投资每股30美元的微软公司或是先锋细菌公司(Advanced Viral)每股10美分的低价股。假设你有1万美元用来投资。先锋细菌公司有一项药物正处于试验的第二个阶段。微软公司大家都很了解,假设微软的股价在未来12个月内有30%的概率达到40美元。先锋细菌公司的股价升到30美分的概率为40%。微软股价有15%的概率将会下跌到20美元。先锋细菌公司破产的概率可能是30%。记住,这些都是假设,没有诽谤任何一家公司的意思。

12个月后的预期价值是各自发生的概率乘以其对应的股票价格,假设资金全部用来投资,如果投资于先锋细菌公司,有30%的概率失去所有的1万美元本金,有40%的概率赚取2万美元。如果投资于微软,30%的概率得到赚取3 333美元和15%的概率损失3 333美元。该标准只是主观的,你可能更喜欢先锋细菌公司,它更加刺激。其他人可能不想用1万美元去冒险,虽然其损失概率仅为30%。

这个例子中没有考虑两种股票可能支付的红利因素。红利也和升值一样,为投资提供了收益。

收入潜力和升值潜力

有些人常常在想,贵金属属于投资品种吗?当然,在有些时段买入白银、黄金、铂金和钯金是会获取投资收益。此外,历史价格数据和基本面分析可以为衡量其风险和敞口的大小提供一定的帮助,但回顾历史,金属作为投资工具,其表现却不是很好。其原因之一是贵金属没有内在的收益。大多数股票、债券和不动产都能够产生现金流或者潜在收入,股票可以产生红利,债券有利息回报,不动产则有租金。除了现金流之外,投资工具本身的价值也可以增长。事实上,增加的价值与潜在现金流是有相关性的,这也是股票市盈率很重要的原因。由于金属本身没有收益，它们的价值仅仅取决于市场的供给和需求。但是，有一种情况例外，那就是大机构以一定利率出借黄金。不过，我们是从个人投资的角度考虑的。

在即将进入新的贵金属市场前，抛弃一些旧的传统观念是很重要的，最明显的传统观念就是，黄金和货币价值之间的联系。一盎司黄金和一件高贵的男式西装的价格之间常常被联系起来，这表明在通货膨胀下黄金提供了一个稳定的购买力。这种联系使人们混淆了良好的储藏价值和良好的投资价值。黄金似乎紧跟通胀的步伐，起到保值的效果，但是，投资的目的是战胜通胀来增加财富。有这样一个故事，一个人有2 000盎司黄金，每个月只卖掉2盎司以供消费，他能够在接下来的1 000个月(83年)过着很舒适的生活。把这位绅士和沃伦·巴菲特相比，他的财富到了21世纪的时候实际上并不会像巴菲特那样增值到300亿美元。这也是我想说的，这位绅士最好在当时卖掉他的黄金，并投资于伯克希尔·哈撒韦公司。

贵金属是商品，而非投资品

自20世纪80年代中期，人们开始渐渐地认为贵金属不是投资品，而是商品。与其他任何的商品一样，白银、黄金，以及铂金族的价值取决于开采量、全球的需求以及市场中的交易量。这意味着金属只能提供投机机会，并不具有投资潜力。投机和投资之间的区别是细微的。投机是和短期获利相联系的，投机性的金融工具是用来交易的、通过频繁的操作获利，而非用来长期持有，你可以通过低买高卖来获利。这就是股票、债券和不动产被看做商品的原因。然而，如果你拿10年期道—琼斯工业平均指数的成分股和10年期一定数量的黄金和白银价值进行比较，你就会发现证券的投资比贵金属表现好很多。图3.1反映了其关系。股票经历了一个升值的长期趋势。虽然经济衰退或者通胀对其长期趋势有影响，但是，总的来看股票和债券是一种更加稳定的投资工具。

在黄金和白银还是充当货币角色的时候，黄金和白银建立了国际货币平价。一盎司的黄金等价于35美元。如果这个比价不变，当商品价格指数或消费者价格指数上涨时，黄金会随着美元或者其他相关货币一起发生通胀。从1975年美国允许私人可以存储黄金之后，对比一下黄金和道—琼斯工业平均

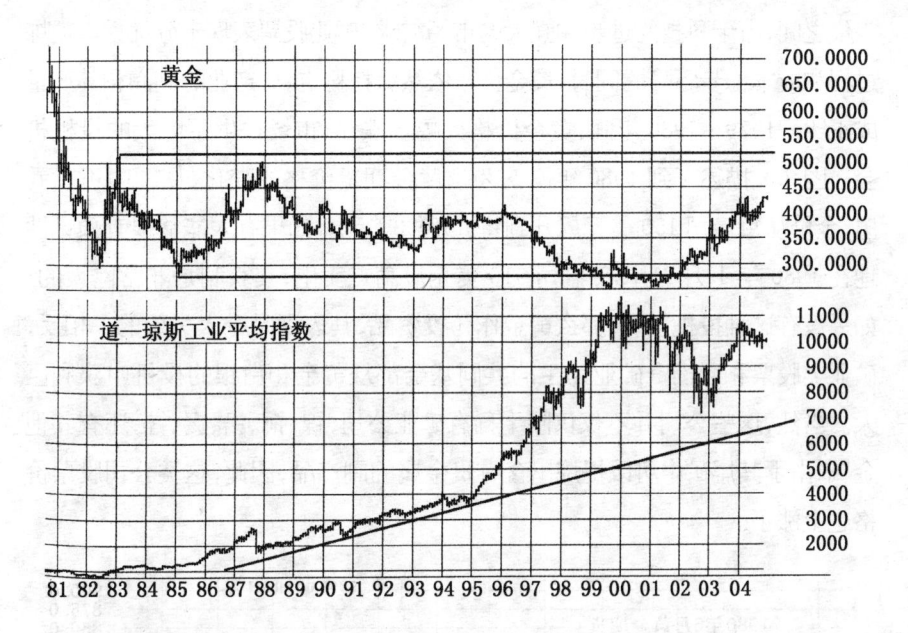

图 3.1 黄金 1984~2004 年间连续 20 年的表现保持在 275 美元/盎司~530 美元/盎司这么一个大致的区域,而道—琼斯工业平均指数则有一个稳步的上升趋势

指数的过程。回顾历史,我们发现,发生在 20 世纪 70 年代早期的能源危机加速了尼克松时代的滞涨。美国经历了一个高通胀、经济低迷的时代,这些从股市的低迷和贵金属市场的高价可以反映出来。此后,世界各国开始进入纸币时代,其推动了股市和债市,使人们失去对贵金属市场的投资热情。纸币资产和金属资产之间最重要的区别是具有潜在收益性,公司获取利润,就会拿出来一部分进行分红;债券提供了一种稳定利息支付;不动产有租金收入和财产增值。贵金属只有在其清算时价值发生增值才能获利。当利率从 18% 上升到 21% 时,就会掀起一股投资从硬资产转向债券投资工具的狂潮。20 世纪 80 年代后期就发生过这样的情况。

  19 世纪,对于黄金和白银的狂热,使得开采者的收入增加,也带动了围绕淘金的相关商品的销售量,诸如十字镐、铁锹、骡子、有盖货车等。前面讲过,黄金热今天还在持续。不要惊讶,开采仍旧是赚钱的行业。同样,对勘探公司和开采公司的股权投资可以视为是对于贵金属的投资,20 世纪 80 年代到 90

年代之间,由于科技的进步和强大的市场需求,矿业股票表现十分优秀。提炼过程和成本稳步下降的同时,黄金价格依然保持稳定,矿产业的利润和其产量成正比。1979~1980年间,黄金价格大幅上涨,给市场提供了巨大的投机机会。图3.2描述了到1980年6月为止黄金期货价格的变化,从图中可以看出,金价从每盎司150美元飙升到将近1 000美元。如果有人能够很有预见性地在1980年1月21日每盎司916美元最高点卖出,其获利是非常巨大的。如果没有这种投机意识,那么黄金作为投资品,其表现是令人失望的。相反,矿业类股票和以投资矿业为主的共同基金都从黄金和白银的投机中获利巨大。当然,这些公司并不仅仅限于稀有矿业公司,镍、铜、铅、锡、锌,还有其他金属,由于其尾矿中可以提炼出含有贵金属的副产品,因此,这类公司股票价格也上涨了。

资料来源:eSignal.com

图3.2 黄金价格在1979~1980年这个大牛市中飙升到900美元/盎司以上后,牛市的情绪突然消失

我们可以发现白银相对于黄金具有更高的投机性,例如,图3.3白银在相同时期的价格走势图可以说明。按照上涨比例,白银是所有金属中最高的,在反转之前,其期货价格达到了令人惊讶的41.5美元。在不到一年的时间,白银价格从1979年3月每盎司7.59美元上升了546.6%,达到了41.5美元。

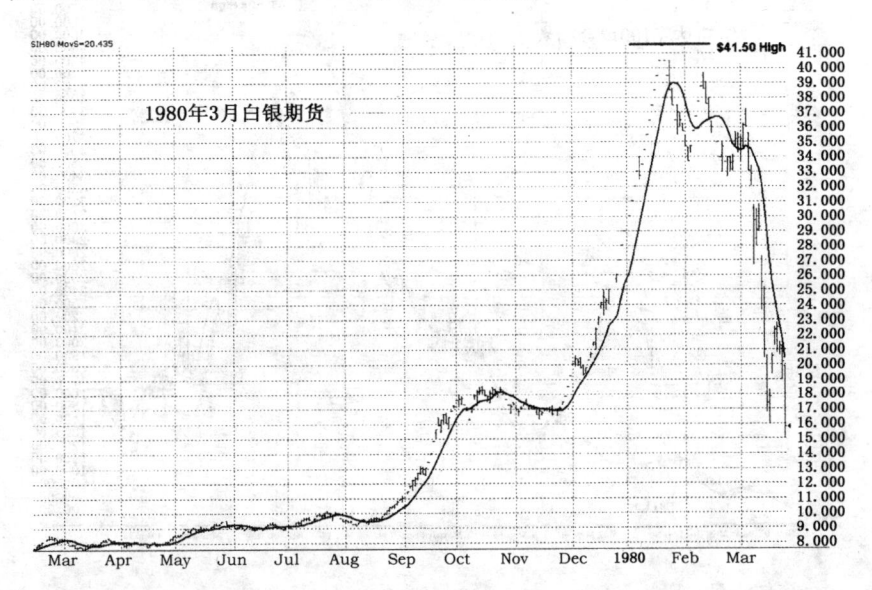

黄金从260美元增加了352.3%，达到916美元。

图3.3 在1980年1月21日白银暴跌之前，在黄金和铂金价格飙升的同时，亨特兄弟通过对白银价格的操纵，使得白银价格上升到了50美元/盎司

资料来源：eSignal.com

在同一时期，其他的商品如谷类、糖还有咖啡等都有相似的价格走势。由于意识到商品市场存在极大的投机机会，经济学家提出了以商品为主的投资战略概念。如果纸币资产表现不佳，黄金和白银将作为其替代品被出售。毫无疑问，这很容易再次发生。

作为比较，在1999年最后一个季度，代表了高科技股票走势的纳斯达克指数，其走势图有相似的趋势。图3.4描述了2000年3月的纳斯达克100指数期货走势图，从1996年7月到2000年2月24日，其上升了834.6%，虽然时间跨度达4年之久，而非白银市场的11个月，但其净收益超过白银收益的300%。

这些例子可能也说明了，投机不仅仅可以发生在硬资产当中，在纸资产当中一样存在着投机。当时常出现"不理智的繁荣"时，所有的投资工具都是相似的。股票市场的支持者认为股市长期来看很少存在投机因素，如图3.1描述的道—琼斯指数就可以说明。他们也解释纳斯达克指数在高增长时期，是因为其一些成分股宣布红利造成的高增长。

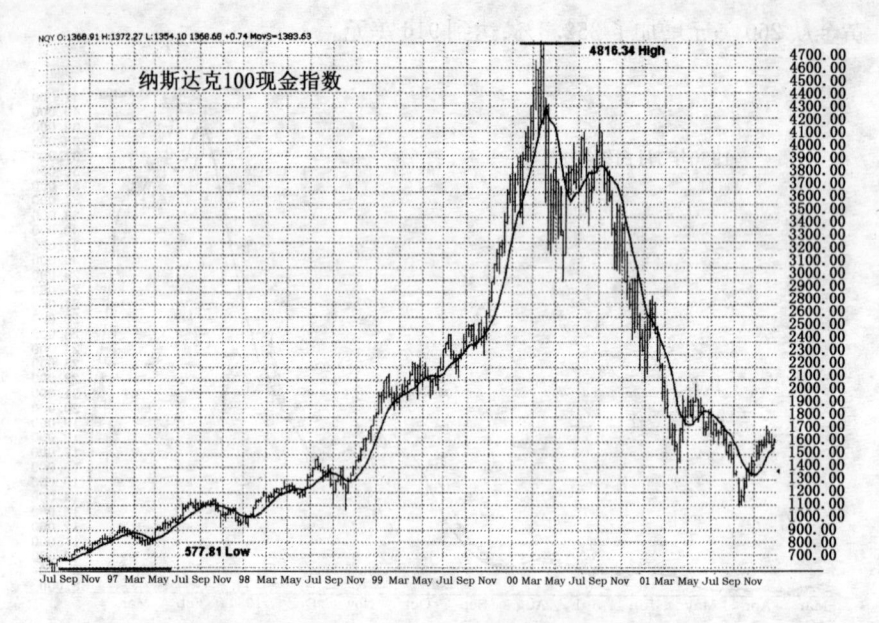

资料来源：eSignal.com

图 3.4 从 1996 年 7 月 26 日开始，基于 577.81 点，纳斯达克 100 现金指数就一路上涨至 2000 年 3 月 24 日的 4 816.34 点。从形态来看，几乎和白银 1980 年时的形态一样，随后市场开始走熊

20 世纪 70 年代急速上升的原因

20 世纪 70 年代末，到底是什么原因使得贵金属具有很强的投机性？一个原因就是美国对私人储蓄黄金的合法化，从而使得对黄金增加了新的需求，这也对白银、铂金和钯金需求产生了影响。另外，一个原因就是，冷战产生了关于铂金、钯金和铑的短缺的谣言。在这些贵金属的产量上，苏联是仅次于南非的第二大生产国。1973 年阿拉伯国家和以色列之间的战争，使得全球局势紧张起来，这导致了石油输出国组织禁止出口石油和 20 世纪 70 年代的能源危机。苏联支持阿拉伯国家，而美国支持以色列。

西方国家见证了石油输出国严重破坏世界自由经济。美国国内对购买汽油有了限制，汽车制造商也面临一个问题："如果我们没有铂金怎么办？"美国是第一个依靠铂金来生产催化剂以减少空气污染的国家。直到 1980 年，事情才有了新的进展。

在高通胀和政治紧张时期，取消金属的货币本位的过渡时期困难重重。

这种货币标准的过渡，是黄金和白银结构意义上的重大改变。事实上，第二次世界大战之后第一次结构的变化也预示着其货币体系的瓦解。在那个10年中，我们经历了谷类、能源、咖啡、糖、猪肉、牛肉、金属和其他商品的高物价阶段，通过管制也没有把握能够制止这种螺旋式的通胀。货币无疑是在浮动的，一些经济学家也曾经就货币的浮动发出警示。由于贵金属能够抵制通胀，其价格在2004年也保持在原有的水平。即使经过30多年的通胀，白银的价格也没有创出新高。实际上，在1979~1980年的价格攀升之前，白银价格在20世纪90年代一直处于低位。

毫无疑问，当经济环境临近恐慌时，正是持有硬资产（例如贵金属）的时机。前几章讲到，黄金、白银和铂金被人们认为是稀有贵重的，那它有多贵重呢？简单来说，在其受到狂热追捧时，它们看起来无法被其他任何的金属替代。在20世纪70年代中期，由于经济的衰退使得租金降低，能源危机使得房东还要交纳高额的物业费，导致不动产市场也很低迷。为了节约能源，庞大的开支用于改装建筑和房屋。保守主义运动同时也在动荡的20世纪70年代诞生了。

美国也经历了一个紧张的政治时期，年轻人和老年人之间的思想分化，女权运动的高涨，黑人权利运动兴盛，人们对于越南战争的反对，使尼克松迫于水门事件的压力而辞去总统职位。从越南的撤军表明了福特和卡特执政时期国家的脆弱。在卡特的四年执政中，通胀趋势更加严重，美国形式也更加恶化，特别是伊朗的人质危机使得美国军事和经济变得一蹶不振。卡特总统为阿富汗反政府武装提供援助，结果适得其反，谷类的禁运使其反倒占有了潜在美国市场，最终使得美国失败了。

如果让你回到1978年，你会干些什么呢？有什么投资工具比黄金和白银更具有吸引力呢？前美联储主席格林斯潘认为，放弃黄金，可能最终导致国内和全球货币体系的稳定性受到威胁。浮动汇率制度在当时是一项宏大的尝试。

对浮动汇率制度的恐惧导致商品交易者将硬资产作为避险的场所。两个很有影响力的石油商亨特兄弟通过贵金属，达到了他们追求价值的个人目标。正如后面第五章所讲到的，亨特兄弟在开始的时候积累了大量的白银，其提出了用白银进行国际交易的理念——特别是用来交易石油，这也点燃了对贵金属市场极度追捧的导火线。

  这次事件的余波持续了很长的时间,一个名叫希拉里·克林顿的新手交易员通过活牛和大豆的投机操作,将1 000美元升值为10万美元。商品投机的势头是不会减少的,除非利率能提供出一个投资者无法拒绝的条件:债券市场中被动的、确定的、有高回报的收益。

  1979 年,贵金属市场经历了前所未有的高增长,在 1980 年初,市场开始反转,造成了贵金属和货币标准的背离。第一个结构性的变化是黄金和白银从固定价值转向浮动价格。没有人知道货币分离会导致什么后果。由于黄金和白银价格没有发生急速的上升,探寻这种稀有金属的诱惑力也减少了。据相关数据分析,1975 年每盎司黄金的开采成本在 80～150 美元之间,在 1976 年前半年其每盎司价格在 200 美元以下,这使得价格急速下降,最低价格仅为每盎司 125 美元,如图 3.5 所示,这是由于经济的低迷和投资者兴趣的低迷所致。白银的交易价格在每盎司 3.75 美元和 5 美元之间这个狭窄的范围内波动。在 1969 年到 1975 年同时期,能源危机和全球性通胀也导致了矿藏开采成本的升高。

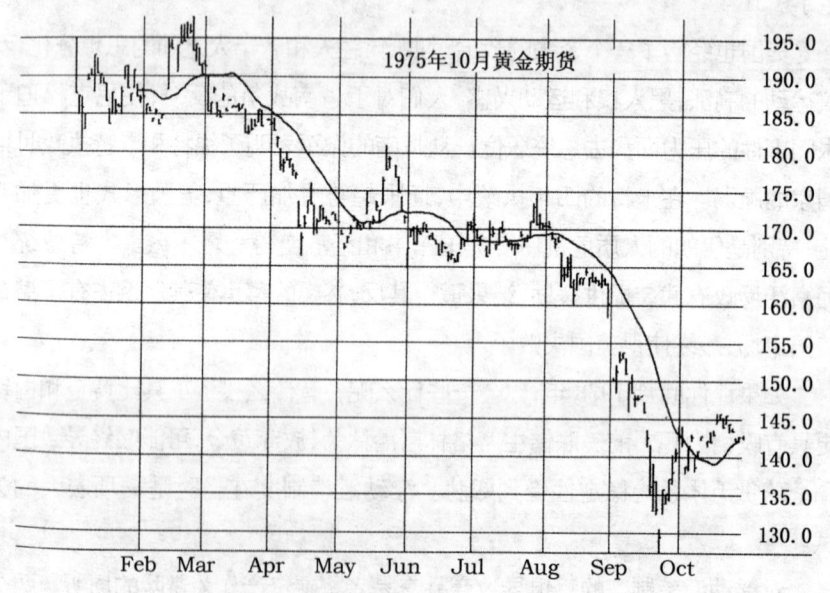

资料来源:eSignal.com

图 3.5 在近 200 美元时,市场预期会有更高的价格。经济衰退迹象显现。1975 年 10 月的黄金期货触及 127 美元低位

随着黄金需求的增加,新的供给却是不变的。到了 1978 年,其前景看起来很是光明。黄金的价格会上升超过每盎司 250 美元,白银价格会达到每盎司 3.75 美元。其实不需要天才来预测何时黄金的价格会超过每盎司 900 美元,白银接近每盎司 50 美元,生产者会寻找一切可能的方式来增加产量。新的技术从以前认为没有开采价值的低级矿石中提炼出了大量的金属。这些提炼技术效率越来越高,改变了整个生产的环境。深井开采让位于表层开采。白银和黄金的副产品逐渐成为生产的焦点。伴随着贵金属价格上涨,基本金属像铜、锡、锌、铅、铝和镍的产量也在提高。每种基本金属都作为黄金白银、铂金和钯金的副产品而增加。

在工业用途方面,由于白银、黄金、铂金和钯金价格的不断升高,迫使使用者不断地寻求它们的替代品。由于 20 世纪 70 年代末期价格的飙升,刺激了人们在玻璃黄金镀膜、黄金牙齿材料、电子接触件、首饰和其他应用中寻找替代品。银在焊接材料、银镜反应、电子器件、餐具和首饰的用途中也受到了影响。大量的回收业务产生了,这与在从 X 线底版和旧的电影胶卷中等平版印刷回收形成了冲突。人们开始排队出售银器。旧版的银元成了很热门的话题。

更高的产量、更好的开采、新的发现、更好的回收还有替代金属的生产改变了世界生产和使用贵金属的方式。突然之间,贵金属供给以高速率的增长速度增加。从 1980 年到 1990 年,美国的黄金产量增加了 10 倍。在 12 年间,由于新矿的发现和提炼技术的进步,南卡罗来纳黄金的产量从零成为了第九大黄金生产州。当然,世界其他地区的黄金产量也翻倍了。对于这些贵金属来说,这是很重要的。在 20 世纪 80 年代,由于全球面临白银和黄金的短缺,很多的项目被搁置下来。苏联的战略金属禁运对全球市场造成了威胁。过去一直有"中国白银现象"的传闻,传闻中国正在计划垄断全球的白银产量。这样的传闻层出不穷,但真正有关白银产量增加的新闻却少之又少。

20 世纪 80 年代每况愈下

遗憾的是,投资者非常希望黄金和白银能够重新恢复其上涨的趋势。那些错过 20 世纪 70 年代大趋势的人,很渴望一些重复的表现。换言之,人们很容易成为市场的牺牲品。在 20 世纪 80 年代,通胀还在继续。花费了将近 5

年的时间伴随着前所未有的高利率，控制了价格的上扬。这也意味着最终的结构调整大大降低了黄金和白银作为避险通胀的主要角色。虽然1972年市场就引进了货币期货，但是，直到伴随着其他金融期货和期权合约的发展，才使得货币期货得到普及。芝加哥商品交易所宣布了基于政府住宅抵押债券的第一个利率期货。后来出现了国库券、中长期债券、欧洲美元和政府债券。突然之间，纸币代替了黄金和白银。如果当前出现通胀，利率期货的销售就会随着利率的上升而高涨，弥补了风险敞口。任何货币的贬值都可以通过卖出相关的看空期货和买进其看跌期权来避险。这些金融衍生品工具替代了黄金和白银作为对冲通胀和风险的工具。

重要的是，纸币便于使用且流通性好，而金属不易携带，流动性较差，搬运需要较多的时间，而且每个环节都须质检与上保险，这样流通的成本也相应增大。从本质而言，在纸币流通的市场中交易大量实物贵金属不能视为是一种投资行为。

一旦黄金和白银用作对冲通胀的功能减弱，人们对于贵金属的兴趣就会减少。在20世纪80年代由于高利率，国债比持有金条或银条更具有吸引力。股市的大牛市使得其收益远高于贵金属的收益。这样，对于黄金和白银的态度发生了结构性的变化。即使是像英阿之间的福克兰群岛战争那样的危机事件也没有对黄金和白银这样避险商品的价格造成太大的影响。如图3.6所示，危机开始时金价上涨了50美元，但随后就开始下落了。

当苏联击落了一架韩国飞机时，金属价格并没有反应。1990年8月伊拉克入侵科威特，只对黄金和白银产生了少许影响。之后发生的海湾战争对金属的影响，与20世纪70年代后期期望相比，也是很小的。由于黄金的风险对冲不再起作用，投资者对于它的兴趣也是越来越低。实际上，股票和债券对于危机有更加持久的反映，这可以从1991年1月美国实施的沙漠风暴行动对于美国证券市场的强烈影响中反映出来。

如果贵金属不是良好的投资品，那是不是本书写到这里就差不多了？总之，历史表明黄金和白银作为投资品没有良好的表现。金融衍生品市场可以提供一些策略来抵消通胀和紧缩。中央银行已经消除了黄金作为基础货币，而将其作为主要的储备资产。欧盟《马斯特里赫特条约》明确地将黄金作为官方的储备资产。《纽约时报》和《华尔街日报》也放弃黄金作为经济发展的指

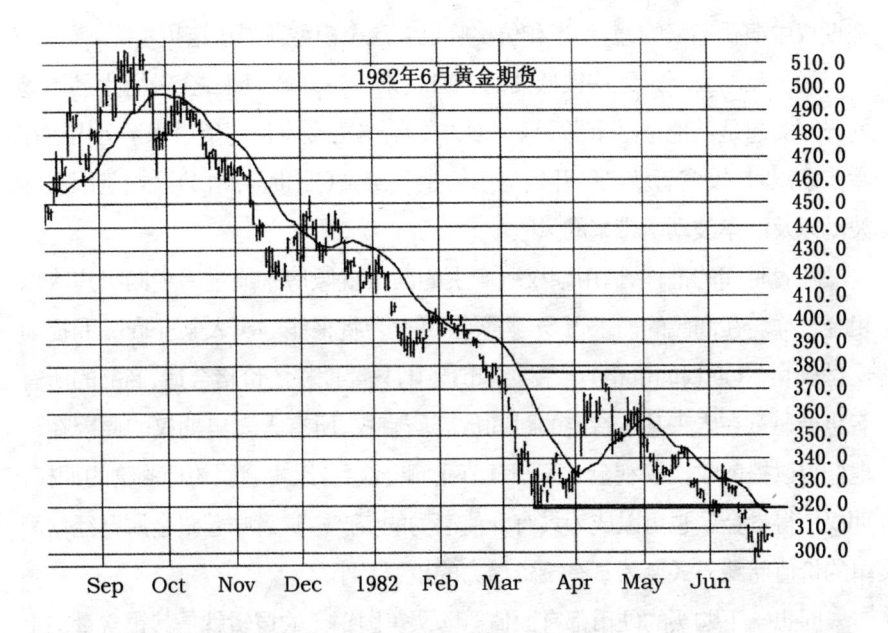

资料来源：eSignal.com

图3.6 在1982年4月阿根廷入侵佛克兰岛，而那里当时是属于英国的领土。一开始，黄金价格从一个非常强势的下跌趋势中反转，反弹了超过50美元。但是其潜在的下跌趋势在问题圆满解决之前又很快地开始了

标。科技也正在寻找替代黄金、白银、铂金和钯金的低成本材料。贵金属除了其本身固有的用途以外，还有什么其他的用途吗？

新的世纪

"变革"一词是创新的另一种不严谨的表达。我们经常说工业革命或者技术革命。文字意义的变革是对于原先状况的反转。人们会将其与反叛和建立新政府联系起来，估计是由于变革的解释所致。法国和美国的变革建立了新的政府和政治体系。对于创新和进步时期更恰当的一词就是"发展"。这是由于新的技术发展和影响就是变革。

通过新的技术，金融衍生品被研发出来。将指数变成期货和期权合约的行为是基于高速运算的计算机技术。衍生品对于投资理论和实践的影响非常大。布莱克—斯科尔斯期权定价模型是从基础的股票和相关价值的看跌和看

涨期权中演化出来的，波动率和价格临近。这个模型获得了诺贝尔奖。

衍生品的发展是无法被低估的。自股票投资开始以来，金融衍生品市场的异军突起是其他金融市场所无法比拟的。当去金本位的货币体系运用还在举步维艰时，投资者就已经开始运用衍生品工具（期货与期权）来规避因利率波动以及汇率波动所带来的风险。

随着时间的推移，运用期权所产生的回报就像房东通过房屋向租户收取租金一样。在商品的需求市场，购买者愿意为将来能够买入某一商品而提前支付权利金（期权的价格）。在供给市场中，只要期权的价格合适，商品的所有者也会愿意在未来某一特定的时间放弃所有权，所有人卖出期权的原因在于他们可以提前收取权利金。下一章节我们会谈到，以贵金属为标的物的期权，期权使得贵金属也可以成为具有升值潜力的资产。这意味着贵金属已经从简单的价值储藏方式变为了有投资潜力的投资品了。

回想一下购买的硬币都有面值。购买美国银元的逻辑就是其银含量加上其面值。如果白银的价格降到了 1 美元以下，但是其硬币依然有其面值做保证使之价值 1 美元。以此类推，投资者使用期权来保障收益时可以倚仗这种内在价值来购买贵金属。这样的持有策略是：在其他所有的一切都贬值的时候，没有什么会比持有黄金更能避险了。听起来是一回事吗？

千禧年曾被视作会引发史上最大的投机灾难，千年虫会使得银行系统无法正常运作，而对这种恐慌，美联储决定通过放松流动性加以应对。

新千年来临之前，黄金确实遭到哄抢，但是大量技术方面的测试以及准备成功地抑制住了千年虫，事实证明银行系统运用正常。从图 3.7 可以看出，在危机之前（1999 年 10 月），黄金作为避险工具，价格呈井喷式上涨。

但不幸的是，黄金对于千禧年危机的反应很是失败。纸币市场的信心一旦建立起来，黄金的价格就会下降到其过渡时期的低水平。到了 2001 年第一季度，新金价为每盎司 225 美元。没有人会否认千禧年的危机对于金融市场来说是一个潜在的威胁。基于这点来说，黄金对于它的反应其实是被抑制的。让我们回到 1979 年用同样的视角来看一下，我敢肯定金价会上升到每盎司 1 000 美元。当然，我们永远也不会知道将来发生什么。

我们知道，在千禧年危机之后，纳斯达克代表的高科技股票表现良好。但这样的欢愉是短暂的。到了 3 月，纳斯达克和其他股市一样，表现委靡。股市

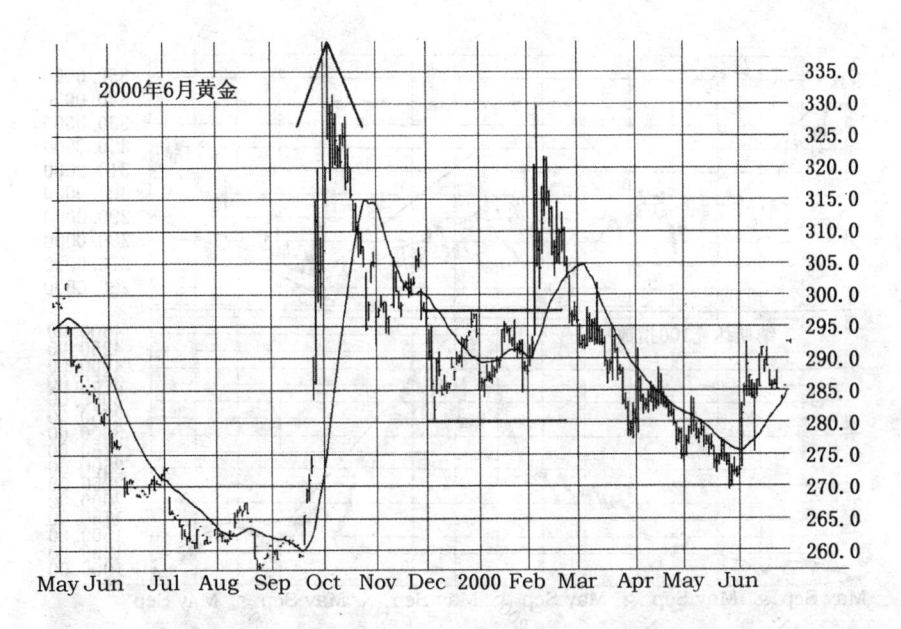

图 3.7 黄金在 2000 年之前经历了一波大幅的上涨。当信心开始建立的时候，黄金的价格开始回撤。新年伊始，黄金在一个预期的范围 285 美元/盎司～295 美元/盎司之间交易

反转的原因富有争议，保守的经济学家说税法是一个催化剂。在 1999 年最后一个季度，我们看到了一个趋势，那就是人们从传统的股市如道—琼斯工业转移到了高增长的纳斯达克股市中来。人人都想分享这个盛宴。很明显，这种交易的税收影响可能并不造成全面的增值。

4 月 15 日是美国的报税日，投资者突然很不愿意面对一个事实，道—琼斯的资本利得税征收了好多年了。由于投资者没有钱来交纳不希望的税，因此资金紧缩。投资者被迫要在 4 月 15 日之前卖掉一些股票，2000 年 3 月时也发现大批的资金退出市场，预示着大的衰退已经开始。就如我们在图 3.8 中看到的，纳斯达克 100 指数大跌的趋势带动着黄金齐流而下。纳斯达克股票实际上崩溃了，在接下来的 12 个月里下跌了 72%。同时，黄金也从每盎司的 320 美元跌到了 255 美元，下降了 20%。

股票和黄金之间的正向关系说明了流动性会影响所有的投资品。当投资者没有钱时，任何东西都投资不了。美元债券和票据在飞涨，然而，美联储同时还在放松短期利率以抑制股市赤字，红色表示美股下跌和经济萧条。

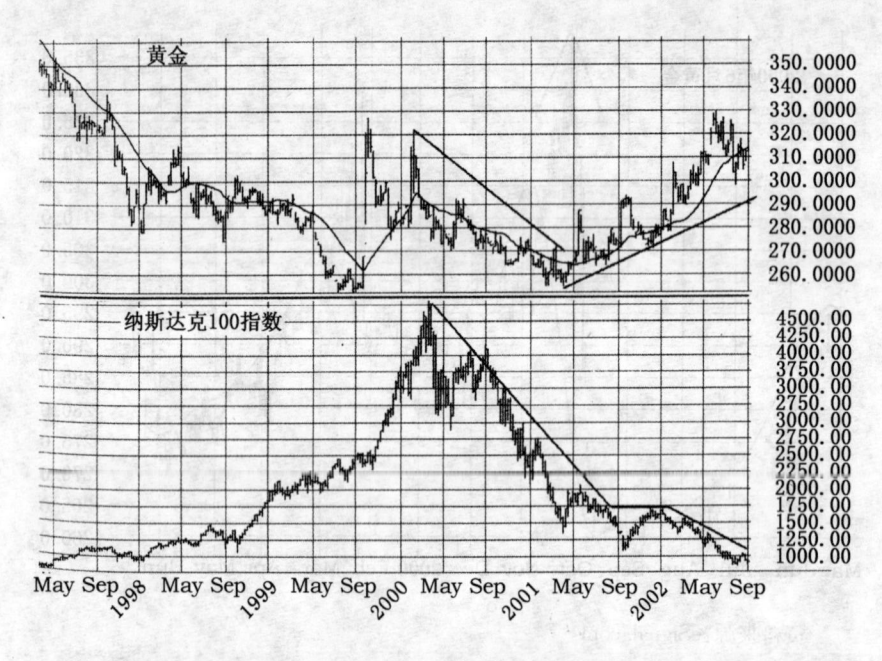

图 3.8 与纳斯达克 100 指数比较,当投资者的流动性开始干涸时,黄金价格就直线下降了。然而与纳斯达克股票相比,黄金的下跌是间断性的。黄金价格的反转要远远领先于纳斯达克。当纳斯达克在 2001 年前半年还在继续下跌的时候,黄金已经完成了双底的构筑

黄金于 2001 年 3 月和 5 月间经历双重底结构后开始回升,这鼓励了贵金属的支持者。与此同时,纳斯达克 100 指数在此期间不断地恶化,从将近 1 800 点降到了 980 点。这样看来,高科技股票跌掉了 45%,而黄金却上涨了 17%。

稳健型投资组合

我们是否接受贵金属是商品而非投资品,或者认为贵金属是平衡资产组合的一项资产。正如前面描述的一样,自从金本位的货币体系废除后,除了某些因投机原因所出现的反弹外,黄金和白银的表现一直都不尽如人意。21 世纪初的前三年中,股票市场的下跌使得黄金和白银加入到了稳健型投资组合之中。

可以通过一些不相关的资产多样化来降低系统风险,平衡投资组合。其假设就是股票下降,债券就可能上升。由于利率的上升,导致股市的下降,这也增加了债券的内在价值。由于贷款成本的下降,低利率可能会刺激不动产的增值。在股票组合里增加一定的债券比例可以形成很好的投资平衡组合,同时房地产投资信托是一个很好的方式。

这样一来,在投资组合中加入黄金也可以防止股市的下跌带来的风险,这是基于黄金和股市之间的负相关关系。问题是我们没有足够的时间跨度来验证黄金可以作为平衡组合的方法。我们不能仅仅依靠新世纪的第一个十年来判断,而忽略了1972年到2000年的历史,也不能忘记金本位体系直到20世纪70年代才被终结。

从2001年到2003年的第一季度,黄金从其价格低谷的255美元增长到了410美元,增长了60%,但是纳斯达克100指数却跌了将近45%。同时,纳斯达克100指数和黄金的投资组合的收益率达到了15%。一个谨慎的投资者不会将黄金和股票的投资组合分拆开来的;这些例子印证了贵金属在股市不利的情况下提供了一种平衡。

组合投资是指将股票、债券、不动产和贵金属像黄金等标的物按一定比例组合起来进行投资。当股票走低时,债券走高。实际上,当股票下降50%时,债券则收益达30%。一些不动产甚至飙升了100%以上。当然,这本书并不是涉及作为投资组合和管理的入门教材,还是意在指出将贵金属加入投资组合可以有效地稳健投资战略。

矿业作为升值的关键

那些熟悉贵金属的人也应该熟悉从20世纪80年代后期到20世纪90年代在表现最棒的股票中的那些金矿开采股。黄金股票基金收益率远超过了标普500指数和道一琼斯指数的收益。比放弃黄金更好的是,人们信奉黄金。在实际中,其需求和产量基本保持一致。最热门的话题并不仅仅是科技类股票和网络股、医药股票,而是有关于黄金的新发现,投资者总用美元去衡量着。像皇家金矿和低价股票如趋势矿业公司就有很好的潜力。同时,其他知名的矿业股也显示了相同的增长势头。为什么投资者会感兴趣?答案就是今天的黄金开采有高额的利润。

很少有重工业能够像黄金开采业那样在产品成本和售价之间有如此大的利差。更为重要的是,利润空间变得越来越大。很少有产品具有这样持久连续不断的需求和相对稳定的价格。总的来说,投资黄金是一种非常好的行业。

投资白银、铂金和钯金同样也是好的行业。正如所述,大多数白银是其他金属的副产品。在生产其他金属时,白银是一种额外的利润。如果白银的价格上升,其利润同样增加。铂金作为一种稀有的金属,远比黄金和白银稀有,铂金的核心价值在于其工业的应用。虽然技术威胁着铂金在主要工业领域的应用如汽车催化剂领域,但是,新的科技像燃料电池和电储存设备可以满足一部分的需求缺口。总的来说,铂金有光明的前途,虽然其有相关的替代品。作为一个族,贵金属是一种多种用途的商品。

我们知道,在商品中有很多的投资和投机的方式。你的性格决定了你投资的方式。当你买一股宝洁公司的股票时,你就参与到了家用产品和保健产品的生产和销售之中。当你投资纳斯达克的北美钯金公司,你也同时参与了钯金的生产和分配。当你购买普莱斯多姆公司、阿哥尼可老鹰矿场公司或者自由港麦克莫兰铜金公司的股票,也就同时投资了黄金的生产和分配。同样,持有银矿公司的股票也是一样的。所以,理解你投资的商品的生产很是重要。你要理解你所投资企业的产品,这非常重要。这就是你必须了解贵金属市场和它们的发展趋势。那么,你怎样将一个食品公司和其相关的贵金属生产者相联系起来?你愿意购买公用事业或者矿业的股票吗?

贵金属有其独特的"半消耗"特性。不像原油或者农产品那样,贵金属每年的产量中的一部分用来储藏。另外,黄金、白银、铂金和钯金的应用从胶卷到催化剂,再转到电镀材料领域。绝大多数的黄金以金条、金币和首饰的形式被储藏起来。这个过程使得其与货币有了联系,它可以提供其他货币没有的稳定性。所有的指标都显示黄金、白银、铂金和钯金的未来发展不错。这意味着你可以投资于生产公司的股票和投机于期权或期货市场。另外,相同的金融衍生品使得金属市场的黯淡促使了其复原。黄金和白银可以作为收益性项目的基础。银行可以用现金余额来交易期权,所以,投资者可以交易黄金和白银的存货。事实上,我们可以注意到贵金属生产商用产量来支撑市场战略而非通过出售其到具体的市场中。

在意识中，贵金属经常起到价值储藏的作用。它们也是资产的最终表示方式。在未来的几年中，人类将会见证科技的巨大进步、政党的更替，也许这会是人类历史上发展最快的阶段。有些人说人类正在走向灭亡。坦白地说，如果按照美国和西欧的生活水平标准的话，地球会在21世纪末变得无影无踪。如果全球工业继续保持现有的发展速度，末日说就会得到验证。很明显，一些事情必须得到改变。

对于人类进步来说，技术很是重要。在后面的章节中，我们会讲到铂金和钯金未来在控制地球中起到很重要的作用。虽然基于铂金族金属特性的技术在解决相关能源危机时还存在争议，但世界需要大量适于饮用的水。这会使得基于银材料的水纯化系统大范围得到使用。

那么，贵金属会受到怎样的影响呢？其最明显的就是会提升铂金族和白银的价值。基于钯金材料的冷核变技术尽管被斥责为"垃圾科学"，但是，人们一直没有放弃其作为科学的可能性。尽管受到一些主流科学的挑战，但是如果冷核变技术成为现实，钯金将会成为地球上最有价值的金属。1989年3月，斯·庞斯和佛莱希曼在犹他州立大学公布铂金可以作为钯金的互补产品，使得投资者看到了投机的巨大机遇。生产铂金公司的股票都表现得非常好。发展技术的公司同样是巨大的投资机会。同时，贵金属作为一个族，将会被看作提供价值的最终硬资产。

在转移到新的贵金属战略之前，保持贵金属投资是很重要的。由于黄金在投资组合中的稳定性，使投资组合避免货币危机，因此，黄金的持有量在整个金融资产中的比例从5%上升到了10%。这也意味着个人如果持有10万美元的资产，那么，其黄金的量就应该在5 000美元和1万美元之间。这种观点认为黄金在高通胀或者纸币信息危机中表现良好。

美国、西欧和泛太平洋的发达国家投资者对于货币的保值很关注。10%的投资用于金条和硬币可能会严重影响股市、债市、黄金股，应该仔细地进行估值。最保守的投资者会以收益的低下来确保其安全性。如果在货币危机中持有黄金，由于不稳定因素的存在，市场可能没有足够的流动性。但是，在资产组合中持有一定量的矿业类的股票可以提高其流动性。

在危机中，股票不会是贵金属的最终的价值体现，但持有10%的贵金属而没有补充物的话是非常鲁莽的。恶性通胀并不是一夜之间形成的。如果消费者物价指数持续增加,预示着通胀将到来,这时就可以购买贵金属。但是,黄金在现代并不像在20世纪70年代和80年代时对通胀那样敏感。

贵金属作为良好的资产

从战略上说,将贵金属变成表现良好的资产很有可能。这就是投资和投机之间的那条线。关键是要认识到贵金属市场的动态变化。我们在新的环境下以新的交易规则进行交易。今天,传统主义者可以分享他们的市场蛋糕。如果你持有黄金,你可以从你的存储中获得收益。如果你认为价格将会保持平稳,那么就可以利用平稳价格来发展战略,采用最低的风险来获取最大化的收益。

在新的市场、金融工具和战略的开辟中,贵金属所体现的投资价值更高。由于每年投资于黄金和白银的金额巨大,白银和黄金的投资价值得到了提升。代表全球黄金生产者的世界黄金协会也经常出版一些关于黄金的学术性文章。黄金协会和白银协会都位于美国的华盛顿,它们促进了黄金和白银的投资。铂金行业协会和庄信万丰集团使得人们关注持有铂金的利润。这些机构在铂金信息的收集、摘要和发布信息方面比较出色。很多文献使得投资者关注通过期货、期权、矿业类股票和杠杆交易来持有黄金。然而,通过黄金和白银的储备来实行具体的投资战略方面的信息却很少。

变化往往是很难的。我们经常受过去的影响,并且对于未来也缺乏了解。所以,我们从传统的黄金和白银的认识中摆脱出来是非常困难的。你可以将贵金属看作货币、投资品、保险的工具、价值储藏物或者收藏品。新的金属市场将过去的传统与现代的战略相结合。当然全球的经济环境可能会变化,这几乎是肯定的。当你考虑采用新的工具时,要弄明白经济环境为什么和怎样变化。健康的基本面背景对于我们的投资很有帮助,开放的思想也很重要。

第四章 新市场新战略

通过本书,我主要描述了贵金属市场的结构变化。这些变化引发了重要的战略性思考,当美国人口袋里装有金币的时候,这种市场结构减少了黄金的投资和投机机会。黄金是货币,而非投资品。后货币时代给黄金和白银带来了投机的潜力。在20世纪60年代产生了白银、铂金和钯金的期货合约。美国的黄金期货于1975年开始交易。1979年到1980年之间的贵金属大波动之后,1982年,美国引进了黄金期权交易。虽然期权为贵金属投资者带来了新的投资战略,但是大多数人购买期权都是赌未来价格的走势。对于普通的投资者来说,其战略仅仅是"购买看涨期权并且对未来充满希望"。

1975~1981年间,大量关于贵金属投资的文献产生。这些材料并没有涵盖所有流行的投资和金属套利的信息。我们对于一些实体的金属很熟悉,如硬币领域、奖章、收藏品等。在更小的范围有首饰。存款单据中也有相近的金属。存款单据代表着投资者所存储的金属。从某种方面来看,投资者可以通过保证金或者贷款来购买金属。存款单可以提供安全性和灵活性。金属是一种安全的工具。投资者不需要保险,也不需要支付存储或者金属含量鉴定费。但是,投资者只能依赖保管者的信用。在真正的恐慌时期,没有真正能够为投资者资产提供保障。

期货合约

期货合约实际上是在未来特定的时间以特定的价格交易特定数量的标的物的一种标准化协定,所以其命名为"期货合约"。期货实际上是一种有法律效力的合约,它将买卖合约的双方联系起来,就像现货市场中买卖汽车、船或者房屋一样。以汽车为例来说明,你走进一家汽车代理商门店,并且可以试开一辆丰田混合动力汽车普锐斯,你在试驾中觉得很喜欢,但是你注意到其没有你所喜欢的一些额外的特征。为了方便你购买汽车，你签了一份在180天内交货的合约。你指定了车的颜色和特征，并且对于这些都很满意，你要交付一定的订金。但是，在期货合约中，这种订金被称为"初始保证金"。

一旦你签订了合同并交了一定的订金，那么，合同就会生效，交易双方都要按照合同条款来办事。你是汽车合约的多头，汽车交易商是汽车合约的空头。许多期货市场的初涉猎者经常迷惑的一个问题就是："没有东西，你怎么能够卖出它呢？"在例子中，汽车交易商暂时没有车，但是，它却卖出了。它使得自己有义务在未来的特定日期以特定的价格交付特定颜色型号的汽车。实质上，交易商做空了一辆汽车。

另一方面，你是这辆普锐斯汽车的多头。你也没有它。当汽车到达旧金山的码头时，你需要确认它并通关检验。如果在你签订的合约期间，汽车的价格升高了，因为你锁定了价格，所以，你就相应地节约了一笔钱。如果汽车的价格下降，那么你就可以选择一些稍微便宜的汽车。从出售者角度来看，价格的升高使得其潜在的利润缩小了。价格的下降，意味着交易商可以更便宜的价格获得汽车，然后以合同的价格出售给你，以获取额外的利润。

假设你与一个将要为你建房子的建筑者会面，他为你估算了完成房子所需要的材料、劳动、运输、土地(如果你没有土地)，还有建筑所贷款的利息。如果你们达成了协议，但是，在建筑期间，如果木材价格上涨，那么，建筑者就会有损失，因为他是按照合同上的金额来和你结算的。如果建筑材料的成本在房屋建好之后下降了，你本可以更加便宜的价格来建房子的。总的承包商将会从价格变动中获益。在建造之前，承包商有义务在一定的期限内和一定的材料结构来交付房子。这个很像期货合约，你是这个房子的多头，承包商是房子的空头。

所以，我们将期货合约定义为有法律效力的标准化合约，以确定的质量和数量、确定的执行价格和时期(期限)完成交易的合约。购买者是多头，出售者是空头。白银期货合约和建房合同之间的一个区别就是，期货合约可以很容易地通过清算所或者清算经纪人从一方传到另一方，简单来说，任何的多头都可以出售给任何空头，所以可以将义务转化掉或者也可以持有到期。另外一个区别就是期货可以立即实现盈利或者亏损，但是建房者却不会根据建筑材料和劳动力成本的变化来每日结算收益。

期货市场最基本的目的是为了规避风险。这可能与一些人所听到的"期货市场是世界上风险最高的市场"相矛盾。实际上,生产商和使用者把风险转移给了投机者,从而降低了自己的风险。例如,假设你经营白银矿业。每盎司白银的生产成本大约为 4.25 美元,其主要生产要素包括资本设备、劳动力、能源、利息和回收。为了使股东满意,你最少需要每年支付 3% 的年终股息。白银的报价是每盎司 5.05 美元,这样来看,你需要做一个决定。为了使其收益率达到 3%,白银的报价最少需要 4.37 美元,或者你可以通过卖出与你生产计划相符的到期期货合约来锁定 5.05 美元的价格。如果你投机的话,你将会投机白银的价格稳定和上涨。如果你卖出白银期货合约,你规避了价格的任何变化。

如果你打算套期保值,你很可能会将期货合约卖给投机商,投机商认为你的价格将会上涨,并且他会从中有收益。投机商实质上为你(生产商)保证了价格。如果你有一些产品并打算在将来的某个时期卖出,你可以卖出套期保值并且是白银的空头。

现在假设你是一个黄金和白银的手镯制造商。你刚刚制订好基于黄金和白银现货市场的圣诞计划。由于你所处的行业利润率比较低,你所担心的是在你购进原材料之前黄金和白银价格的上涨。在这种环境下,为了达到你的利润率,你认为黄金的价格要保持在 396 美元或者更低。这时黄金 8 月份的期货合约显示黄金价为 392 美元。比你要求的还低了 4 美元,你所需要做的就是买进 8 月的黄金期货合约,抵消因其价格上涨而对你的利润造成的影响。

你可能认为,购买黄金期货合约是购买套期保值,你是黄金的多头。从逻辑上说,多头黄金套期保值者和空头套期保值者在现金和现货市场应该结合在一起。总的来说,期货合约出售者是生产者,其购买者是其商品使用者。为什么中间商是投机者呢?答案就是其保护购买者或者卖出者的安全是不一样的,当商品交割时其实际价格可能会变化。在生产和制造期间,一些人认为其价格可能会向任何方向变动。这就是多头和空头投机者的作用。

市场的运作不能没有投机者。如果商品的价格很稳定,那么,投机者的存在就没有必要。有趣的是,这种情况只有发生在白银和黄金的价格是固定的情况之下。生产者经常知道他们需要什么,购买者将会以合约支付固定的价格。但是,在实际中,原材料的价格很不稳定。像商品从大豆、玉米到原油和汽油,我们都看到了其价格的大波动。白银在不到两天的时间里价格由6美元涨到了7美元,上升了16.6%。金价从393美元上升到412美元,变动了4.8%。如果你的利润率只有5%的话,这些小的变动对于你的利润来说影响巨大。

理解套期保值的概念对于理解贵金属市场的运作很关键。当对黄金、白银、铂金或者钯金矿进行评估时,回顾公司的套保政策很关键。由于黄金价格的上涨,投资者很容易就购买黄金股。但是,如果黄金生产商通过期货或者长期的价格合同来出售其黄金,黄金涨价对他们并没有好处。实际上,当金属价格上涨时,由于其已经被套期保值,矿业类股票往往会下跌。这意味着他们卖出了大量金属,对冲而产生的损失会反映在资产负债表上。

为了简单地描述套保者、投机者和期货市场之间的关系,我们回顾期权在期货中的作用。对于一些人来说,期权合约和期货合约之间的区别很是令人困惑。这两种我们都可以做多或者做空。但是,期货合约规定了交易双方在特定合约规定的条件下交易的义务。期权的购买者有权不以合约规定的条款来履行义务。价格成为结算价,时期称为到期日。这种购买期货头寸的权利是看涨期权,卖出权利的是看跌期权。为了获得这种买卖的权利,购买者必须给出售者一定的权利金。期权的购买者是多头,可能看跌或者看涨,但其出售者是看跌或者看涨的空头。当看涨期权的结算价格或者看跌期权的结算价达到了,期权的购买者有权利行权。

如果到期时,其结算价没有达到预定的价格会发生什么呢?在这种情况下,购买者不会行权,并且损失了其权利金。期权的出售者就会收益权利金。

作为我们讨论的开端,我们假设中央银行知道黄金投资者将会产生潜在的收益。黄金的借贷利率是基于这些交易而收取的。由于黄金是一种标准的储备资产,理论上出借者有机会风险。价格的趋势投机也不是本来的意思;黄金以一定的利率费用出借。

例如,印度的州立银行以低于名义卢比的利率出借黄金给首饰制造商。这个过程以黄金的现货价格来支撑。银行将这些贷款视为低风险,由于金属是抵押品。一旦将抵押品出售,银行就会收回贷款。很多的金融机构都提供这种业务。甚至矿业公司都持有一定量的黄金贷款。

这一出售看涨期权收取权利金的过程类似于贷款的利率,除了一个重要的不同：黄金的价格依然很多变。我举这些相似的例子是因为小的投资者没有能力去购买黄金并将其出借。如果他们这样做了，黄金将会成为良好的投资品。当我们检查期权战略时，我们可以看到其将金属变成了良好的资产，其将各种期权和期货综合。这里介绍他们是怎样运作的。

看涨期权

如果你持有的黄金达100盎司，也可以创造像印度国家银行那样通过卖出黄金看涨期权来获取收益。例如，在1996年8月，10月份的400黄金看涨期权的报价为490美元，而黄金交易报价达39 200（对于不熟悉期货报价的人来说，39 200代表392美元）。黄金期权在纽约商品交易所（COMEX）进行交易，其代表着100盎司。400期权的结算价是期权购买者能够购买黄金的价格。如果100盎司的黄金以每盎司392美元的价格来计算的话，那么，其总价就是39 200美元。所以，490美元的权利金代表了1.25%的收益率。其是由490美元的权利金除以合约的总价值39 200美元得出的。

通过卖出400看涨期权，你筹集了492美元。当然了，时间会对权利金产生影响。10月的黄金期权会在9月中旬到期。所以，你在8月和9月期间将近六周时间获益1.25%。将其年度化，这些收益率达到了10.83%（将1.25%除以6，再乘以52）。相比1996年的利率，10.83%的收益率很有竞争力。此外，持有黄金的安全性也很高。

1996年的交易例子在本书的第一版（《新贵金属市场》）中描述了。2004年的例子实际上是一样的。黄金的交易价在386~410美元之间，正如图4.1描述的那样。9月410看涨期权价格为4.4美元，而黄金以410美元交易。注意到有轻微的上涨；但是，在合理范围内的波动率却一直在持续。卖出410看涨期权收益440美元，基于其合约价值41 000的话，其收益率达1.07%。

1996年和2004年最主要的区别就是其交易的月数。以前，黄金的到期月为2月、4月、6月、8月、10月和12月。后来，合约被更改为每月到期，期权也改成了每月合约。由于每年都有12个月，这也意味着交易没有频率的限制。

虽然2004年重复了1996年的交易走势或许只是一个巧合，但是，它说明

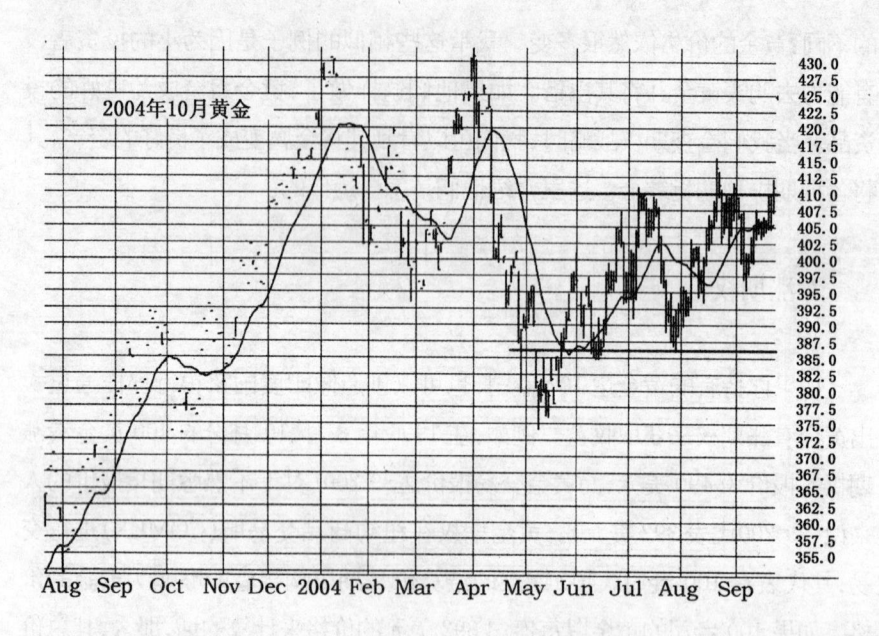

资料来源：eSignal.com

图 4.1　10 月黄金交易区间在 386～410 之间。较宽的区间和短期波动使得黄金叫价在 410 这个极为吸引人的位置

在黄金价格走势和定价中存在潜在的一致性。没有方法来预测这种趋势的发生，只有回顾黄金的历史波动性和稳定性。

需要指出的是，410 看涨期权已经成为了价内期权。它的意思就是期权在短期行权的话，我们的期权头寸（卖出 410 看涨期权）将会产生损失。但是，在 2004 年 8 月 20 日，其价格最高达到了 41 550 美元。这就意味着当黄金价格为 415.5 美元时，期权的持有方（你出售给期权的人）有权利以 410 美元的价格来购买你的黄金。由于你有义务以 410 美元的结算价格成交，你将面临 550 美元的损失（5.5 美元/盎司×100 盎司）。但是，由于你开始的 440 美元的权利金收入，使得你的实际损失为 110 美元。

当交易结束时，如果黄金的价格低于其清算价格 410 美元，期权处于价外时，那么，你就将获得全部 440 美元的权利金收入。

期权的价格是受时间、波动率和价格的接近性这几个因素决定的。越接近执行价格，其实现价内价值的可能性越大，这也增加了期权的价值。在时间中含有风险或者清算的可能性的假设下，其期限越长，其期权价格就越高。这样一来,时间就和价值联系在一起了。波动率越大,其清算价格则越有可能达到。时期超过一年,黄金的波动空间会很大,同时也提供了很高的期权价格。由于其相关性或者下一个连续的期货到期,期权在每个月都会得到。黄金期货开始于 2 月,其双月交易。对于期权来说则不同,其在一年中可以在每个月中独立地进行交易,其价格决定于下一个连续期货合约的到期日。虽然最好的期权价格仅为其期满价值的 0.5%,但是将其年度化后,其收益达 6%。

有一些防守型的策略可以让你继续留在这个游戏中。只要人们愿意购买黄金期权,你可以根据自己的清单来交易。这是"出售有保护的期权"的一种形式。其这样命名的原因是你的期权风险敞口以你实际的黄金作为担保。很多采用这种方法成功的人在过去的几年中都已经积累了很多的黄金。即使其价格升值很小,合适的时间将期权出售每年也可以产生 6%~15% 的收益。同时,你也因持有核心的资产而感到安慰。有时候,交易者购买期货以涵盖看涨期权或者看涨期权由于没有达到结算价格而产生的损失。这是期权价格和存储风险敞口之间的平衡。专业的投资者就是通过这个方式来赚钱的。

你可能会说,你不需要实际的黄金存储以兑现其卖出的看涨期权。如果你有相当于黄金存储的现金,如果期权结算价格被超过了,你也可以卖出看涨期权和以期货来覆盖其损失。在这种情况下,你可以通过用现金来购买黄金或黄金期货来获利。这样一来,你的交易就有杠杆性。金属期货合约可能其保证金每 100 盎司黄金仅 2 000 美元。目前价格为 20 美元。你所采用的主观的杠杆率必须基于客观的标准。实际上,期货合约所规定的 2 000 美元的保证金和其每盎司 20 美元的并不意味着你的风险敞口。如果你将一个 400 美元的看涨期权以 20 美元的价格出售,其价格移到 420 美元,会发生什么? 你的期权费收入会消失。当价格超过 420 美元后,每上涨 1 美元,你会损失 100 美元。这是由于期货合约和相关的期权合约都代表了 100 盎司的黄金。

卖出看涨期权和购买看跌期权

在金价走高的情况下,提供了一个在你买入看跌期权作为存款的同时卖出看涨期权的机会。这种策略你通过买进看跌期权降低了你在卖出看涨期权中的收益。然而,由于看涨期权价格的降低或者甚至分文不值,看跌期权升值而受保护。黄金可能依然保持一个相对稳定的交易范围，但是如果其范围从顶部到底部伴随着大的波动，你可以通过出售包括看涨和看跌期权来规避风险。

现在来看一下1993～1996年的市场（见图4.2）。每盎司黄金的交易价格范围在370～400美元之间。这使得看跌和看涨期权的结算价格为360、370、380、390、400和410美元。黄金期权交易价为10美元。与黄金一样，很少有商品在这段时间得到支撑。定期的上涨和下跌使得其收益增加了。一般来说，在看涨和看跌期权的收益率会高于股票、债券、不动产和其他的投资品。

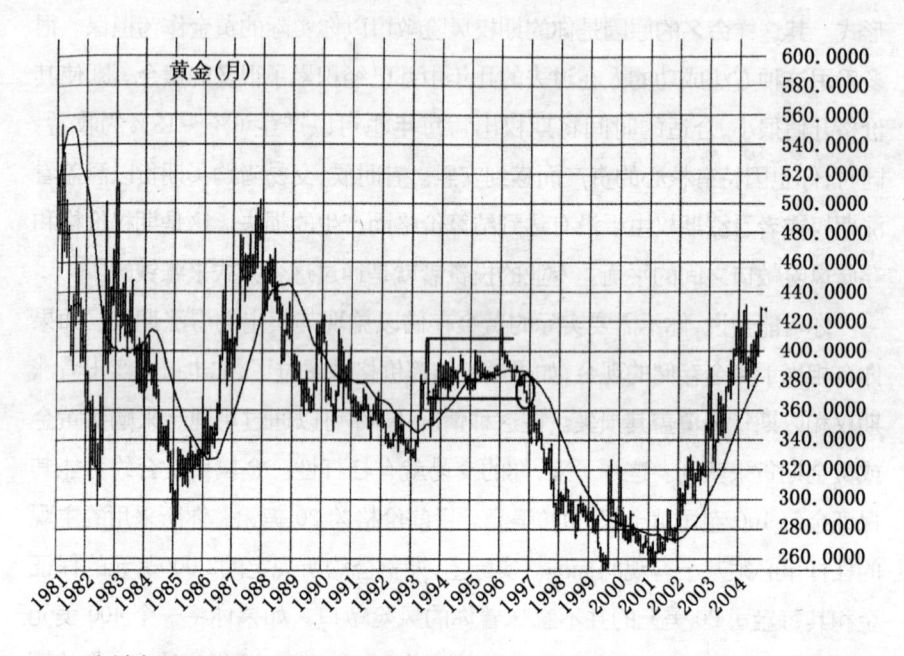

资料来源：eSignal.com

图4.2 1981～2004年上半年黄金每月价格波动表现出较宽的价格区间，与此同时，1993～1997年大多数时间显现出时期扩展的稳定性。在1999年和2001年黄金跌破这个价格区间的双重底，价格约为每盎司255美元。相较于2000～2003年的纳斯达克100指数，此跌幅不到50%

在1997年，当价格跌破370美元支撑线后，危险来了。从技术层面来说，这是非常关键的。一旦跌破，那么黄金就会有向下的趋势，一直持续到1999年底部的最终的建立。在这种情况下，看跌期权为价格的下跌提供了对冲。黄金的贬值使得看跌期权的买入方（空头）获得收益。

蝶式套利和飞鹰式套利

为了补充保护性买权的卖出方,有些策略可以保护投资者避免较大失误的发生。这些策略适用于金属的持有者或者希望用持有的现金来购入金属。如果你持有100盎司的黄金,且黄金的交易价格将近每盎司390美元,你可以买入一个执行价格为380美元的看涨期权,同时卖出两个执行价格为390美元的看涨期权,同时再买入一个执行价格为400美元的看涨期权。这种构造方式被称为买入蝶式套利(见图4.3)。当下单处理有利的地位时,主体获得的价差通常要超过翅膀所获得的收益。这种交易叫作信用交易或者信用差价,因为你获得的权利金大于你付出的。

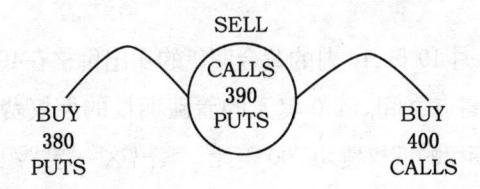

资料来源:eSignal.com

图4.3 蝴蝶的中央是一个期权,两边包括同时出售两个看涨和看跌的期权。图中间的圆圈中包括390的看涨期权和390的看跌期权。两边的是防止爆仓或是突破的。买入380看跌对抗跌破380,同时买入400看涨规避突破400

原因就是之前我们所解释过的。一个期权合约的价值是基于三个标准:接近性、波动性和时间。期权行权价格越接近于当前的卖出价格,则其权利金也越大。由于主体的价差是平价,它比翅膀的价值更高。看涨期权的空投和看跌期权都是空头。期权的叉开是指出售以相同的结算价的看涨和看跌期权。

只有价内的期权是可以平价的。风险敞口限额为10美元,少于其净信用权利金。在到期日时,其价格越接近于执行价格,你将会赚越多的权利金。如果黄金价格在期权到期时正好为390美元,那么整个信用权利金就是你的利润。

翅膀保护了在380美元和400美元之间的任何波动。由于受400美元的看涨期权的保护,你的存储将不会受到任何的影响。如果黄金的价格飙升了,你还是持有它。作为金属的持有方,另外一个替代战略就是卖出一份看涨期权的同时买进一份看跌期权。这可以保护你的黄金不受价格下降的威胁,从而使得收益稳定。如果你买进了380的看跌期权,黄金价格跌到了380美元以下,你的黄金库存就会受空头期权的保护。如果黄金价格上升到380美元以上,你的目标就会实现。你的风险就是当价格上升时失去了获得利润的机会。

假设你卖出了一份行权价格为400美元的看涨期权。任何高于这个行权价格的走势意味着你的黄金已经被别人在400美元的位置预定了并且在高于这个价格的位置你将损失你所有的利润。记住你可以通过支付行权价格和现货价格的差价来替换你的库存。如果你是有效率的,那你失去这个机会的几率非常小。

在2004年7月19日,10月的黄金期货的卖出价格在406.60美元的低点和409.20美元的高点之间。400美元的看涨期权的期权费为1 300美元,而400美元的看跌期权的期权费为500美元。卖出这一跨式组合的组合期权费为1 800美元。425美元的看涨期权价格为250美元,而375美元的看跌期权价格为150美元。购买价外保护的组合成本为400美元。净权利金为1 800美元减去400美元,为1 400美元。在下单之后,10月期的黄金交易最高达到415.50美元,最低达到386美元。由于同时卖出400看涨期权和400看跌期权,那么在415.50美元时潜在的损失为1 550美元减去净权利金1 400美元,即150美元。在386美元时,风险敞口就为1 400美元减去1 400美元的权利金,即0美元。

我们每个例子中的最大风险敞口是从400美元到425美元,或者2 500美元减去1 400美元,即1 100美元。在卖出400的看跌期权和买入375的看跌期权中存在相同的风险敞口。当期权到期时,黄金的交易价格接近406美元。由于400看涨期权处于价内状态,我们在400美元卖出的就会有6美元的损失。但是,通过保证我们的卖出可以产生800美元的收益。

谨慎的做法是要求空方立即行权避免对剩余利润造成大的危害。与过去一样,黄金的价格看上去要下跌,我们决定设止损在411美元,期望价格能跌到400美元之下。实际上,价格的确跌破了400美元,并且这个实战案例完全支持

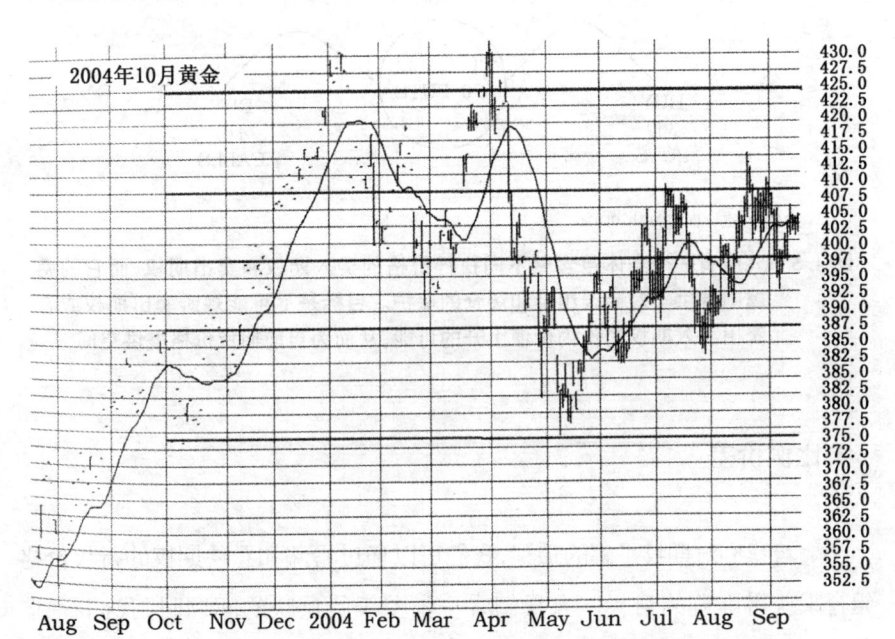

了我们的策略。图4.4提供了2004年10月黄金的走势图作为参考。

```
2004年10月黄金
```

Aug Sep Oct Nov Dec 2004 Feb Mar Apr May Jun Jul Aug Sep

资料来源：eSignal.com

图4.4 2004年10月黄金处在一个较宽的轨道内的上升趋势，中间点平均400美元。在400位置是310看跌和410看涨以及375看跌和425看涨的中间位置。5月～6月都处于这样的临界位置，说明黄金可能维持在390～410区间至10月期权期满

　　这一主题的进一步各种衍生牵涉到在买入不同的行权价外期权时，卖出不同的行权价内期权。这与蝶式期权几乎类似，但是，主体部分包括不同的看空期权和看涨期权的行权价。假设黄金的交易价格是390美元，你可以在卖出400的看涨期权和370的看跌期权的同时，买入410的看涨期权和360的看跌期权(见图4.5)。这一交易将产生信用金因为较近的期权有着较高的权利金。如果价格在到期日能保持在价内，那么，你的权利金就是你的利润。如果价格超过400的价内看涨期权，你就挣400～410的价外看涨期权的价差，而你的看跌期权则分文不值。如果价格超过410美元，那么，你的利润就是10美元加上你的权利金。这个计策通常被称为飞鹰式套利策略。

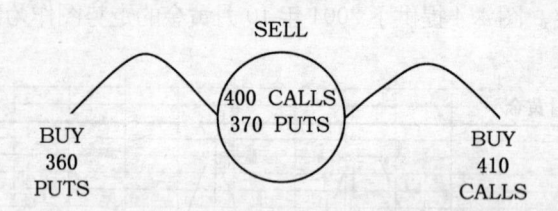

```
                        SELL
                      ┌───────┐
                      │ 400 CALLS │
         BUY          │ 370 PUTS  │          BUY
         360          └───────┘          410
         PUTS                              CALLS
```

资料来源:eSignal.com

图 4.5 飞鹰有一个身体包含着不同执行价格的买入期权和卖出期权,而它的两翼则提供了对错误组合和爆仓的保护。目标是尽可能规避卖出期权或者卖出买入期权的价内价值上升的可能,从而为当前期货价格提供空间

比例价差

随着我们对期权了解的加深,我们可以通过看涨和看跌期权的行权价格组合来获得准确的目标。当我们看一张图表所反映的问题时,我们看到,1993~1996 年这个时期是一个典型的拓展交易的倾向。用 400 美元作为假设的中位数,我们可能有机会购买 410 看涨期权和 390 看跌期权,同时卖出两份 420 看涨期权和两份 380 看跌期权。其目的是为了在整个交易中获得看涨和看跌期权的期权费(权利金)。

这个交易策略认为黄金有潜力突破 410 行权价或者跌到 390 行权价以下,但是其将被约束在420美元和380美元之间。从战略性讲,在410美元之上的移动将会使得 410 看涨期权盈利。当价格上涨时,380 看跌期权权利金就会快速下降。这也为看跌期权的卖方抵消了损失,因而可以很好地降低下降趋势的风险敞口。

如果黄金的价格处于410美元和420美元之间,那么,410 看涨期权就会盈利,而 420 看涨期权就会变得没有价值。这个位置能够抵消风险并将权利金成为盈利。相反,如果市场崩盘了,但没有跌破380美元,那么 390 看跌期权就会有盈利而两份 380 看跌期权就会变得没有价值。总的来说,还是可以赢得额外的权利金。

如果黄金价位于空头 420 行权价之上或者处于空头看涨期权 380 之下时,会发生什么样的情形呢? 由于你是两种价外期权的空头,当价格离行权价格越远,你的损失就越大。但是,两种期权中的一个是被多头的价内期权所保护。你已经挣了一个组合的权利金加上你持有看涨期权从410美元涨至420美元的10美元。由于空头420看涨期权被多头410看涨期权所保护,因此,你仅仅在420看涨期权中的一个产生损失。基于所有空头的卖出,你获得了权利金,同时你将从410美元至420美元中获得10美元。这意味着价格必须超过420美元加上10美元再加上你所有的权利金,你才能开始产生亏损。也就是说,在价格基于你获得的权利金接近435美元之前,你仍然是胜利者。

这种方法从哲学上说你不需要知道黄金到期时的价格,但是,你有理由相信黄金最终价格在380~420美元之间。如果没有突破或者跌破,你就获得了权利金。

在现实中,10月黄金交易价格从最低的403.50美元到2004年7月14日最高的407.80美元。400的看涨期权价格为1 500美元,而400的看跌期权价格为1 050美元。410的看涨期权的价格为1 100美元。390的看跌期权价格为620美元。比例价差牵涉到2 550美元购买一份400的看涨期权和400的看跌期权,同时3 440美元卖出两份410的看涨期权和两份390的看跌期权(共4份)。权利金(期权费)为890美元。如果市场在这个范围移动的话,无论是400的看涨期权还是400的看跌期权都会使其价格达到410美元或者降到390美元。超过这些波动,你的头寸就会开始产生损失,但是加上多头权利金10美元的升值,共有1 890美元。黄金只有移动到428.90美元之上或者降至371.10美元以下,你才能产生真正的损失。当黄金降至386美元,通过做空410的看涨期权可以降低持仓的风险敞口。如果黄金的价格恢复到400美元之上,其就保障了盈利。当黄金的价格上升到410美元之上,同样有机会通过买进一份390看跌期权来降低风险敞口。减去成本410美元,还有480美元的净收益。参考图4.4。

还有一种情况是看涨期权或者看跌期权会超过执行价格。在之前的现实的例子中,黄金期权的到期时黄金价格为406美元。由于那时黄金的价格下跌,我们通过执行400黄金的看涨期权获得了600美元的盈利,从而使得我们的期货持仓获得流动现金。480美元的权利金加上600美元的期权的利润,收益总共为1 080美元。

市场的交易区间通常为保护空头持仓提供了一个机会。随着价格的升高，看跌期权的权利金下降了，你可以通过保护措施将敞口填补。如果价格回撤，你也可以同样做空看涨期权。最终来说，你仅持有的是看跌期权和看涨期权。一个突破可以获得利润而实现流动性，同样适用于一次崩盘。随着时间的推移，持仓或增或减，这意味着持仓随着时间增加或者减少。

在某些例子中，你将会找到净正收入的交易包含着期货和期权的组合。以白银为例，预期和假突破，在没有基本库存的情况下，为卖出期权创造了良好的环境。在1996年8月，我曾经建议卖出12月的白银525的看涨期权和500的看跌期权，总权利金为25美分。虽然白银交易价高于看涨期权和低于看跌期权，在权利金降到了10美分以下后，交易被抬高了。其风险敞口在5.5美元之上或者4.75美元之下。换句话说，任何一个行权价需要超过交易得到的权利金25美分。到了9月中旬，525看涨期权和500看跌期权的收益总额为30美分（见图4.6）。虽然看涨期权或者看跌期权很有可能在12月到期时处于平价状态，其价格将需要超过5.3美元或者降到4.7美元以下起开始亏损。因此，如果到期时价格跌到4.75美元，仍然还有5美分的盈利，假设所有都得到了平仓。一份白银合约代表着5 000盎司的白银。这样看来，每一

资料来源：eSignal.com

图 4.6　9月白银的交易范围处于 5.25～5.00，卖出 9月的 5.25 看涨期权和 5.00 看跌期权的收益为 30 美分

分将代表50美元。5美分的利润就会价值250美元。交易的保证金仅为1 000美元，你的盈利就会是25%。在这些交易之中没有假设，所有的这些机会都存在于所提到的时间范围内。

贵金属市场的一个特性就是其价格的稳定性。在长期的交易中，其价格范围一般波动比较小。这种行为使得其比较可靠。同样重要的是，当白银和黄金的价格突破了技术的支撑或者压力线，权利金一般来说足够多，可以抵消价格的不利变动。在20世纪70年代，由于风险敞口太大，金属的反应很强烈。另外，流动性期权是不存在的。很多经济学家认为，期权战略使得价格的波动变小了。实行卖出看涨或看跌期权战略的专业的交易者可能会在他们的范围内交易期货。当然每个卖出期权的人都希望维持这种波动。问题是他们是否有能力来实现这一目标。

跨合约交易战略

在期权之前，有很多种通过期货市场在现货上获利的方式。你可能熟悉"基差"这个名词，商品现货价和期货合约价格之间的价差就是基差。在连续的到期月之间存在的价差成为跨月份价差交易。例如，4月的黄金将会比6月的黄金更低，6月的比8月的更低，8月的比10月的更低，等等。基差和价差之间的区别受黄金持有成本包括假定的存储费用、鉴定费、保险费和利率的影响。在正常的市场上，离现在的月份越远，其差价或者基差更大。这种价格差异会随着到期日的临近而趋于一致。生产者和消费者利用期货来防止价格的不利变化。如果你持有黄金并且担心其价格会变化，你可以卖出期货空头。任何价格的不利变化都会使得期货产生收益。假设1月份黄金的现价为每盎司450美元。你注意到2月份的黄金价格为455美元。这存在5美元的价差。通过卖出看跌2月的黄金，你可以获得比当前价格超过5美元的收益，并且你已经将价格锁定为455美元。

如果价格继续上涨，会发生什么事呢？你有黄金来进行交割，并且你也失去了价格上涨到455美元之上的利润。如果黄金保持稳定，那么，5美元的价差会最终缩减到零，同时你在一个月的时间就每100盎司赚了5美元(45 000美元赚了500美元，或者说利润率为1.1%)。如果12个月连续每月以1.1%

的速度增长,那么就会赚取 13.2%的利润。在现实中,差价会紧密地反映短期利率(例如 90 天的国债利率)。来自于不断卖空的套利交易的收入虽说很少,但毕竟也是收入。这种策略的目的是防止一些大的风险,赚取适中的收益。更进一步来说,如果看涨期权的权利金很低,你可以通过套利的收入来购买看涨期权。如果突破成为现实,你持有看涨期权,你就可以从牛市中获利。

在 1980 年贵金属高价之后的几个月,投资者为了安全持有白银、黄金,同时购买国债和债券以获得高收益。差价低于债券的收益率,投资者发现用保证金来购买期货很是方便,同时也可以投资于政府证券。这就应许存储的现金不断增加购买贵金属的兴趣。遗憾的是,黄金价格的下降和期货头寸损失了。但是,如果用现金来购买黄金和白银,也会产生同样的损失。

品种基差

除了跨合约交易战略之外,你也可以利用品种基差来获利。从历史角度来讲,铂金的价格一直比黄金的价格高。但是,有时铂金和黄金的价格差异也会很小。COMEX 和纽约商业交易所(NYMEX)的合并使得投资者可以方便地在铂金和黄金、白银之间进行差价交易。价差包括基于对商品价差波动的预期而产生的购买和卖出行为。对于铂金和黄金来说,当价格差异变得很小或者为负的时候,人们可以买进铂金、卖出黄金。差价首先是以买方引入的。所以,铂金相对于黄金的价差涉及购买铂金和出售黄金。如果差价指黄金相对于铂金,你可以购买黄金卖出铂金。

从理论上说,贵金属价格的变动有联动效应。实际上,在过去的几年里还没有出现这种情况。由于铂金是一种重要的工业贵金属,因此,铂金在今天较以前发生了重大的变化。大多数的铂金被用于催化转化器和汽油裂变领域。随着汽车数量的增加,对于铂金的需求也不断地增加。随着更多的精炼厂的启动,铂金的需求会进一步增加。但是,铂金是可回收的金属,它并没有在催化过程中实际消耗,作为一种催化剂可以回收。这个简单的观点会在第八章中进行更加完整的论述。为了说明铂金、黄金战略,理解铂金的工业需求和其有限的供给导致高于黄金的价差很是重要。

当价差缩小到 5 美元的铂金溢价和价差抬高到 25 美元时候,购买铂金并卖出黄金的策略很是奏效（见图 4.7）。有两个例证中价差严重为负。但是，在 2004 年所有例证中，铂金的溢价高于黄金。这里我们需要对铂金和黄金之间的结构差异保持一个持续的、谨慎的回顾。在后面的章节我们会看到，由于受人口结构影响，黄金的需求量在未来的几十年当中会加速。由于受文化和宗教因素的影响，中国和印度会成为主要的消费国。关键是要观察这两种金属相关供给的消费模式，虽然黄金的需求增加是中国和印度财富增加的象征，中央银行中存在着大量的黄金储备可以缓冲这种需求。

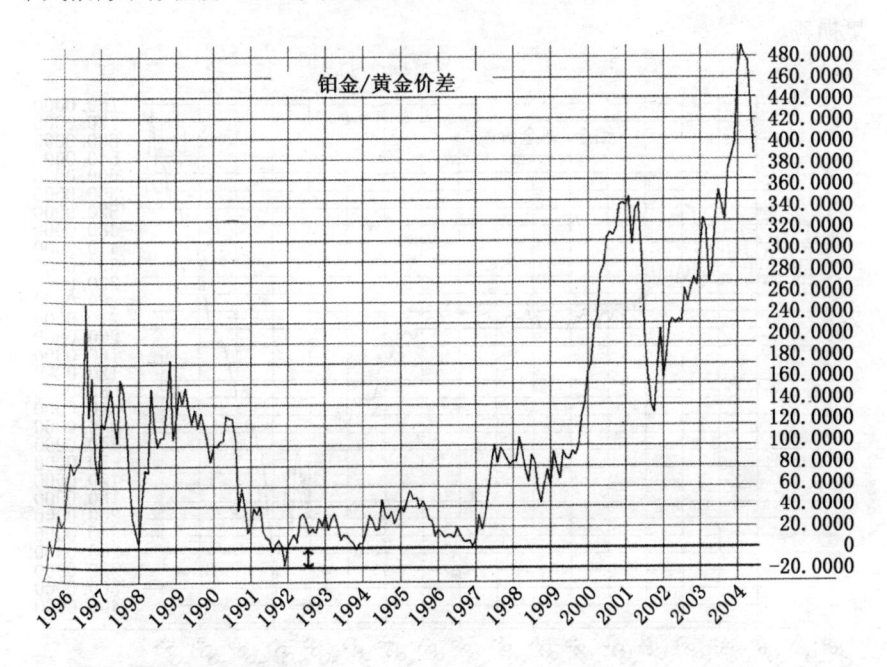

资料来源：eSignal.com

图 4.7　铂金/黄金价差显示铂金价格维持在黄金价格上方。相反的方向是非常少见的

铂金没有这样的储备。基于这种结构性的差异，铂金的价格很容易受需求和供给基本面波动影响。相反，黄金受中央银行或者国际货币基金组织销售的影响。

铂金的"兄弟"钯金同样也有价差的机会。从 1989 年之后，钯金经历了非常引人注目的价格波动，在几年的时间里，其价格上升到超过 1 000%，技术的进步，使得钯金在催化领域可以替代铂金，这促使了钯金价格的上升。当钯金价格突然之间飙升到每盎司 1 000 美元之上时，买进钯金、卖出铂金可以获得稳定的收益。

1998年后急剧的价格变化意味着铂金、钯金之间基本面发生了变化。这种变化是由于在催化领域钯金可以作为铂金的替代品。原因很明显,铂金的价格比钯金贵240～282美元,并且在1998年价格变动从35 000～43 000美元之间。钯金相比之下很便宜,也可以满足排放的标准。

但是,随着钯金需求的增加,这种差价开始发生转变,如图4.8所示。像福特和丰田这样的公司开始加速利用钯金的进程,最终导致了钯金存货的大量损耗。

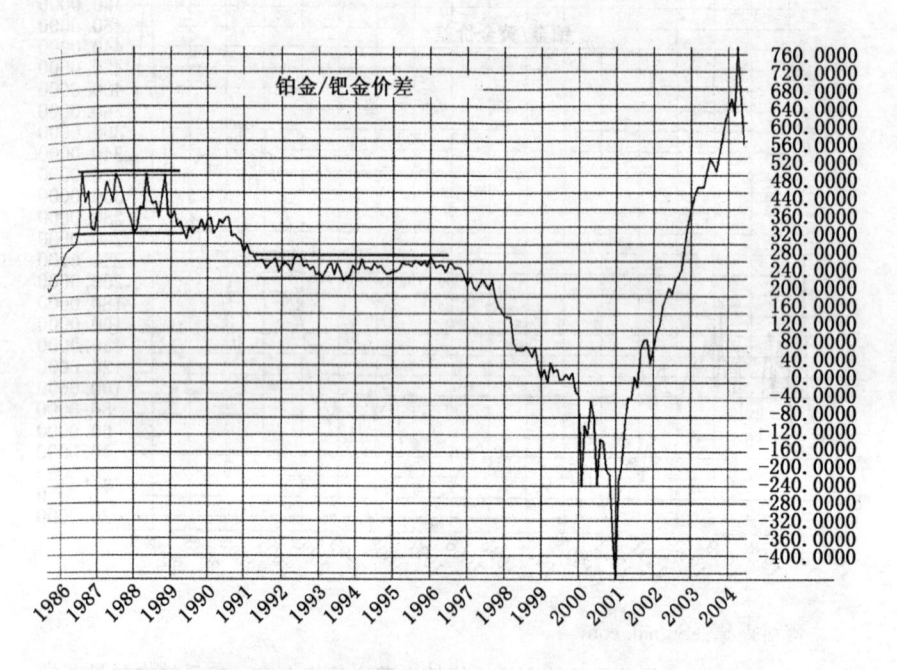

资料来源:eSignal.com

图4.8 1986～1989年,铂金对钯金维持着一个350美元/盎司～480美元/盎司的溢价。这种关系从1989年一直维持到1991年在宣布冷聚变革命的宣言后开始缩小。溢价此后从1991年到1998年一直维持在240美元/盎司～282美元/盎司之间。而在这之后,这种平衡就彻底被打破了

随着钯金交易的日益活跃,俄罗斯开始限制其出口量。其结果是前所未有的和不可预期的。最初始的时候,钯金价格超过了铂金。事实上,在2001年开始的时候,钯金价格到达了每盎司1 050美元,使其成为最为昂贵的金属。这是非常令人震惊的,但是,铂金差价在240美元之下代表了一个技术信号,

说明可以买进钯金同时卖出铂金。

有趣的是,这种潜在的情况在1998年出版的一书中有所描述。正如我们在后面的章节中所描述的,钯金和铂金的供需平衡十分脆弱和紧张。直到有某种形式的过剩存货,这些工业领域关键的金属很有可能产生大的价格波动并导致巨额的潜在利润。

耐人寻味的是,在1994年,钯金的产量只比铂金多20%。后来,钯金的产量增长率开始逐渐加强了,1995年的产量大约为621万盎司,同期的铂金只有489万盎司。在1996年,由于铂金供给的差异,铂金和钯金之间的差价扩大了。事情变化何其迅速啊!

每份铂金合约代表着50盎司的金属,但是,每份钯金合约却代表着100盎司钯金。所以,两份的铂金合约相对于一份的钯金合约的差价是成比例的。铂金价值50美元,而每份钯金价值100美元。2比1的比率,其价值是相等的。

从战略上说,每次价差增加到450美元时,一个人可以通过不断地卖出铂金和买进钯金来获利。所以,当其缩小到将近350美元时,差价就会发生转变。实际的操作如下:

> 买进1份3月的钯金合约,卖出2份4月的铂金合约,铂金的价格超出钯金的价格450美元多。在460美元处加仓,设止损在485美元。

期货的月份需要所示的插入。差价一个主要的特征就是不同的期货合约到期日。铂金到期日为1月、4月、7月、10月,但是,钯金为3月、6月、9月、12月,它们的区别并不是很大。然而,它促使我们必须注意时间效应和考虑不同的持有费用——当我们需要考虑精确时(我们常常发现这种努力是没有必要的)。

这些月份可以配对,3月和4月、6月和7月、9月和10月、12月和1月。在我们的例子中,从最初的入场到止损的风险敞口为每合约价差25美元或者2 500美元。其波动目标代表着100美元或者10 000美元每合约价差。保证金非常低,大约每价差合约1 000美元。从图4.8中可以看出,1989~1991年,盈利的可能性是非常明显且给人们留下了深刻的印象。这个策略产生了5个波动效应和2个止损。这将会造成50 000美元的盈利和5 000美元的损失。在后面的交易环节,这里可能还有两个止损,根据所选的特殊的月份和如果合约到期强行平仓所导致的价差的延续等。

当 350 美元支撑线被破坏时，就实施持有钯金卖出铂金的战略。在 1991~1997 年之间新的交易价格波动确立之前，这个策略起到了比较好的作用。这对于相对稳定和平衡来说是一个长期的策略。遗憾的是，价差并不是很大，并且也没有提供相同的理性比例。从我的经验来看，交易是一种清洗，虽然我确信，有些交易员比我更好。

就像在前言中所回顾的，当 1998 年钯金相对于铂金突破时，真正的行情出现了。用 240 美元作为阻力线(以前的支撑力)，220 美元和 240 美元之间的设置看上去像一个非常可靠的交易区间。然后，那对于我来说，过于狭窄并且其他的交易者也会同意这个观点。必须承认，我建议当铂金和钯金之间的价差低于 200 美元时开始交易。由于图标是在一个新的领域，当价差收缩时，这个策略是非常容易去把握的。

从 1998 年 3 月到 2001 年 1 月波段区间为 680 美元保持了接近 3 年。那对于 1 000 美元的保证金来说代表着每份价差合约 68 000 美元或者 6 800% 的回报。事实上，我在 2000 年当市场两次探底时被止损出局两次。第一次是盈利的，第二次是亏损的。在那时，价差仍然延续有利于钯金，大多交易者都不敢相信，不知名的钯金怎么可能会超过铂金并且相差如此之大。

接下来出现的机会则是在 2001 年初当铂金超过钯金 200 美元时。这是一个信号区，买入铂金卖出钯金。结果再次超越了大多数人的预期。铂金在接下来的几年内超越了钯金接近 700 多美元。基本面支持这么一个结果，因为当时汽车生产商重新回过头来使用铂金时，钯金价格已经远远超过铂金了。价差产生了大约每年 30 000 美元的收益。

这些是理性的非平衡。

技术分析

时间机制提高了贵金属的收益战略。你可能对技术分析和图表解读很是熟悉。自从计算机高速、低成本的发展，技术分析取得了很大的优势和关注。一旦其被认为学术和投资的基础，技术分析实质上是基础分析的一种替代。随机游走理论认为过去的表现不能够预测将来的走势，在我们新的计算机时代,它将会改变。听上去某种市场技术分析很有用。

有种说法是,期权和基差战略通过更加准确的时间和形式来达到优化的目的。例如,将人类问题解决逻辑识别系统加入了新的计算机系统。这种系统叫作神经元网络,它已经应用于精确预测市场行为方面。虽然陪审团还在审核神经元系统的表现,但是,科学家认为这种有利的系统可以告诉投资者市场交易范围内的变动趋势。这对于销售看涨期权给金属投资者是非常有用的信息。

如果你有足够的信心认为黄金的价格在某一边界内波动,那么,你的期权战略就会很准确。很明显,如果成交价格接近,那么,看涨期权的价格就会越大。神经元网络能够衡量突破某种市场模式的概率,也包括了分析价格的动力、未平仓的变化量和规模。在过去,从业者都是凭直觉来预测支撑线和阻力线的水平。某些人有这种识别底部和高位的第六感觉,但是对于一般投资者来说,力学和计量工具是除了异常洞察力之外最好的工具。

作为COMMODEX(《商品交易日报》)的出版人,我对于用技术分析来准确预测时间非常熟悉。20世纪50年代,我的父亲爱德华·戈特海尔福开发了COMMODEX。这个系统是基于价格预测和交易规则来自动交易商品而设计的。虽然这个系统经得起时间的考验,但是其在机械理论的应用方面改变了市场的动力。当这种体系开始建立时,当时还没有期权。COMMODEX为期货合约的买卖提供了信息。由于期权是期货合约的衍生品,那么,这个体系也可以应用于新的投资战略中来。期货合约的购买信号也预示着看涨期权的购买以及看跌期权的出售,或者两者兼有。卖出的信号导致看跌期权的购买以及看涨期权的出售,或者两者兼有。那么这样的话,你可以将期权和期货的购买和卖出结合起来。COMMODEX是一个趋势投资体系,寻找市场是持续上升或者下降。如果价格趋势没有被识别,COMMODEX将会保持中立的状态。这与反转交易系统是不同的,它是长期多头或者空头,但从不中立。

1959年COMMODEX创立,中立的信号不能够交易。今天,中立的信号可以为卖出看涨和看跌期权提供基础,利用蝴蝶战略和飞鹰战略来提早规避风险。如果市场的走势不明朗,期权的价值就会降低,投资者可以通过期权权利金来筹资,因为到期其不会行权。尤其是对于从事贵金属交易的投资者来说更是如此。在黄金、白银和铂金类金属保持波动的情况下,令人欣慰的是,没有技术基础能够预见其突破或是下跌。你是否应用COMMODEX系统、移动平均线、相关强度、随机性指标、市场概况或者其他技术指标都是不重要的。关键是要用这些工具从贵金属交易市场中形成新的交易战略。

投资方式

世界金融协会出版了一本名为《黄金投资指南》的书,这是一本没有写战略的传统投资方式信息小册子。协会强调了10种投资方式:(1)金块;(2)金币;(3)供收藏用的钱币;(4)报表目录;(5)积累计划;(6)矿产类股票;(7)共同基金;(8)期货合约;(9)期权合约;(10)远期合约。

除了远期合约之外,其参与者都是大的金融机构,其他的个人投资者都可以参与,标的物也包含白银、铂金和钯金。铂金和钯金很稀有,这些金属很少应用于货币领域。另外,钯金在账户余额或者积累计划方面也没有足够的量。除了这些,10种投资方式可能被以下4种所打破:(1)实际的持有;(2)保管持有;(3)衍生品;(4)证券。

我将这些进一步整合成为传统型、进步型和分享型。如果你有硬币或者金银块,你就是传统型的投资者。如果你交易期货和期权,你就是进步型的。如果你拥有证券,你就是分享型,这包括了生产和分配所产生的收益。

从战略上讲,何时持有金属、何时实施进步型交易、何时参与证券投资这些都是存在的。进一步来说,用这三种交易战略来衡量今天的贵金属交易环境都有重叠。如果是为了防止金融危机,那么,持有贵金属要比保障型账户更有利,这是因为像银行或者经纪商这类保障人也会面临危机。当所有其他的都面临失败时,那么投资者就会需要实体的贵金属。同时由于黄金和白银存量的比例,个人能否在危机中保持安全也是个很严重的问题。

将哲学和心智的运用先放置一边不谈,没有别的东西会比贵金属安全。如果像冷聚变技术这类技术实现突破,那么,对于钯金和铂金的需求就会大量增加。基于现在的钯金产量,如果用来支撑冷聚变反应过程,其价格可以达到5 000美元/盎司。最初的报告里提到半盎司的钯金就可以为一个家庭提供1 000年的能量。如果这是真实的,那么,钯金每盎司5 000美元已经是很廉价的了。一旦其商业化可行,你和我就很有可能被禁止参与钯金交易。如果钯金的价格在 100～200 美元之间,我们持有 1 020 盎司,或者 100 盎司的钯金的话,这些少量的投资可以为我们带来可观的财富。你将赌注放在了未被证明的技术上。但是,这种赌博游戏很值得做。

这一情况与铂金燃料电池的家庭和汽车用途很是相像。在第八章中关于铂金的基本知识中,我们会详细地讲到铂金的燃料电池用途。由于恐怖袭击和我们的输送电网的不稳定性,人们对于家庭和办公室用燃料电池的用量会稳步增加。燃料电池可以基于天然气和丙烷来运行,其可以通过公共服务公司来运送。作为输电网的替代,电池可以放在家中来供电。由于通过电线来输电,产生了大量的效用损失,所以这项模型很有效率。现场发电展现了巨大的效率。

由于新的发现很稀少,所以对于铂金的需求很大。其结果会导致铂金价格的飙升。当铂金价格从 600 美元飙升到 6 000 美元时,少量的铂金创造了大量的利润。

正如后面的章节中描述的那样,证券可能会很容易地说明贵金属的投资。当你拥有矿业类股票时,你就参与了矿产的生产和销售。通过收益分配,你获得了收益。在一个理性稳定的股票市场里,股票和共同基金投资是合理和有效的。特别是由于稳定的价格和生产成本的下降,利润率就会增加,黄金股票和共同基金价值就会增加。价格和成本之间的比率会波动。一些公司的盈利可能要比其他的好。但是开采矿类公司和在市场上销售黄金、白银、铂金和钯金的公司由于这些商品需求的增加,会有更好的表现。

当投资证券时,投资者必须要了解宏观的市场环境。在 1987 年和 2000 年经济危机时期,黄金类股票也遭遇了崩盘。当挑选个股时,投资者一定要考虑资产、地点、管理、技术、财务强度、政治环境和一系列的其他基本因素。一个人是否要投资于那些生产黄金、白银、铂金或者钯金的矿业类公司呢?例如,北美钯金公司专注于钯金生产,正如名称所蕴含的那样。但是,黄金、白银和铂金常常作为钯金生产的副产品。那么投资者要不要关注那些能够产生大量副产品贵金属的基础金属呢?弗里波特—麦克莫兰铜金矿公司在生产铜时也生产了黄金,虽然公司也购买相应的黄金矿。

什么技术是合适的? 投资者是否要找深井或者露天的矿呢? 什么是矿分级? 提炼金属的成本是多少呢? 后面的一章将会详细介绍各种金属,你将会看到一些要注意的事项。选择是一个复杂的过程。

如果你选择一个共同基金，你将要抉择管理的哲学。它是小型股基金吗？选择是高投机的吗？或者投资者投资一些混合的公司？最流行的基金交易仅投资于黄金股票。现在有国际型基金、特殊国别基金和特别部门基金。投机型或者风险基金可能投资于起步型公司、合伙型公司，或者甚至是产权投资。你甚至可以找到专门为矿业科技股票类基金。其种类永无尽止。

我指出的是证券和期权也有联系。投机于股票和宏观的市场环境或者具体的金属价格趋势也有联系。生产成本相对于其销售价格的浮动来说比较稳定。虽然报表很是明显，上涨的金属价格最终会导致利润率的上升。但是，如果公司做了对冲，那么就可能不会分享价格上涨带来的收益。这些会使得投资者很迷惑，仅仅是由于发现其不良的对冲或者不好的远期销售。

有时候你可能会没有注意金属价格的变动，但是你可以抓住股市反映的机会。这也就是为什么提倡一体化战略。在之前，贵金属交易并没有这么多的交易战略。很明显，市场结构已经发生了变化。现在的市场已经变得非常复杂。

遗憾的是，黄金、白银和铂金、钯金的振兴是基于经济的不景气或者低迷。高通胀期间或者全球货币体系的垮台与黄金和白银的投资需求有内在的联系。但事实是，没有足够多的灾难来支撑贵金属的价格达到更高。现实显示人口结构和宏观经济财富在未来几十年里很有利于这些市场。的确，通胀是新牛市的催化剂。货币危机可能使得人们回到持有硬资产时代。政治环境的变化可能会激发恐慌。贵金属价格的上升没有必要的因素。

在2001年当通胀比较低时，黄金的恢复表现欠佳。其确定性的价格于"9·11"事件之前开始上升。回想起来，很多人认为差劲的股票和低利率是其动力。但是，累计的模式造就了另外一种可能：黄金和相关期权的结合使得黄金成为了一种表现良好的资产。像债券一样，黄金以溢价的方式可以有收入，这个我们已经在本章描述了。用黄金作为一种最重要的对冲形式，赚取收益代表了一种结构的变化和新的机会。持有白银、铂金和钯金也是同样的道理。

这样的话，我们经历了前所未有的变化经济环境，可以为采用贵金属提供新战略的最终基础。

第五章 价格动向

与本书有关的研究工作给我带来了许多信息资源。我调查后发现，大部分可以轻易得到的信息出自对贵金属散播牛市观点的个人和机构。而对贵金属的现状与数字的解读常常受到对更高价格所持的持续乐观主义的干扰。20世纪90年代期间，厂商们逐渐认识到市场的需求弹性与价格敏感性在不断增强。对商品来讲，其价格越高，需求越低；反之，需求则越高。而从理论上讲，贵金属的价格与需求应该为正相关。奢侈品倒是与此理论相符。这方面最常见的例子就是汽车市场中的豪华车。实际上，雷克萨斯和丰田系列的动力装置、可选配置和车身类型基本是一样的。例如，丰田汉兰达和雷克萨斯RX300除了车身的微小细节方面，其他都是一样的。但是，雷克萨斯的价位更高些，这源自其高定位的溢价。出于对豪华车的喜爱，即使其价格要高些，对雷克萨斯若干车型的需求仍然大于丰田的其他同比车型。

1979～1980年对贵金属的狂热造就了价量首次呈现正相关。第一章中的图1.1就已指出白银价格疯狂上涨引发的对白银一窝蜂涌入后产生的影响。当然，当时恐慌发生所处的环境与正常市场有差别。事实上，1979～1984年间，已经不能从商品的角度解读白银和黄金，因为人们根本不清楚影响其价格的因素。

在1980年价格达到巅峰后，工业消费对白银、黄金和铂金的替代品需求开始增加，这类金属的价格敏感性开始变得明显。1977～1984年，黄金和白银的价格波动属事件推动型。在对供给面构成影响前，某事件的发生就直接冲击价格。这种价格波动形势迫使这类金属的使用者寻求替代品。你或许会想到，20世纪70年代和80年代的欧洲不要求在汽车与卡车上使用催化剂转化装置，铂金价格的猛涨使清洁空气离我们越来越远。而当时欧洲正在核查污染控制问题，技术投入在稀混合气发动机和传统的催化剂转化装置间徘徊。在铂金价格回调到合理的水平时，相对于开发全新的技术来讲，催化剂转化设备的成本更为低廉。

如果欧洲采用的是稀混合气发动机而不是催化剂转化装置,又会如何呢?考虑到铂金与钯金在汽车和卡车上的使用量,铂金类金属的价格上涨的幅度将受到重大挑战。随着现代计算机功能的日益强大,稀混合气发动机技术变得更为可行。点火、燃料/空气混合物、燃料监控、悬浮液调节与换挡在汽车"微脑"的控制下变得更为精准。假如厂家没有采用全新的动力系统,那么你的座驾很有可能没有使用催化剂转化设备但效率依然很高,这不足为奇,因为这类车已经处于生产之中。

奇怪的是,黄金、白银、铂金和钯金的动态价格史都极其短暂。以市场的观点来看,这类金属品种的交易仍未成熟,如同18世纪黄金与白银期货品种被推出的情形一样。相对来讲,铂金和钯金的成熟属性要多些,即使这样,它们的交易史依然很短。有证据显示,铂金早在古埃及时代就被使用,印第安人也使用它,而他们是否知晓铂金与白银的区别就不得而知。的确,铂金的硬度要大于白银,而且更难加以应用。铂金作为一种元素早在18世纪就被分析研究,然而,直到19世纪其商业化生产才得以开始。

上述内容对于识别价格形态非常重要。但由于其交易史过短,我们不能确定它们的一致性,现在识别的形态或趋势明天可能就会发生变化。

这也是贵金属投资如此令人兴奋、兴趣不减的原因。较短的动态价格史早已不是投资者关心的问题。但我认为它仍然是主要问题之一。这听起来似乎有些难以置信,政府依旧为黄金和铂金确立了脱离市场的官方价格,暗指这些市场仍然没有完全从固定价格体系走进浮动价格体系。的确,这种微弱的联系或许永远不会被彻底破坏。

美国国会联合经济委员会副主席、新泽西州代表吉姆·萨克斯顿在1999年8月报告中写道,赋予IMF销售黄金的权利。这则报告提到IMF请求出售1.03万盎司黄金储备。关于这部分待销售黄金的一个耐人寻味的问题是:它们的账面记载价格为48美元/盎司。作为一种资产记录,这类金属的估值就有些不妥,它们显然被低估了。那么一个明显的问题是:若以市场价出售,那么获取的利润如何分配?应该将这部分利润记载到最初提供这笔黄金的国家账户上吗?

这种问题不单单是IMF要面对的。实际上,所有政府持有的黄金都是逐步积累的。所以就存在两个价格:一个是官方固定价格;另一个是市场价格。

这就是为什么央行黄金储备通常用存量来衡量而非价格。关于存货的报告通常没有变化,而价格则不然。

其他困扰价格基本面分析的因素就是:贵金属也是基础金属生产过程中的副产品。由于存在不同的分类方法,它们的成本是变动的。主要集中在基础金属的开采上,至于随后白银与其他贵金属的提取可能限制了直接成本,但相对于分摊成本来讲,这部分成本是很小的。从会计的角度来看,副产品金属应该分摊一般费用和资本分配成本。但不管如何分摊,白银和黄金都要承担一部分。

考虑到这些事实,从经济的角度看,在贵金属生产不可行前,就很难明白其价格的下降机制。所以,在跌到6.5美元/盎司以下时,许多分析师和金属品种投资顾问预测白银生产将被关闭的情形并未发生。白银专产矿受到的注意力要大于白银作为副产品的生产。一些银矿确实是关闭了,但是它们所减少的产量由其他银矿补充了上去。

价格与需求

黄金和白银的现实市场价格是多少? 市场将告诉我们答案。假如每盎司黄金的生产成本降至50美元,其价格会随之下跌吗? 价格行为暗示黄金和白银价格受制于需求。也就是说,在确定它们的价值时,需求因素的影响力要大于供给。黄金的平均提炼成本在降低。自20世纪80年代中期起,需求因素使黄金市场价格相对平稳。之所以用相对平稳是因为黄金的总波动比货币与股票市场如纳斯达克的波动要小。即使是央行抛售黄金储备,黄金的价值仍成功维持,未出现大波动。此外,受需求的影响,黄金产量也平稳增加。

而铂金价格更受供给因素的影响。也就是说,根据特定行业的增长情况,需求仍然停留在可预测的范围内。2000年至2001年,钯金价格站在1 000美元之上,这与俄罗斯的出口限制有关而非受到任何即时需求增加的影响。钯金与铂金的走势有所背离,因为铂金的价格更贵。对钯金需求的平稳增加使俄罗斯将其价格操纵到2001年的高点。

牢记这一点,我们现在重新审视贵金属价格。对预期黄金价格达到500美元/盎司、750美元/盎司、1 000美元/盎司的现实性如何? 白银价格飙升至

25美元、50美元或者100美元以上的可能性又是多少？铂金价格能冲到1 500美元吗？钯金是步其后尘还是带头引领？价格形态不会告诉我们价格最终受何种环境决定。不过，我们可以通过判断波动性、敏感性、稳定性、季节性、周期和趋势获得。

我们对每种金属的基本研究工作将详尽地阐述其价格的可能值。你应该对未来几年供给与需求将处于何种水平做到心中有数。相对许多相互矛盾的预测来讲，我对黄金与白银在20世纪80年代和90年代平稳下降的预测还是正确的。从苏联的解体，到南非新政府的成立，再到智利与秘鲁的罢工，每一个事件都是影响预期牛市的基础因素。我在1998年预测，如果2000～2001年钯金供给果真受到破坏，那么其价格就有可能站在1 000美元/盎司之上，铂金在2003～2004年可能出现类似的情形。

对于那些听从所谓专家建议的投资者来讲，这条路走起来就有些不太轻松。以前我曾经与人合作过，基于金属行业的分析来阐述长期交易计划与对冲策略。我无法告诉你说服一个主要的黄金或者白银生产商其产品价格处于跌势的难度有多大。相反，在注意到双重底形态以及"9·11"事件的长期影响后，我在2001年建议增大黄金对冲头寸。在某些情形下，我被不停地解雇、聘用、再解雇。但在所有的情形中，对于那些乐于接受现实的投资者来讲，我的咨询服务可以帮他们实现盈利。

在我以前的金属品种研究工作中，我发现"专家建议"和"研究学习"的真正含义。日内的投资水平基本上没有意义。我阅读过关于供给与需求分析的最详细报告，以及最受信赖的咨询机构做出的最科学预测。几乎1985年至1996年的所有报告都指向价格的进一步上扬。所以赞助该类分析研究的投资者应该对价格的下跌负责。1990年，银价跌破5美元/盎司，1991年进而考验15年来的低点时，整个产业为之震惊，而事实上正是该产业在持续出售白银。所以，它为什么对螺旋式下跌的价格装出一副吃惊的表情呢？白银从主要产出到次要产出的结构变化促使人们将其用于人造灯泡以支持其他经营。而一则又一则报告指出白银供给已经出现严重问题。尤其是1987年崩盘后的股市对白银价格的上涨起了决定性的作用，白银在1987年的第二季度从5.5美元涨至10美元。当时投资者持有硬资产的倾向使得白银价格的继续上涨趋势为市场所期待。

事实上，股市崩盘引起的流动性紧缩促使投资者清算硬资产来获得资金。在部分情形下，出售金属是唯一获取资金以满足保证金要求的手段。尽管有人会认为这种分析有马后炮的嫌疑，毫无意义，但是在股市触底之后，这种观点立即在华尔街传播开来。各类金属品种的价格对此并无反应，即使对黄金与白银开展重量级的推广活动也未能引起投资者的兴趣。

上述分析非常重要，因为需求是投资者创造的。投资者的易变性永远都是未知的因素。他们甚至不对行业环境多加考虑就做出买卖决策。1979～1980年，他们将金属价格推至极值。而20世纪80年代又抛弃金属资产转而投向金融资产。始于2001年的低利率政策使得市场的流动性非常充足，"9·11"事件的发生又迫使他们重回金属资产。

当然，这里并不是说贵金属的工业储备对"摇摆的需求"毫无影响。像持有白银的柯达或存有铂金和钯金的汽车生产商都对供需有着某种程度的影响。没有进入生产流程的存货都可以视作潜在投资对象的一部分。

影响价格的因素

在《新的贵金属市场》一书中，我指出：只要市场环境出现较大的变化，就有理由认为投资者将重获对贵金属的信心。即使第三世界国家的需求增加，价格上涨仍然受制于投资者心理因素的根本性变化。这与两类事件有关：第一，货币的普遍性贬值与通货膨胀；第二，信心危机。没有这两类事件的出现，投资者的投资兴趣更可能表现为间断性的起伏。他们对市场的参与也将是非持续的。

2000年3月，踌躇不前的股市是投资者信心动摇的第一个暗示。随后的跌落与反恐战争同时进行。那时市场开始转向贵金属，因为它们是实物价值的代表而非法定的价值。如果对货币的充分信任和关注出现问题，贵金属就会成为价值的化身。道理就这么简单。

在货币联系时代，黄金和白银的价格根据购买力平价来衡量，因而表现为固定的价格。图5.1显示了1850～2004年白银的实际价格和基于1987年美元调整的白银价格。

很容易就发现20世纪60年代白银的现货价格基本上是持平的。在20世纪余下的年份里，白银价格几乎变化不大。除了1979年至1980年的价格高涨之外，白银价格基本上没有高过10美元/盎司。依据1910年到1990年

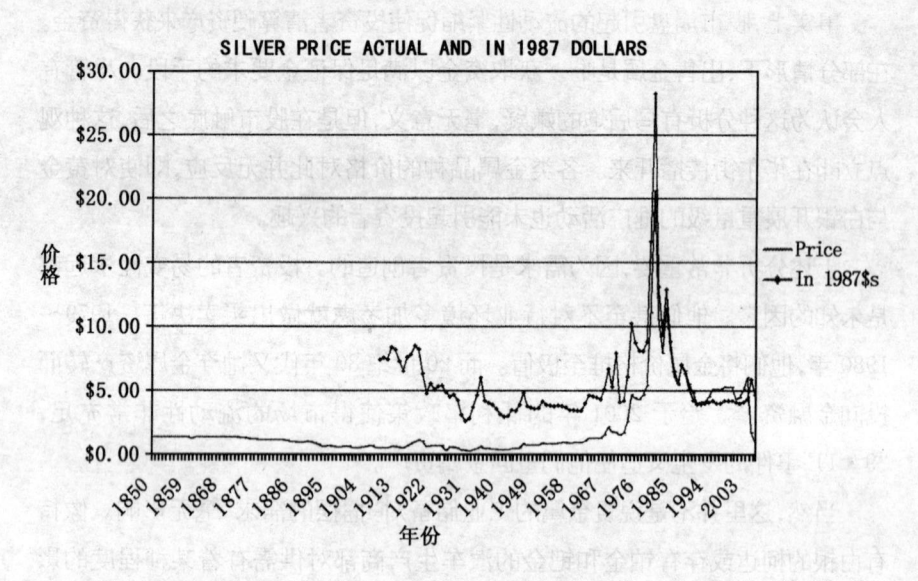

资料来源：U. S. Treasury and COMES division of New York Mercantile Exchange

图 5.1　从 1950 年到 2004 年用实际美元表示白银价值，1987 年为调整后的美元。1905 年之后，1987 年的美元曲线开始起作用

比较来看，以 1987 年美元价格衡量的白银价值相对是下降的。经历过 1979 年至 1980 年的价格高涨后，白银价格的平均值大致为围绕其波动，该走势从 1980 年持续到 1996 年。考虑到通货膨胀因素，白银的价格表现其实很差，因为大多数人认为白银价格应该与价格指数保持同步。白银在 1996 年的价格就像没有对通胀因素进行调整的 1976 年的价格一样便宜。这样，经历了 20 年的价格上涨，银价最终未能与通胀同步上扬。

上述对白银来讲意味着什么？很显然，白银这种金属既不能有效用于通胀对冲，也不合适作为长期(比如长于 150 年)的投资对象。无论是否经过调整，任何长期的白银储备的收益都是负值。实际上，白银只是一种商品，它遵循着典型的供需法则。因此，影响白银市场的最重要的因素是消费与生产。除非出现对白银需求的意外和剧烈的结构变化，否则没有一种金属适合长期持有。然而，很少有投资者去仔细观察白银的长期价格走势。如果你这样做，就要问你自己："该金属为什么是一个好的长期投资品种？"

第五章 价格动向

短期角度与长期角度

再回到图5.1，现在你可以判断了。图中的价格形态让你信服吗？这个观点很重要，因为白银的出售通常依赖较短的价格历史(1974～1984年)。你应该相信投资者普遍期待的目标：白银价格将回到或者超过其历史最高水平。如果你分析目前结构化的白银经济，从工业的角度看，这样的价格上涨幅度似乎是不可能的，因为这将严重影响白银的商业应用；若白银价格到了50美元/盎司，那么银基技术的价格需求弹性也将变大。若到了100美元/盎司，那么工业和消费者将转向其他技术了。

你会为35毫米的彩色胶卷付25美元吗？白银销售商、电器插头、银浆、合金、镜子、净化剂以及其他产品的价格估计就难以为市场接受了，至少从财务角度上看，就有动力寻找替代品。

鉴于2004年的白银价格走势，长期来看，其价格似乎更可能下降而非上涨。诚然，当市场混乱之时，白银价格有可能上触6美元、8美元和10美元。而价格分析也指出其实际价值低至2美元或1.5美元。如果白银价格真的有一天跌到2美元以下，它可能再次成为金属货币。

这奇怪吗？价格越低，白银越可能被用做铸币。银币可以实现两个目标：第一，银本身就有价值；第二，价廉的白银和其他任何金属一样，政府不会快速地采用银币，因为它们一直担心：若出现短缺现象，白银价格将被推高。无论在任何时候，工业消耗量都可能增加。除非有办法控制价格，大额敞口的存在将难以实现套利。

当市场价值超过硬币面值时，此时公众就愿意储藏银币，美国的铸币厂的铜便士就遇到这样的问题，从而减少了市场流通的供应量。工业对任一种金属的需求都将使其市场价值高于其面值，等发展到一定阶段后，塑料将成为唯一的选择。考虑到塑料可以对硬币进行编码以防止伪造，轻便且耐用。因而塑料硬币不可能为公众储藏，或被融化。实际上其他可以作为备选的还有铁和铝。

未来学家告诉我们硬币的整体选择方案完全是错误的。我们将最终摆脱对货币的依赖。因为各类交易将通过手印、指纹、声音识别或者其他高科技技术。为此我建议大家持有一些黄金。因为你永远不知道你什么时候需要它。

白银

图 5.2 显示 1972～2004 年的白银价格走势。通过该图可知,再过 3～5 年,白银价格将逐渐过渡到更窄的波动区间。除了 1968 年至 1972 年间之外,银价基本围绕在 5 美元/盎司。30 年的价格走势暗含白银价格的自然均衡价格大约就是 5 美元/盎司。如果价格的波动使其大大高于 5 美元/盎司,那么之后此价格必将向 5 美元/盎司回调,反之亦然。如果有一天突然发现银具有治疗癌症或者净化地球供给水的功能,那么,该自然均衡值就会提高。同理,如果数码摄像技术完全取代传统的胶卷,那么,自然均衡的白银价格也将跌至较低的水平。不论出现哪种情形,我们都可能看到白银价格位于较高或较低的区间内波动。

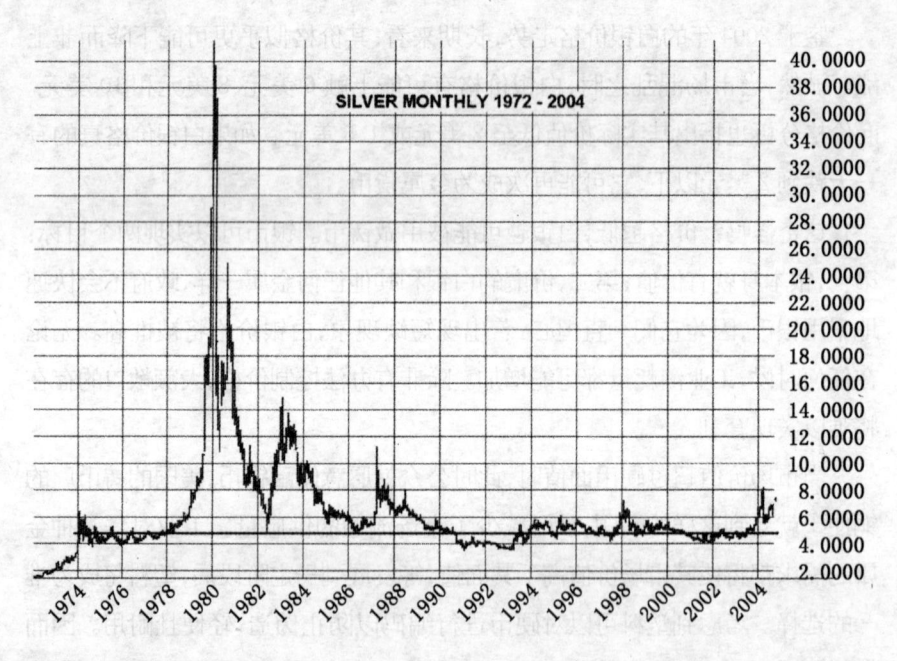

资料来源:eSignal.com

图 5.2　1972～2004 年白银价格基本在每盎司 5 美元上下均衡波动

从固定的白银价格的那个时代起,这种稳定的价格走势可能还会延续下去。可能这已经是很平常的现象。有大量的针对 20 世纪 70 年代末的价格离奇走势的猜测。这一事件与两项发展有关，其中之一就是著名的得克萨斯州的亨特兄弟垄断白银市场。他们努力充分地控制供给来操纵价格。在这种疯狂的投机中他们兄弟俩并不孤单。作为石油生产商，他们与中东结成利益联盟，并且计划将白银再次确立为货币工具。可能有人能够回想到由于当时美元的贬值使得原油价值快速下跌，因为原油以美元定价。生产商意识到他们的收入不再稳定，就把注意力放到白银上了。

迫使这一转变的是通货膨胀。由于担心货币发生危机，投资者纷纷奔向白银。如果当时亨特兄弟的计划成功又会如何呢？历史可以告诉我们，白银价格也将处于某一交易区间。没有迹象显示价格将返回至1980年的最高位：恰在45美元/盎司之下。之后亨特兄弟与投资界将吃惊地发现白银价格在寻求回到正常的水平。这是因为西欧、美国和日本将采取得力措施来稳定货币和经济。最终，无论有没有白银的支撑，对货币的信心都将得到恢复。高价的白银或许仍会持续更长的时间，但是它的内在价值将迫使其回到大约5美元/盎司的水平。

对那些喜欢投机白银的投资者来讲，输赢的概念是很明显的。若价格为40美元/盎司(做空)，那么，每盎司最多亏损5美元。当然，这是理论上的计算结果，这和白银不可能被免费扔到大街上的道理一样，你是要付费用的。银价还有可能向下跌至1或0.5美元/盎司。当位于该价格之下时，其提取、化验、运输和储藏成本也将受到负面影响。如果你必须持有该金属，5美元/盎司或者以下的水平都是安全区。在此之上意味着风险的增加和敞口的扩大。当然，你会对价格变化有所反应。当买家考虑增加白银积累时，你就要开始谨慎行事了。

牛市

当价格进入主要上升趋势时，历史数据表明，这一趋势的持续时间相对不长，约为1年。白银价格在1978年开始的牛市就跃上了5美元/盎司(见图5.3)，1979年价格涨至6.25美元/盎司。1979年至1980年1月，银价几乎攀升至42美元/盎司，而在随后短短的两个月内，银价又回调至11美元/盎司。从技术上看，银价走出了一个经典形态。在1980年银价暴跌后，又反弹了一半的价位(高点至低点的差额)。这种走势符合50%的回调准则。

到1982年，银价又回到了5美元/盎司的好价位。从1982年6月到1983

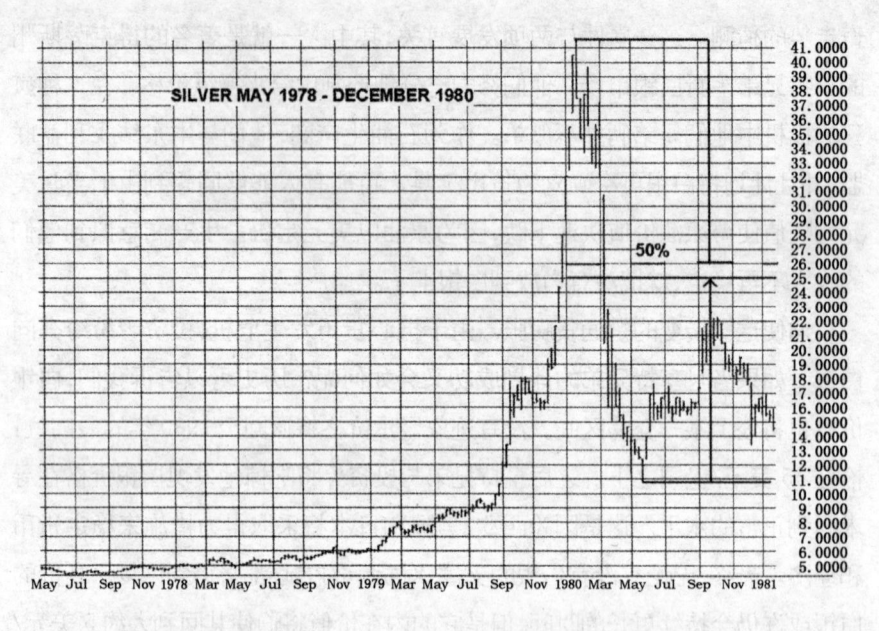

SILVER MAY 1978 - DECEMBER 1980

资料来源：eSignal.com

图5.3 白银从1978年每盎司5美元不到飙升至1980年1月25日的每盎司41美元之上。5月23日，白银价格跌破11美元。随着一个技术假设，14美元的反弹表现一个大约50%的回撤，继而便是约30美元的下跌。当用日内价值时，50%非常准确

年2月，银价开始了新一轮的上攻，几乎达到15美元/盎司的高位。然而，一年的时间里再次跌回到5美元/盎司(见图5.4和图5.5)。其价格在1997年6月18日跌到4.15美元/盎司后，白银价格的回调属性再次上演，于1998年2月6日弹升到7.5美元/盎司。这是另外一个强大的投资者巴菲特的介入所致，在1997年夏天，他开始积累实物白银并且在期货上投机。巴菲特继而宣告他在买入白银，并预期白银价格将进一步上涨。这种"公然宣告"激起短暂但有力的买入热潮，将白银价格推高至7.5美元/盎司。虽然没有得到明确的证实，成交量与开仓量显示同年7月期货合约出现大量的空头。事后分析表明，这应该"归功于"巴菲特。看起来他好像是通过买入近月期货推高白银现价同时卖出远月期货对冲。

在随后的空头大搏杀中，许多投资者要求调查巴菲特的交易记录。然而，他的言行没有任何违法之处，因为他自己就拥有大量的白银，并且合法地对其头寸予以对冲。但由于巴菲特公然宣称他在买入白银，对其进行调查也无不

第五章 价格动向

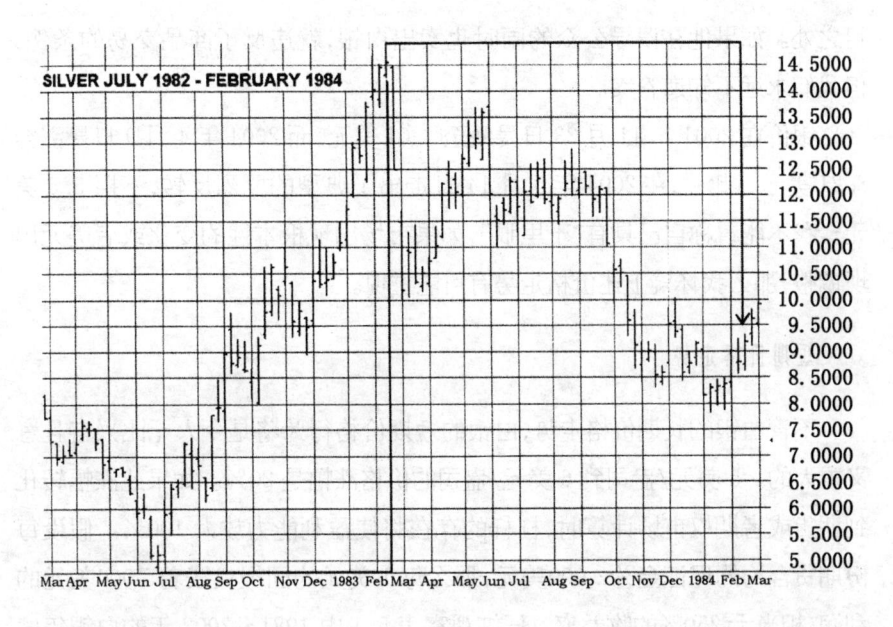

资料来源：eSignal.com

图 5.4 1983 年 2 月 18 日，白银触及 14.93 美元高位，1984 年 1 月 13 日跌破 7.83 美元。在一年内，白银下跌了 5 美元左右

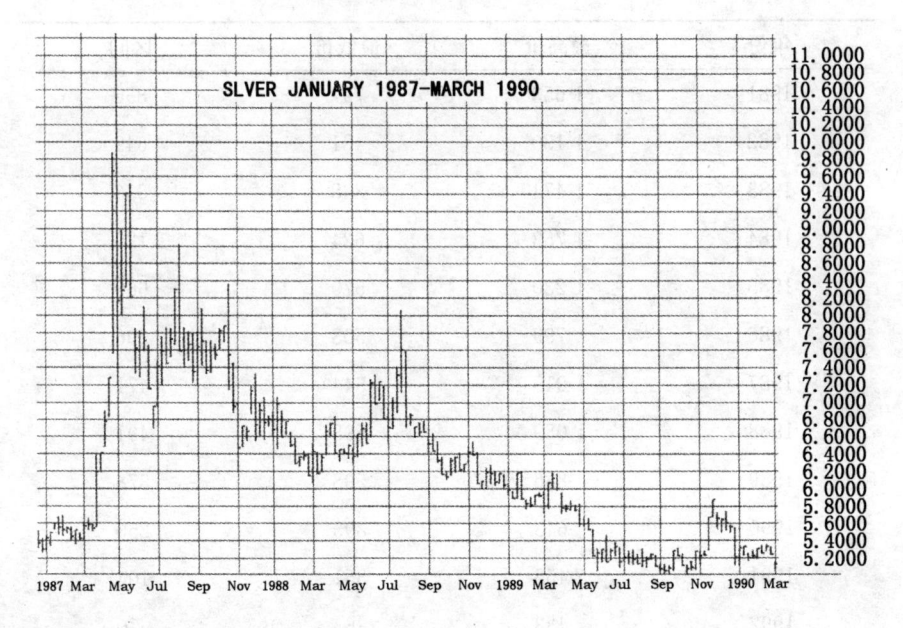

资料来源：eSignal.com

图 5.5 1989 年 5 月 1 日白银上涨至 9.79 美元，5 月 26 日跌至 5.06 美元

可之处。如果他在误导公众的同时也卖出白银,就违反了商品交易的条例。但我们永远不知道答案。

银价在2001年11月23日暴跌至4.01美元,而2004年4月9日暴涨至8.21美元。此后,在2004年5月14日走出了典型的剧烈反转,下探5.5美元。我不能冒称自己具有"千里眼",如果市场出现根本性的变化或者美元出现调整,那么我怀疑上述价格走势有可能重现。

短期价格走势

不管白银的长期价格走势,白银的短期价格行为将是令人无比兴奋且意义重大的。5美元/盎司到6美元/盎司的价格涨幅是20%。如果此涨幅转化到期货或者期权市场计算时,杠杆的存在将使盈利能力放大100%。假设每份期货合约的保证金为2 000美元,那么每1美元的回报代表着5 000美元的利润,相当于250%的收益率。仔细观察表5.1中1981~2003年的白银年度价格波动情况。

表5.1　　　　　　　　1981~2003年白银年度走势　　　　　　　　单位:美元

年份	最高价	最低价	区间
1981	1 653	797	856
1982	1 130	481	649
1983	1 474	838	636
1984	1 753	624	1 129
1985	1 230	570	660
1986	799	503	296
1987	1 015	544	471
1988	1 089	598	491
1989	886	508	378
1990	643	393	250
1991	455	351	104
1992	433	363	70
1993	544	352	192

续表

年份	最高价	最低价	区间
1994	579	453	126
1995	616	434	182
1996	585	464	121
1997	539	415	124
1998	750	456	294
1999	580	482	98
2000	560	455	105
2001	588	401	187
2002	515	421	94
2003	579	434	145

1992年的波动值最小,仅为70美分。如此小的波动也代表着合约价值经历了3 500美元的波动。很显然,你是否盈利与你对白银价格的涨跌方向是否运作一致有关,以及你的交易时机是否恰当。仔细观察图5.6中白银在1981～2004年的价格走势,就可以发现好的趋势和合理的季节一致性。

24年中有13年的第一个季度都显现出季节性下降趋势,第二季度有所走强,而第四季度又重拾了第一季度的疲弱状态并进入了下一年度的第一季度。前三个季度的走势基本上呈平缓状。其余9个年度的1月至3月则呈现上升趋势。当然,这些称不上规律。肯定的是,1982年是个特例,价格一直涨到1983年。我们也可以看到价格在2002年和2004年处于升势。但是,请注意图5.6中不同年份的价格走势图中不同纵轴的刻度区间。2002年,期货合约价值从4.26万美元涨至5.2万美元,而2004年是从6万美元到8.5万美元。

常言道,有起就有落。这一格言并不必然适用于商品价格或者金融投资。就白银而言,1960～2004年的44年间的走势还是符合这个说法的。碰到这样的历史事实,白银的拥护者就会非常悲观。这从图表的价格走势可以看出。同等重要的是,以不变的美元价格来算,白银价格其实是明显下跌的。自1966年来,经济持续了44年的通货膨胀,而银价并没有同步变化。1978年的白银与1998年的白银有着相同的价值。

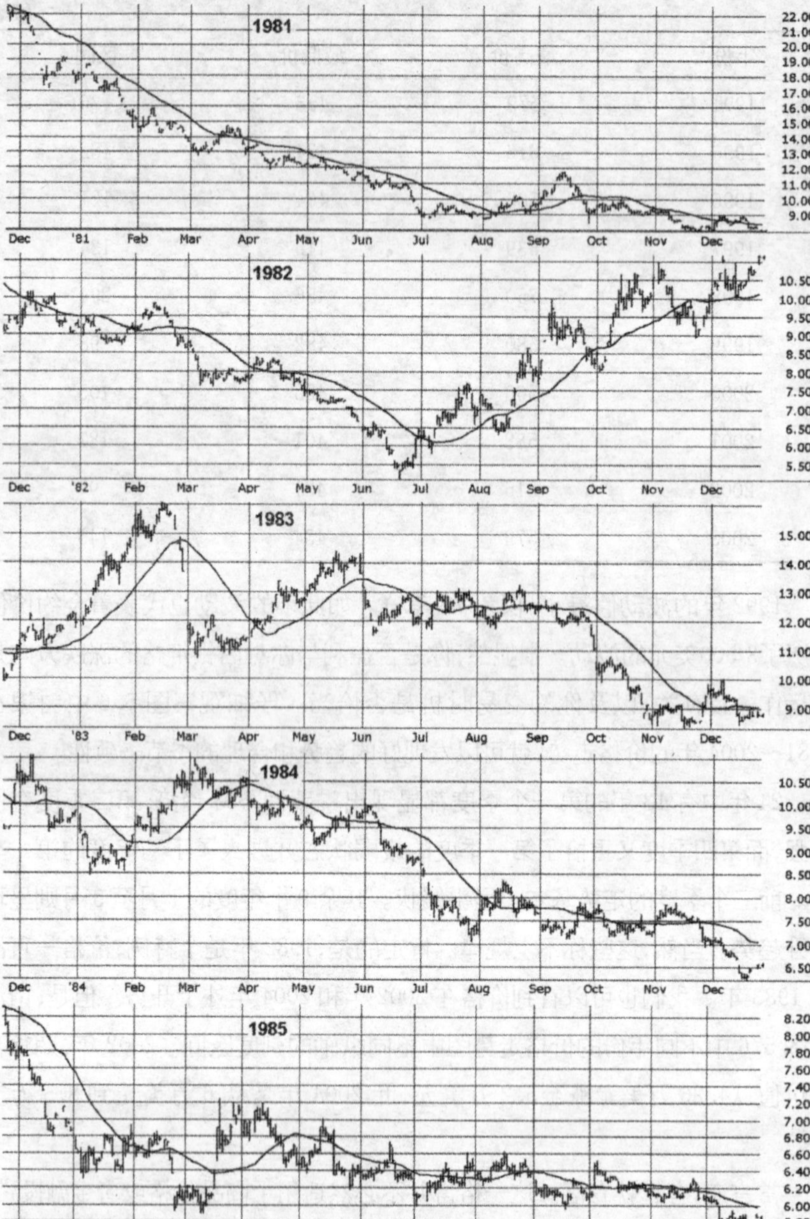
1981
22.000
21.000
20.000
19.000
18.000
17.000
16.000
15.000
14.000
13.000
12.000
11.000
10.000
9.000
Dec '81 Feb Mar Apr May Jun Jul Aug Sep Oct Nov Dec
1982
10.500
10.000
9.500
9.000
8.500
8.000
7.500
7.000
6.500
6.000
5.500
Dec '82 Feb Mar Apr May Jun Jul Aug Sep Oct Nov Dec
1983
15.000
14.000
13.000
12.000
11.000
10.000
9.000
Dec '83 Feb Mar Apr May Jun Jul Aug Sep Oct Nov Dec
1984
10.500
10.000
9.500
9.000
8.500
8.000
7.500
7.000
6.500
Dec '84 Feb Mar Apr May Jun Jul Aug Sep Oct Nov Dec
1985
8.200
8.000
7.800
7.600
7.400
7.200
7.000
6.800
6.600
6.400
6.200
6.000
5.800
Dec '85 Feb Mar Apr May Jun Jul Aug Sep Oct Nov Dec

第五章　价格动向

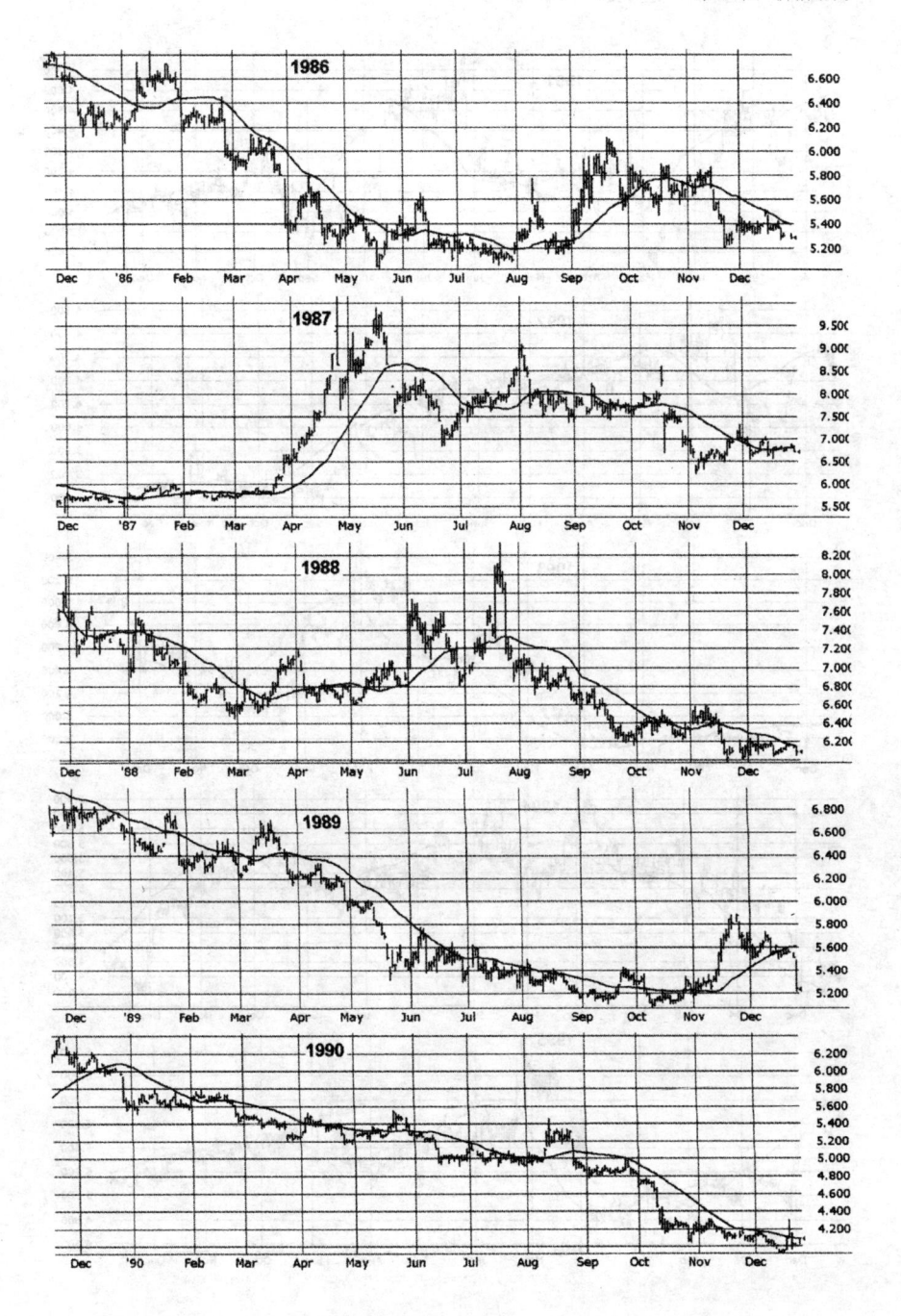

至臻掘金 | 金银铂钯趋势交易指南

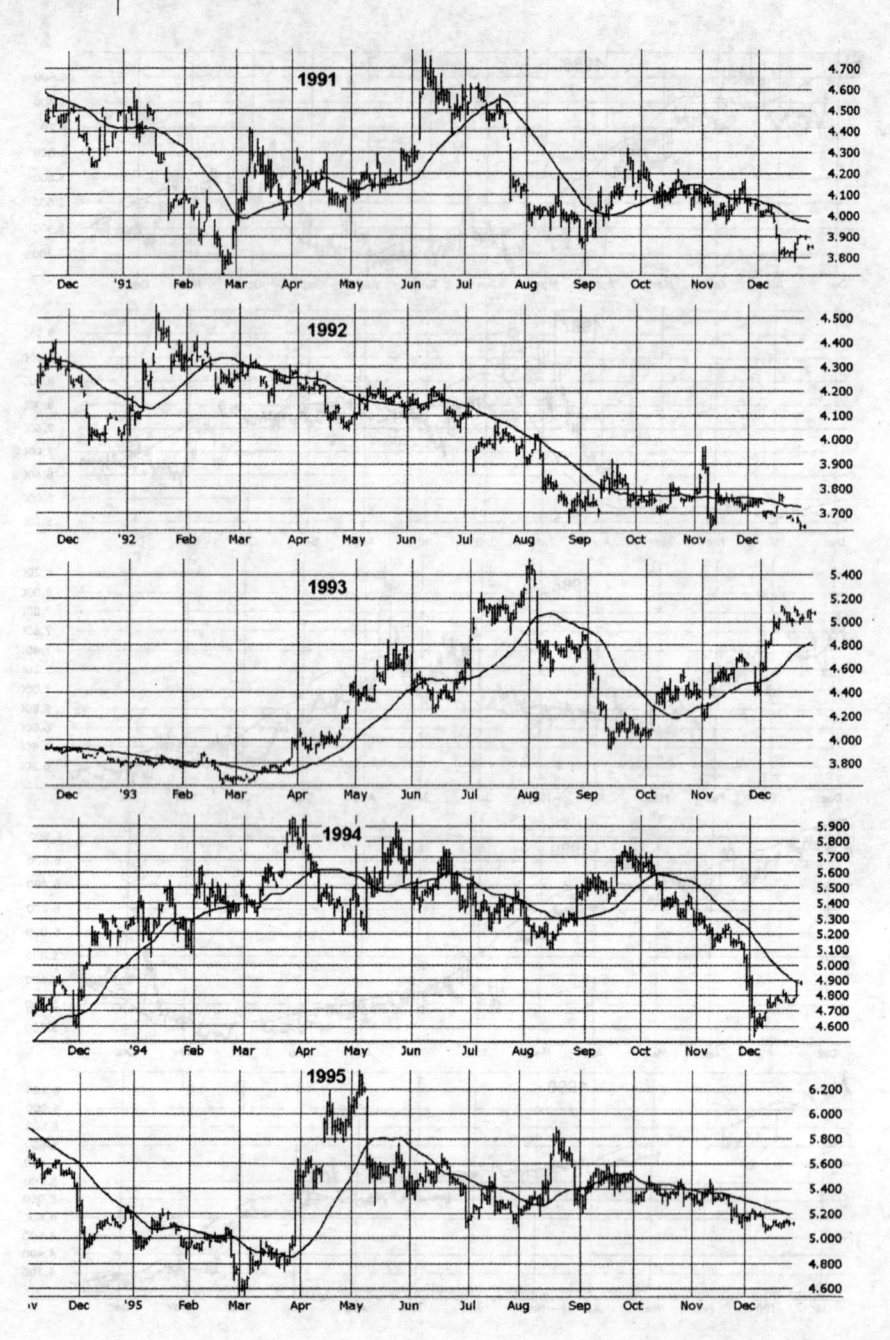

第五章 价格动向

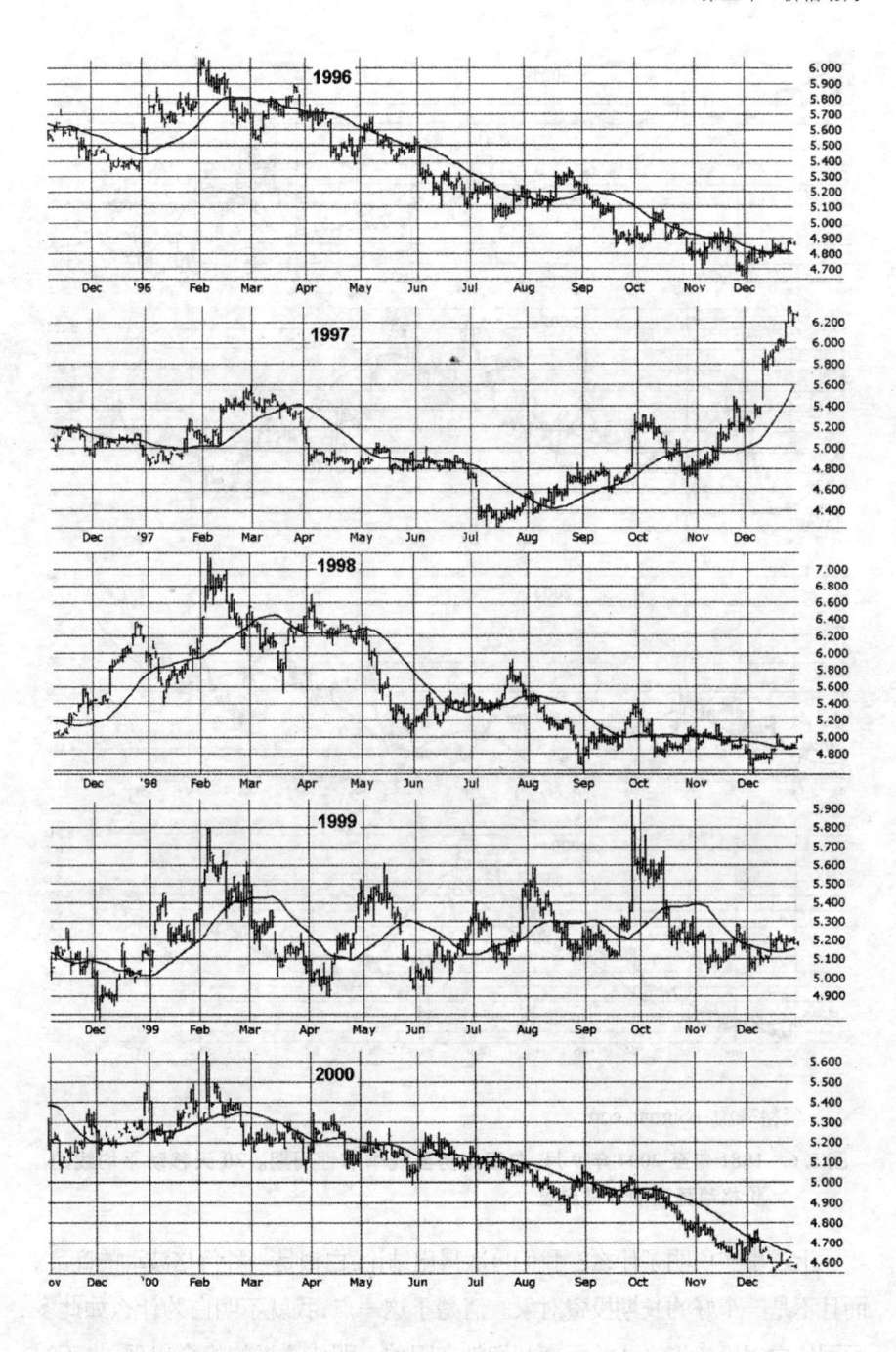

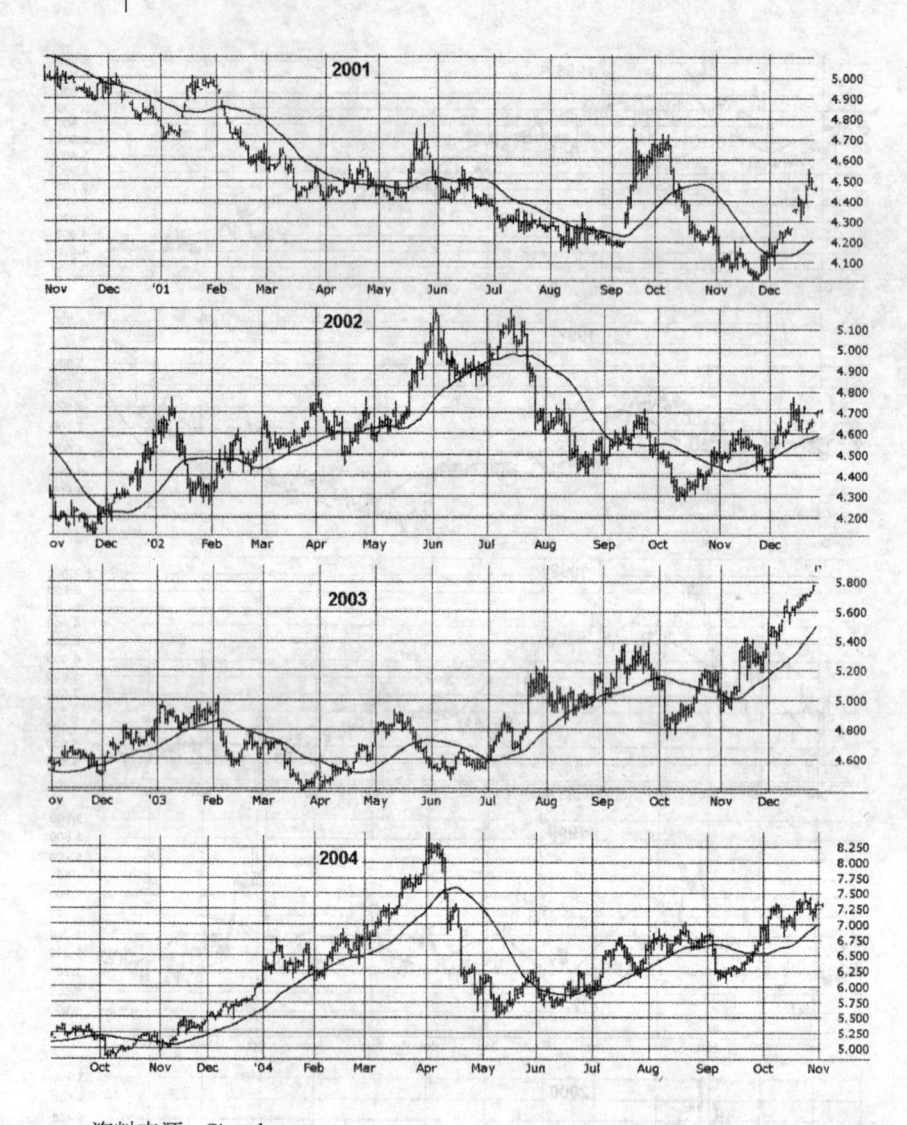

资料来源：eSignal. com

图5.6　1981年至2004年9月，白银走势呈现季节性周期。30天移动平均线的价格趋势变动非常显著

上述事实说明了什么？我们再次得出结论：白银是一种价格波动的商品，而且不是一个好的长期投资对象。清楚了这一点，我就不明白为什么如此多顽固的白银投资策略认为巨额利润就在眼前。即使这样的机会出现，也不过是一个涨上去还要跌回来的历史重演而已。对任何愿意置身于期货或者期权投资的人来讲，充分利用涨跌才是获取最多潜在利润的关键。

从策略上讲,我们的目标是形成一个利用每年的波动创造盈利机会的交易程序。有趣的是,我们可以用30日均线来调整季节性数据。而对于相对长的短期价格趋势来讲,你可以通过季节因素过滤器来了解市场。从图5.6所示的24年的时间周期来看,通过这种简单的方法是可以实现可观的盈利的。

而对于白银的价格走势来讲,穿透因子或更长时间的移动均线的应用可以产生更好的效果,因为移动均线和价格的偶然穿叉的机会可以被消除或者降低。穿透因子就是通过调整移动均线以验证价格穿叉的有效性。在某些情形下,通过反复试验,我们可以得到统计意义上的穿透因子,进而确定其穿透程度,来判断价格趋势延续的可信度。经验告诉我们,穿透因子的应用可以更有效,因为在快速波动的市场中,较长时间的移动均线中隐含着更多的盈利机会。同样非常重要的是,白银价格也常常在一个较大的区间内波动,上述方法也就值得一试。不过,坦白地说,白银终究不像一只好的公司的股票,你不需要买入持有。

仔细观察1981年、1983年、1984年、1985年、1986年、1987年、1989年、1990年、1991年、1992年、1995年与1998年的后两个季度,并考虑这些年份中的价格波动区间的交易机会。较长期间内的价格交易区间中体现的短期波动性的本质其实提供了交易的机会。必须承认,图5.6中所呈现的并不是发现过往交易策略的最好例证。但是,该图中所体现的交易机会是很明显的。

作为一种交易工具,白银价格经常性地向上波动提供了趋势交易的机会。如图5.7所示,2004年,当价格向上突破了延长的交易区间后,机会就来了。2003年7月至8月,银价处于4.82~5.8美元之间。11月初,银价向上突破30日移动均线,并且挑战5万美元轨道线。一旦突破,在遭遇到6.1美元的阻力位前,银价将逐步上扬。直到向下突破移动均线,在2004年1月至2月的第一周价格都在6.1美元处徘徊。图中箭头1表示向上突破至1月的盘整阶段,从5.1美元涨到6.2美元。每1美分波动价值为50美元,那么该涨幅对应的价值为5 500美元。

如箭头2所示,价格又在该阶段呈现短暂的向上波动特征,从6.2美元涨到6.45美元,相当于仓位价值增加了1 250美元。箭头3显示从6.5美元涨到7.55美元,代表着白银合约价值又增加了5 250美元。实际上,最高点最终涨到8.5美元。然而很快,凶猛到来的萧条使价格跌去了近50美分,触及30

资料来源：eSignal.com

图 5.7 2003 年 12 月白银期货合约从交易区间到上行突破的表现区间较宽，随后跌破下行线

日移动均线。

假设你在箭头 4 中价格下跌时做空，那么从 7.5 美元跌至 6.1 美元将给你带来 7 000 美元的利润。我们可以从图中看到下降与上升的情形同样令人印象深刻。这里我们所运用的分析工具就是简单的 30 日移动均线与广为人知的形态规则。

无疑，价格触及移动均线的短暂持续时间不能给你充足的时间建立卖出仓位，事实上这个时间同样很短。然而，相对于居于 30 日移动均线之上或之下的快速回调中的交易机会来讲，价格的向上突破与向下突破对交易来说更有价值。这就是部分交易员使用先前提到的穿透因子的原因。如图 5.7 所示，即使是微小的调节对投资决策来讲也大为不同。

其他可选择的技术

不确定的经济与政治因素很可能使白银价格呈现周期形态，增加投资白银的盈利机会。然而，除非出现新的应用领域填补胶卷留下的需求缺口，不断减少白银需求量的摄影将使银价的低点更低,高点也要下降。而且,不论任何情形,投资像硬币或银块的实物白银都需要充分的理由,因为这种投资远不单单是针对暂时的通胀或者货币调整的行为。

对白银的基本面与前景的分析能提供许多关于其生产与消费的潜在趋势的详细资料。任何一种综合分析都必须包括对新的与白银开采和使用技术的评估。我曾就可作为碘化银胶卷替代选择的数码技术做过简单的介绍。这种技术的前景有多大的现实性呢?如果将来确实变成了现实,白银的消费量受到的冲击又会如何?如果摄影需求不复存在,其他技术能填补其对白银的需求空白吗?银质电池、白银水净化系统、银质内存设备和银质光伏电池又会如何?现在的一些技术在未来几年有望增加白银的使用量。以下章节将探讨它们的可能性。

黄金

如果到现在你还没有做任何猜想,那么我来告诉你。我确实很喜爱黄金。在本书的最初我就已经指明了这一点。当我必须客观地评价黄金时,对它的个人倾向给我带来了麻烦。与白银一样,自从在1975年美国私人仓储黄金合法化后,它就不再是好的投资对象。

保留硬币和金块的行为使我很难提供更好的判断。同时我也承认在我个人对其有所储藏时,我却建议他人出售或者不要投资黄金。

图5.8显示的是:以1987年美元价格换算和1971年后浮动的黄金价格。从1900年到第一次世界大战后经济开始恢复,以1987年美元价格换算后比较来看,黄金体现的实际购买力是下降的。1929年,股票市场崩盘后的大萧条经济进入极度通缩,黄金的购买力达到顶峰。不过事实上,这只是黄金最好的时机之一而已。它的实际价值,也是关于购买力的函数,在20世纪达到第二最高点。当然,我们必须清楚,在20世纪的前3/4时间里,黄金的价格都是固定的。

黄金在大萧条时期的价值令许多投资者吃惊。固定的黄金价格意味着其与美元仍有一定的关联。这里就有个黄金曾经被视为货币的例子。由于受合理价格的约束,经济的严重通缩使黄金回到1900年前的价值上。其购买力的增加与罗斯福总统确定的官方价格——35美元同比例变大。我想你应该明白

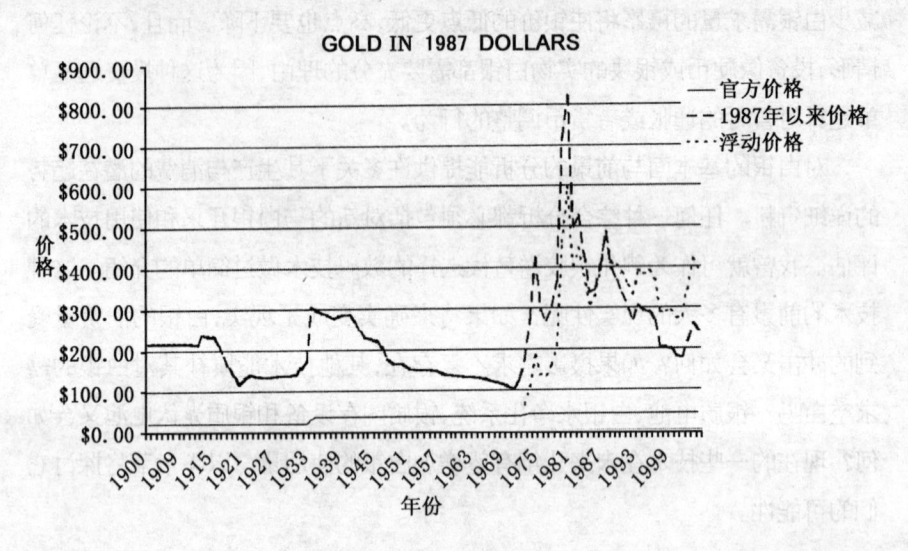

GOLD IN 1987 DOLLARS

— 官方价格
- - 1987年以来价格
⋯ 浮动价格

资料来源:U. S. Treasury; World Gold Council

图 5.8 1900~2004 年同时期的黄金价格曲线和 1987 年美元指数表现出非常微小的净升值,因为 1971 年美元价值固定。1975 年美元价格允许波动

自己应该储备些黄金了。虽然黄金是公认的对冲通胀的良好手段,但也是应对通缩的可选资产。请看图 5.9 中黄金在 1975 年合法化后至 2004 年的平均价格。

我们知道通货膨胀从 1972 年就已开始。如果黄金真的是一种应对通胀的手段,那为什么 30 年的均线仍然处于 1980 高点约 55% 的位置呢? 调整通胀因素后的黄金购买力实际是下降的。事实上,1980 年的价格高点其实是对 1975 年到 1979 年通胀的过激反应。即使这样,黄金仍然在 20 世纪表现出它的最高购买力价值。许多分析师将此归因于那段时期它与石油价格相关性较高。因此,在对通胀因素调整的基础上,黄金价格将寻求更现实的水平。如图 5.8 所示,交叉点大约在 1983 年,在此之后,黄金价格仍然是下降的。

现在我们来看以 1987 年为基准的指数化黄金价格相对第一次世界大战后的经济繁荣是如何的走势? 甚至在官方黄金价格提高之后,其购买力趋势是降低的。这就是许多保守的经济学家谴责罗斯福总统新政的原因。当政府开始施以货币调节政策时,购买力评价的所谓自然调整就受到破坏。

1990 年,我为一家贵金属公司在持有黄金的问题上写过一篇文章。客观地看,我认为黄金价格表现欠佳,而且投资回报不足。这篇文章的读者是一批

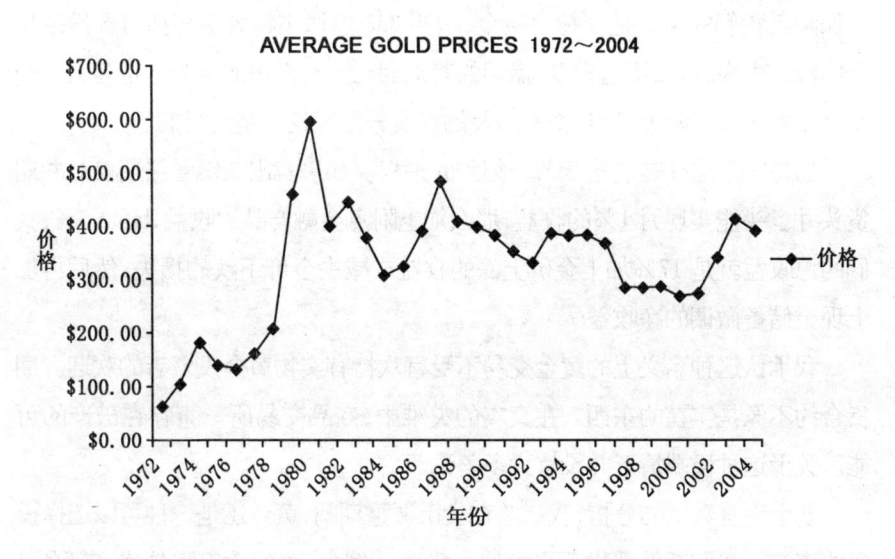

AVERAGE GOLD PRICES 1972~2004

资料来源：Gold Institute and COMEX division of New York Mercantile Exchange

图5.9 从1972年世界黄金价格开始波动时直到2004年每年平均黄金价格的波动，尽管从1972年之后，持续的通货膨胀，它还是可以反映相对稳定的每盎司300~400美元的价格区间

硬资产的买家，他们相信黄金是投资的安全金融港湾。我提到的两点让他们不悦。如果某投资者在1990年买入黄金期货，而且没有使用杠杆，必要的保证金和未使用的现金之间的差额可以用来购买美国国债或高等级的公司债。这样，如果这部分投资上涨的话，那么就会增加金价上涨带来的总收益。如果金价徘徊不前，那么收益不会差于普通利息水平的债券。

若黄金价格为300美元/盎司，那么10万美元可以购买大约333盎司。由于期货合约都是100盎司的标准合约，我们将可以买到3份期货合约——相当于300盎司，于是还差33盎司。假设初始每份保证金为2 000美元，我们的期货合约头寸将为6 000美元，也就是说，还有9.4万美元可以用于投资附息类金融产品。我们知道，黄金价格在适当时期的波幅也能轻易达到5%~10%，所以保留一部分资金以防止保证金不足也是明智的做法。300美元10%的波动就是30美元，相当于合约价值变动3 000美元，3份合约就是9 000美元，超过了期货投资的6 000美元保证金。

上述交易其实是通过长中短期债券和商业票据的收益为黄金投资提供安

全保障。我们的目的是要持有黄金，购买333盎司实物黄金与持有3份期货合约没有太大区别，不过是33盎司的差别而已。有人可能认为这是名义上的黄金投资。而实际上，这种交易涉及的现金分配理论上是可行的。

另外一个选择是前些章节介绍到的期权。如果卖出3份看涨期权对冲期货头寸多头能实现月1%的收益，那么加上附息金融产品的收益，比如5%，我们的总收益就是17%加上金价上涨的收益或减去金价下跌的损失，然后再加上现金储备微调的净收益。

我承认这种名义上的黄金交易不受喜欢持有实物黄金投资者的欢迎。期货合约不像是实在的东西。在真实的灾难中，商品交易所一直存在破产的可能。关于这种极端情形并没有太多争论。

基于现有数据的分析，我认为在货币调整期间，黄金还是一种可以选择投资的资产。我们都熟悉货币更换这一概念。例如，美国政府可能发布新的1美元来兑换旧的5美元。这里的更换比例是5∶1。这与市场力量引致的通货紧缩不一样，新旧货币的更换是对货币本身调整而已。由于不可能所有的商品价格进行同比例的调整，在价格体系寻求到新的均衡水平前，黄金价格就可以作为标准来参考。

1990年，货币更换还停留在理论上。当欧盟推出欧元时，理论变成了现实。为确保顺利通过过渡期，1999年欧元先在账面上记载使用，然后在2000年正式将其推向市场。从罗斯福固定黄金价格到尼克松关闭黄金兑换窗口，这称得上是又一件极为冒险的政府行为。我真的怀疑是否有人会认为欧元的诞生是非常冒险之举。

我们知道，欧元可以换取其成员国大量的本国货币。价格差异自然是存在的。然而，统一的欧洲货币体系实际上进展得很顺利，几乎没有遇到任何障碍。一些交易员很快就指出：欧元兑美元在刚推出时高于1.23，而在2000年11月和2001年6月两次跌到0.83。对图5.10中的32%的波幅其实无须多加计较。一旦升值压力得到缓和，欧元必将在强度和信心的推动下对美元重获涨势。

价格和窖藏

前期已经提到，黄金与其他贵金属不同，它几乎全部被用来窖藏而不是消

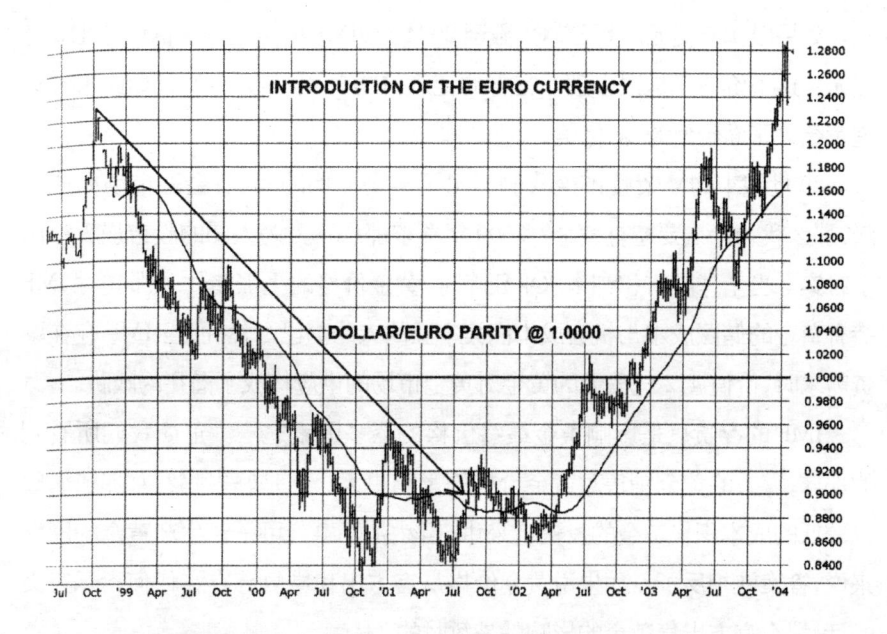

资料来源：eSignal.com

图5.10 自从1999年欧元货币正式建立账面记录和实体账，以及2000年开始铸币。最初因为投资者紧张的情绪，使得欧元/美元中间价下跌32%，这种下跌趋势持续了一年多

费。可能有些人认为这样分析要简单些。对此我不认同。对于白银、铂金和钯金，投资者可以对供需进行分析。而对于黄金，投资者在对供需上分析时存有二元问题。金价受到新出产黄金和黄金出让的影响。如果排除出让的可能性，金价的分析策略可以与小麦和铜一样。简单的价格预测就可以识别每期的开采量和出让量，进而和消费量（使用量）进行对比。

然而，动态性可没有这么简单。在任一时刻，黄金的即时供应量可以增加2倍、3倍或者10倍，因为央行可以出让黄金。私人窖藏也会发生清算。如果发生极端危机，那么黄金有可能被推进市场或挤出市场。同样，极其平静的环境也可能对黄金产生同样的影响。因此，黄金称得上极端的金融游戏工具。作为环境、政治和经济工具的载体，黄金不可能从各类投资论坛中消失。

自写作本书起，IMF成员国一直在讨论大约1.03亿盎司黄金的处置问题，这部分黄金是布雷顿森林固定汇率体制前积累下来的，与20世纪70年代黄金不再作为储备资产时大量清算后的最初窖藏量相比，大约占33%的份额。如果以 400 美元/盎司来算,截至 2004 年,IMF 的黄金账面价值为 412 亿美元。这个价值不是很合理。官方的记载价格为 48 美元/盎司,如此来看这笔黄金的账面价值为 45 亿美元。

20 世纪末的繁荣股市给我们提出了一个迫切的问题:金融市场如此活跃,那么我为什么要持有黄金?2000 年春季那场不太为人知的股市崩塌给出了答案。当全球股市和利率水平狂降时,黄金价格的上涨堵住了那些对 IMF 持有黄金的储藏成本与机会成本满腹牢骚的人的嘴巴。然而,当 IMF 存在融资需求时,价值 412 亿美元的黄金对黄金市场的供应构成了潜在的威胁。

IMF 的存货只是影响黄金最终价格的众多因素之一。正如我们所看到的那样,官方的黄金销售对黄金价格的影响更大。这是好事吗?对那些渴望以较低的成本积累黄金的投资者来讲,当然是好事。可是对生产黄金的国家来说,答案就相反了。如果说黄金价格从官方出售中复苏存在任何指示意义的话,那么官方出售黄金的影响就是暂时的。

图 5.11 为 1933 年 10 月 31 日至 1981 年底的道—琼斯商品指数走势图,呈现原材料商品价格从大萧条至大通胀的变动情形。该指数取自 1924～

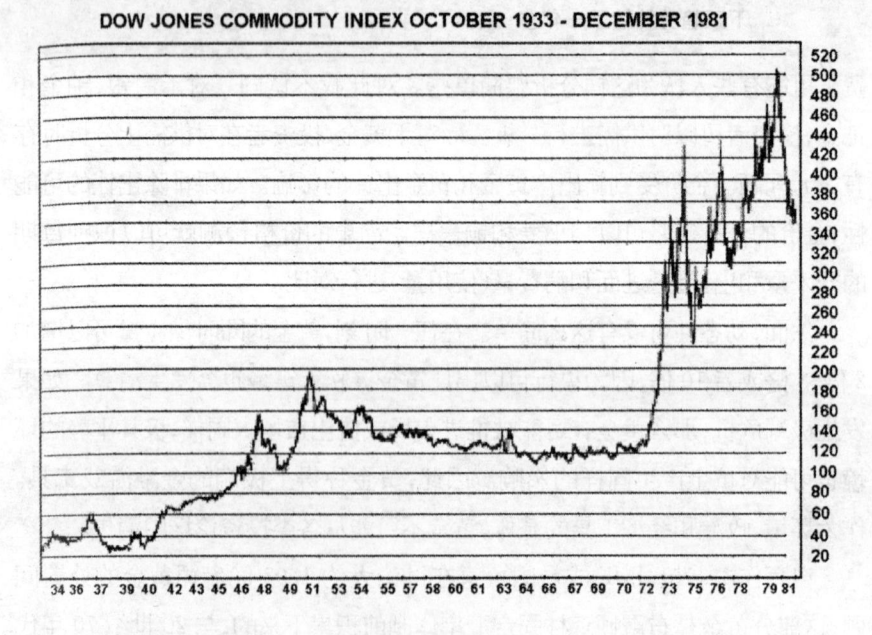

DOW JONES COMMODITY INDEX OCTOBER 1933 - DECEMBER 1981

资料来源:Commodity Research Bureau

图 5.11   黄金标准后和期间的道—琼斯大宗商品指数显示原材料商品价格波动

1926年的均值,并令其为100。虽然分析期货价格指数变动时,通常不直接受通货膨胀影响的有劳动力价格、资本成本以及其他的重要变量,但在价格通胀、紧缩和稳定时期,商品价格通常不会静止不变。衰退后开始的复苏通常伴随商品短缺,导致价格水平上涨。第二次世界大战中的定量配给措施意在控制超常的价格上涨,而事实上恰恰加剧了价格水平的上涨。经济稳定下来后,商品价格在1955年至1970年实际上处于平稳状态。当然,那些主张金本位的人会认为,价格稳定源自布雷顿森林体系的形成。但是在金本位完全被抛弃之前,他们又如何解释1971年的商品价格的快速攀升呢?

商品价格的动向与一系列的自然、政治和经济事件有关。的确,1971年至1973年发生了食品危机,例如,1971年美国出现玉米叶病,之后俄罗斯农作物种植失败。支撑这种自然价格活动的,是第二次世界大战后欧洲的快速重建与日本的工业化。20世纪60年代末至70年代初的一段时间中,"日本制造"就是质次价廉的代名词。当美国人无力负担其他消费时,只好购买日本人制造的汽车。战后的日本与其他工业国家根本不处于同一起跑线上,但是没过过久,日本就改变了这一状态。

在推进发展工业生产能力与建立加工推动型的经济的过程中,日本就面临过原材料价格、能源价格和劳动力成本的结构性压力。日本在将原材料转化为成品方面的能力越来越强,其他国家不得不紧紧追赶以至于不落后于日本。在美国将注意力从甲壳虫汽车投向奔驰时,日本也在发展自身的生产力。总而言之,世界上一半国家的财富都在快速增长。

自尼克松总统起,在竞逐总统宝座时作为常用的竞选口号之一是:"你比四年前富裕吗?"基本上所有的工业化国家都遇到这种问题。从1933年到现在,财富的增加带来生活水准的同步提高了吗?最近的人口普查显示二者为正向关系。不可否认,全球财富在不断增加。任何从世界上穷困人口的规模上得出全球财富负增长的结论是经不起验证的。尽管不断增加的人口与不均匀的财富分布意味美国、加拿大、墨西哥、西欧或其他地区会有更多的穷人,但是由于全球财富的增加,全球的综合生活水平的增长速度也是递增的。

增加的财富带来经济与金钱的结构变化。财富创造需求,需求引致产出。需求与产出的非一致性造就经济的通胀或者通缩。在20世纪的后20年里,技术与生产能力随财富的增加而进步和扩张。随着时间的流逝,当第三世界的国家逐渐进入一流国家行列时，20世纪70年代引发通胀压力的结构性变化必将重现。

即使不存在完全相关的关系，黄金价格的大突破与商品价格的平稳上扬也有一定的联系。有趣的是，1975年至1976年，商品价格明显上涨，而黄金价格几无变动。自1974年12月31日被允许交易起，黄金从官方的42.22美元/盎司涨到200美元/盎司之上。你可以认为黄金473%的涨幅是对俄罗斯小麦事件和阿拉伯石油禁运的反应。但是，这种趋势对之后两年的价格低迷如何解释？事实是，单单通货膨胀还不足以刺激贵金属价格，货币信心危机是其根源。

价格形态

如果不考虑特殊的干扰，黄金价格与白银价格的动向基本上是一致的，只有少许不同。黄金作为储备资产的非官方角色，对不断变化的供需基本因素有一定的缓冲作用。忽略这点，黄金作为商品，其所表现的不同价格形态中是存在投机的机会的。图5.12为黄金在1975年至2004年的逐年价格走势。月移动均线可以应用到季节性的价格平滑。1976年至1978年、1982年、1987年至1990年、1993年，以及2002年至2004年，黄金价格在最后一个季度都是上涨的。在30年的18个年份中，黄金在第一个季度都是空头占优，这种季节形态与第四季度的假期因素有关。调查表明，首饰铸造业在8月末开始增加黄金存货，10月的需求开始增加。到11月，各类商品已经生产出来且开始装运。在下一年的第一个季度，开始清算多余的存货。

位于俄勒冈州尤金的摩尔研究中心公司不对基本面因素进行解读，而是进行技术研究，确定卖出黄金期货的最佳时机是1月末。这与清算存货高峰的时间相吻合，随后的购买活动也开始减少。短期出售获取最大利润的时间段在2月中旬和3月中旬之间。引人注目的是，当央行出售黄金储备时，黄金价格的季节走势就出现最为明显的波动。投资者要形成自己的投资策略，牢记这点极其重要。投资黄金的真正风险源自政治的不确定性或者干涉。

长期来看，交易员对黄金呈现的周期性记忆犹深，图5.13便是例证。当时，"克林顿繁荣"与全球经济正处于加速改善的阶段中。股票、债券和房地产远比黄金更具吸引力。克林顿正逢新世纪之交的首次和平，这种极端情形可能造就了1996~2004年较长的黄金价格周期。

第五章 价格动向

GCZ80 MovS=606.6
1980
950.0
925.0
900.0
875.0
850.0
825.0
800.0
775.0
750.0
725.0
700.0
675.0
650.0
625.0
600.0
575.0
550.0
525.0
500.0
475.0
450.0
Dec '80 Feb Mar Apr May Jun Jul Aug Sep Oct Nov Dec

GCZ81 MovS=408.8
1981
740.0
720.0
700.0
680.0
660.0
640.0
620.0
600.0
580.0
560.0
540.0
520.0
500.0
480.0
460.0
440.0
420.0
400.0
Dec '81 Feb Mar Apr May Jun Jul Aug Sep Oct Nov Dec

GCZ82 MovS=431.4
1982
500.0
490.0
480.0
470.0
460.0
450.0
440.0
430.0
420.0
410.0
400.0
390.0
380.0
370.0
360.0
350.0
340.0
330.0
320.0
Dec '82 Feb Mar Apr May Jun Jul Aug Sep Oct Nov Dec

GCZ83 MovS=385.8
1983
550.0
540.0
530.0
520.0
510.0
500.0
490.0
480.0
470.0
460.0
450.0
440.0
430.0
420.0
410.0
400.0
390.0
380.0
Dec '83 Feb Mar Apr May Jun Jul Aug Sep Oct Nov Dec

GCZ84 MovS=330.2
1984
440.0
430.0
420.0
410.0
400.0
390.0
380.0
370.0
360.0
350.0
340.0
330.0
320.0
310.0
Dec '84 Feb Mar Apr May Jun Jul Aug Sep Oct Nov Dec

第五章 价格动向

至臻掘金 | 金银铂钯趋势交易指南

第五章 价格动向

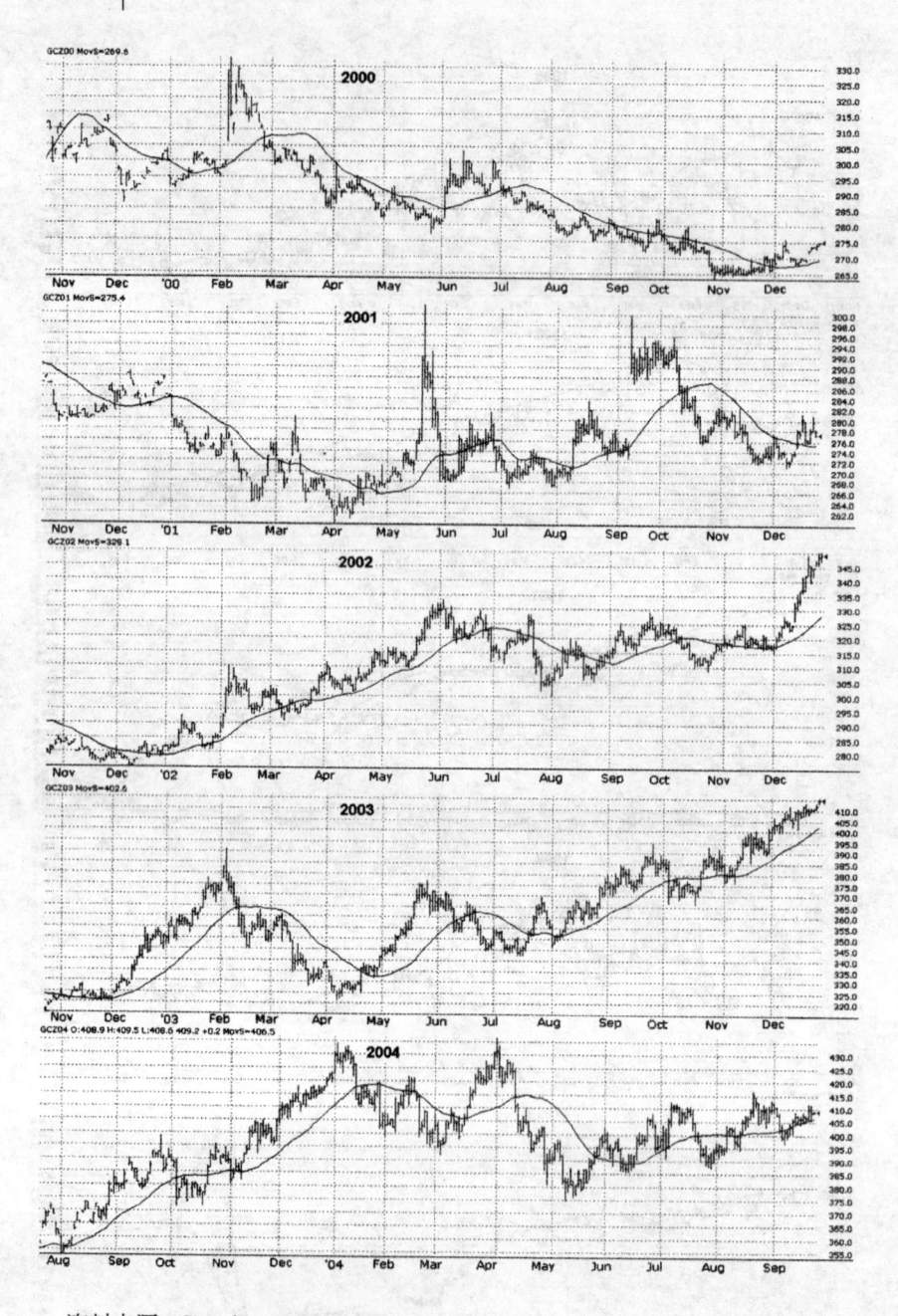

资料来源：eSignal.com

图5.12　12月黄金期货合约从1975年到2004年前三个季度的长期表现超过过去30年。就如同黄金的交易区间，黄金有有力的季节性趋势导向性

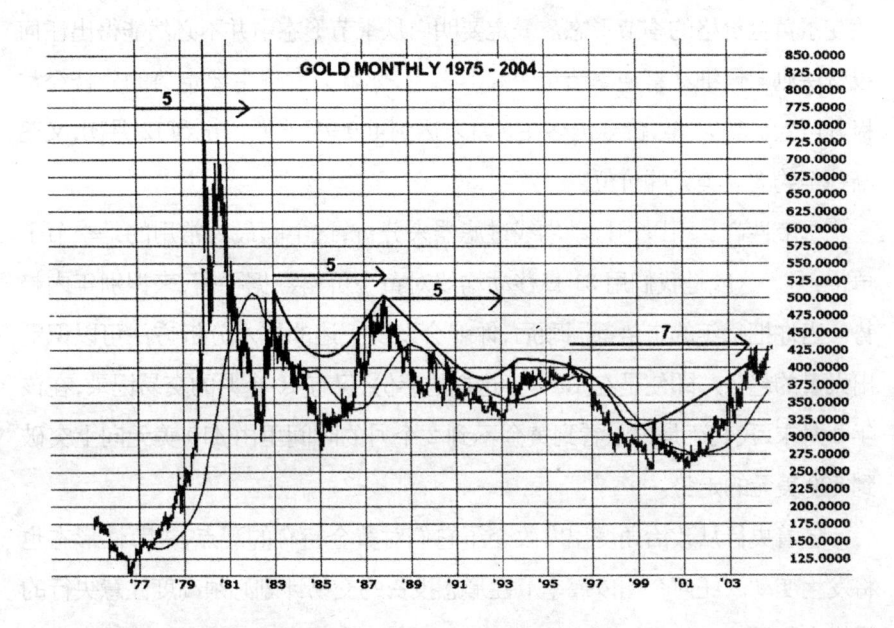

图 5.13 每月黄金走势图显示出一条平滑的移动平均线和伴随着横向箭头趋势周期性波动的曲线，每段周期的箭头表示时长一年。最后一段一直延伸到 7~8 年直至 2004 年以后

正如本书最初强调的，我们对于贵金属的价格的历史资料很不充分，因为铂金和钯金是相对新的品种，而黄金和白银直到 20 世纪后半段价格才不再固定。通过事后验证，自从 1975 年黄金在美国合法化以来，我们只能识别出三个 5 年期的趋势。如果我们要根据上述观察来决定 1996 年至 2001 年的投资策略，我们将在 1999 年的低点买入，相对于在 5 年周期的一半即两年半时进入的。我们大约在 2002 年的 300 美元的价位卖出黄金，在黄金价格持续上涨到 2004 年，要一直承受亏损。

从图 5.13 中可以看到，使用移动均线有助于提高技术分析的精确度。由于均值仍然位于 2003 年至 2004 年的月价格线之下，我们可能不会在 1999 年做出卖出决策。当你读到这一章时，找些图表，画出黄金的月持续盘整形态，自己试验一下类似的分析。该图显示：2004 年后，价格处于下降趋势。你可以借助 50 日移动均线判断对均线的突破是否会紧跟价格的下跌。

英国和葡萄牙在每年的最后一个季度会宣告它们出售黄金的信息，从而改变了黄金价格的季节形态。一定要明白从季节形态中并不必然能得出任何投资法则。仔细观察逆季节年份的形态图，你就会发现主要走势的分歧经常极其巨大。1994 年，黄金价格在 9 月末达到 400 美元，而截止到 12 月初，又逐渐跌至约 375 美元的价位。

季节性商品可以用移动均线过滤器来分析，这中间最为常用的是季节子单位：月。这就是我们用 31 日移动均线对黄金价格数据平衡，来识别年内趋势。当你把每年的走势都回顾后，你就会发现上述的技术分析方法可以识别出大量的趋势。即使是在 1987 年这样的年份，仅有 10 个月的交易记录，在该年 2 月末，我们还是可以看到黄金不到 2 个月的时间里由 410 美元向上突破到 500 美元的走势。

随着央行从政治角度出发改变了它们对黄金持有的观点，季节性形态也将发生变动。任何企图依靠季节性形态投资的交易计划必须高度注意央行的最终出售量。

从统计来看，我们以不变的美元价格对在 1989 年至 2004 年的黄金价格进行标准化，我们将看到在 20 世纪 90 年代后半时期呈现的一个引人注目的形态，虽然以美元计价明显下跌，但黄金的购买价值实际是增加的。与此类似的是，大萧条时，黄金的购买力价值也是增加的。当时处于通货紧缩时期。如果技术指标的指示是正确的，那么自 1989 年开始稳定的黄金价值其实说明：经济增长是靠货币供给推动的。基于购买力平价，我们也认为 1995～1996 年间黄金价格下降的效果被持续演进的通货紧缩所抵消，因为黄金是用美元计价，由此我们认为黄金市场可以反映经济形势，准确地说，黄金价格的下跌是经济发生通货紧缩的反应。

我们放宽一些假设条件，就会得出经济转变的结论，这也为现在的经济环境确立了新的规则。假设政府继续对我们的观点施加控制性影响，技术进步可能弥补经济发展的不足。商品生产、提供服务、沟通、搜索、控制、管理甚至娱乐的成本都将变得低廉。这种经济环境与货币工具如黄金融合在一起。这是一个抗通胀的经济环境。如果我们最终改变了目前螺旋式上升的成本结构问题，黄金的价值能经受住任意调整。黄金的一致性就像直布罗陀的石头一样。就价值稳定性来讲，没有比黄金更合适的了。

铂金和钯金

根据前文描述，如果说白银较具投机性，黄金的价值一致性较强，那么铂金和钯金就是贵金属混合品的完美替代。无论是铂金还是钯金，都没有担当过货币的角色，因此对它们的价格进行分析，就无须考虑央行的干预或货币化的举动，分析工作自然就简单多了。尽管关于两者市场中也有一定的储备，但大部分还是用在工业上。这就使我们的分析集中到供需角度上。我们无须担忧其自由存量——类似于央行和货币机构持有的黄金和白银。在以下的几章中，铂金类金属的独特个性对特定行业来讲是必不可少的。除了广为人知的汽车催化剂转化设备，在化学处理和生产商极其重要的应用领域，目前还找不到它的替代品。

价格动向

由于对铂金类金属的工业需求和消费需求的存在，我们可以从图 5.14 中看到其清晰的长期价格走势。我绝对相信这种价格动向与抗污染设备在大部分发达国家的发展和广泛应用有密切关系。1975 年至 1978 年，其价格一直在 135~180 美元/盎司较小的区间内波动。由于价格顶峰与供需的基本面无关，1979 年至 1980 年通货膨胀驱动的价格涨势给其价格带来一定程度的错乱。欧洲直到 20 世纪 80 年代末才开始采用催化剂设备。

从 1977 年末到 1996 年，铂金价格从 135 美元涨到 400 美元。相当于 19 年内上涨了 196%，平均每年上涨 10.32%。不考虑通胀调整因素，需求面也在稳步推高铂金价格。尽管与道—琼斯工业指数、标普 500 指数以及其他指数在 20 世纪 80 年代末至 90 年代的表现相比，作为投资品，铂金的表现还是有些差的，20 世纪 70 年代到 80 年代的早期股票市场的年回报率也没有超过 15%。我们看到铂金并不具有黄金表现出来的一致性，也不像白银那样可以回到其均衡价格。

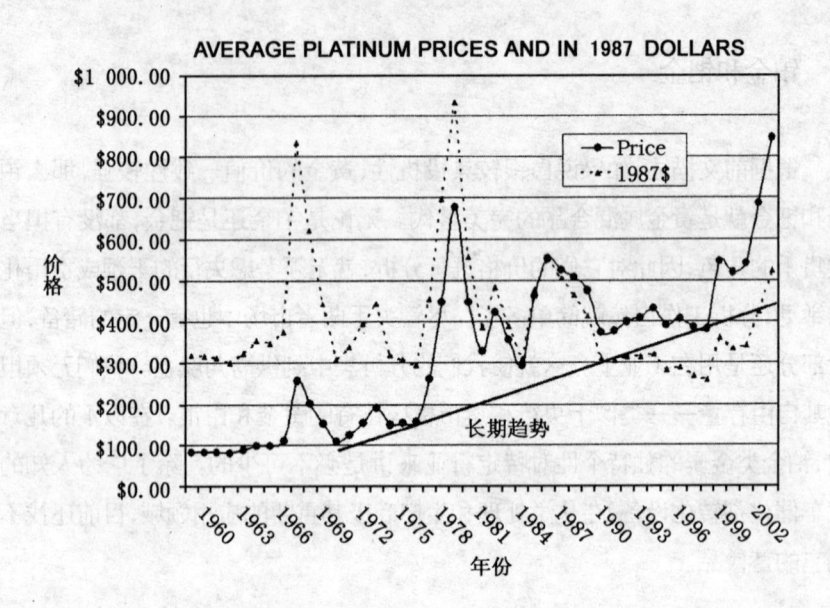

AVERAGE PLATINUM PRICES AND IN 1987 DOLLARS

资料来源：Johnson Matthey

图 5.14 图中所示 1960～2004 年铂金的每月均价反映一段长期上升的趋势。当指数在 1987 年与美元重合时，这种长期趋势被打破，随后的价格维持在 300 美元上下的位置

价格周期

假如没有出现对铂金消费负面影响的结构性变化，潜在的需求基本面将推高铂金价格的上涨。通过各个国家对污染问题的限制措施越来越严格，催化剂转化设备逐渐成为必需品，不断增长的全球财富将增大对铂金的需求。虽然面对快速上涨的汽油价格，美国仍然接受了更大的运动型多用途汽车（SUV）。它们比传统的载客汽车更需要安装催化剂转化设备。欧洲对高效率柴油交通工具的需求也增加了未来对铂金的需求。

当然，上述情形的变化基础存在两种可能：暂时性与结构性变化。严重的经济衰退可能影响汽车销售，也就影响铂金的需求，股票也将受到更大的负面影响。正如我们看到股权价值从衰退甚至萧条中恢复过来的情形一样，我们预期如图 5.14 中的长期趋势将开始形成。

习惯、时尚和人口变化也会影响铂金的需求。回想 20 世纪 50 年代到 70 年代早期大马力中型汽车的流行。在三年的时间里，随着更小、效率更高的汽车快速取代大马力油老虎,大马力中型汽车就已经是前发明了。能源危机迫使美国居民节俭起来。突然之间,K汽车走进人们视野而准半球形(semi-hemi)开始淡出市场。大众甲壳虫整整为一代的司机所喜爱。研究汽车业的历史学家指出SUV是新版的旅行车。越来越多的家庭开始适应它。这种现象值得深究。

1945~1955年的新生婴儿潮在20世纪60年代和70年代都到了20岁左右的年纪。他们是第二次世界大战后人口爆炸时期出现的大比例增加的人口。在他们这代人长大的家庭中,旅行车赢得了成功。当他们离开家门时,他们遇到了20世纪70年代能源危机后的经济滞胀。经济环境再也不适合豪华车的生存。由于他们还没有成家,他们对旅行车还没有需求(除非有家里留给他们)。人们开始转向经济型运输工具。当这代年轻人要赡养家庭时,就产生了对汽车的需求。因此,SUV受到欢迎。吉普车是第一款流行的多用途车辆。当大切诺基推出后,它立刻成为主流。

我提到这点,是因为大中型汽车的周期来自于人口的变化。年轻人进入城市寻找工作,但是离开城市寻找良好的家庭环境。从没有汽车,到拥有小型车,到拥有SUV,这似乎是一个很有逻辑性的过程。确实,汽车公司花费数百万进行研究,以证明这种趋势。事实上,丰田的Scion就是特别针对年轻人推出的。对铂金的需求随着添加的要求而周期性地上升或下降("添加"是一个工业词汇,是指要有效完成催化过程所需要的反应金属的量)。

克林顿总统被过分地渲染了。尽管人们相信20世纪80年代是放纵的年代,20世纪90年代更是如此,这已经被所有东西渲染变大证明了,从SUV到住宅到平板电视,都是如此。我还能回想起来新闻主持人报道说3/5的城市穷人拥有了个人电脑、高端的录像设备和电子游戏(例如任天堂和X-Box)。在20世纪90年代穷人的生活水平远高于50年代、60年代和70年代。经济的飞速发展导致了对于铂金和钯金的大量需求。从催化转化器到化工过程,都显示了我们对于通过铂金和钯金以达到自动化的高生活水平的渴望。

"9·11"事件以后,随着形势的不稳定,通货紧缩和高涨的油价,人们的态度开始发生了变化。为了应对全球变暖,汽车公司开始研发超低碳排放汽车。同时,这些汽车与高碳经济并存。2000年丰田汽车推出了普锐斯混合动力汽车,到了2004年,它成了热销车,连续12个月销量排首位。雷克萨斯混合动力多用途跑车、汉兰达混合动力多用途跑车、福特混合动力翼虎车和本田的一些混合动力车型是高效率车型的典范。混合动力采用铂金和钯金,所以其对于这类金属的需求会增加。

这种趋势的开始,使得铂金的供需平衡发生了变化,其价格回到了新的平衡。高效率车型的出现对其价格产生了影响。正如本书的第一版所述,钯金和铂金在供求方面有很强的相关性。供给或者需求的小幅波动就会产生巨大的影响。的确,在 1998 年书出版之后,铂金和钯金的价格达到了四位数。

图 5.15 表明了铂金很容易受多年周期的影响。虽然数据没有在图上表明,20 世纪 80 年代的第一个价格周期出现在 1978 年,终于 1982 年,持续了 4 年。下一轮的价格周期从 1982 年到 1985 年,持续了 3 年。从 1985 年到 1991 年达到了新一轮的价格循环,从 1991 年到 1995 年,其波动比较小。1998 年是铂金供给的一个高峰,其将近达到了 540 万盎司,1999 年其供给降到了 487 万盎司。同时,1998 年的需求也达到了 537 万盎司的新高,使得其有 3 万盎司的供给剩余。到了 1999 年,可以理解,铂金的价格就被压抑了。从最低的每盎司 340 美元,到 2000 年 4 月 1 日,其价格飙升到了 800 美元。1999 年 72 万盎司铂金的不足,使得其价格大增。有少量存储的公司获得了大量的财富。

资料来源:eSignal.com

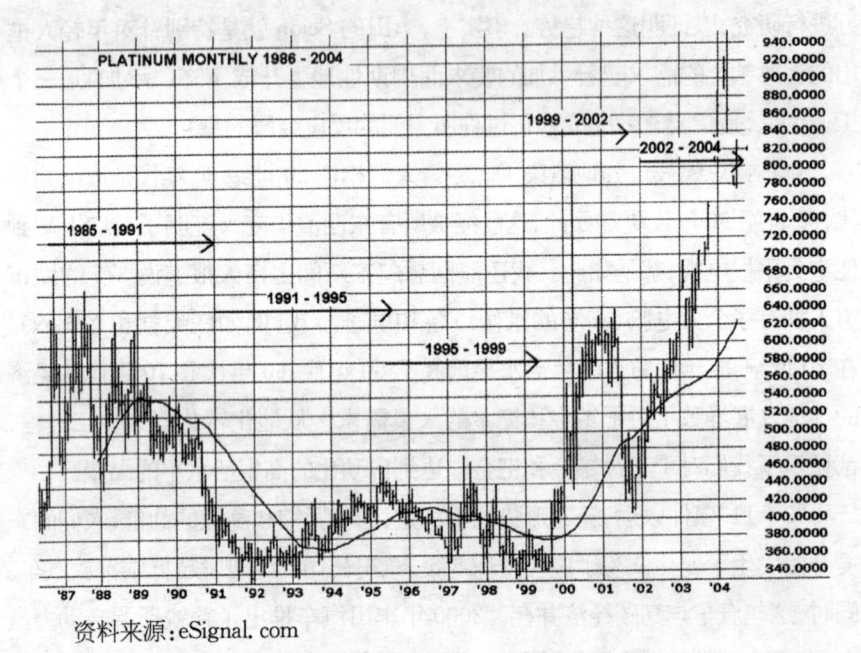

图 5.15 从 1986 年到 2004 年前三个季度基于铂金期货的每月价格,表现出多年潜在的周期性走势

2004年铂金产量的不足,使得其价格持续受到压力。到2004年4月1日,其价格达到了954美元的高点,到了6月其价格回调了超过160美元。2001年的大幅调整时间过短而不能被当作周期考虑。1999年短缺从事实上定义了一个持续的上升趋势,并一直持续到了2004年。

从1980年到1995年的历史数据来看,铂金的价格变化更易受供给的影响。这是由铂金的消费模式决定的,其消费相对来说比较稳定,而且其与汽车制造、化学和能源产业有关。简单地说,铂金需求的增加不像供给那样多变。这没有降低投机的热情。当交易商看到了生产的不足,他们就会利用图5.15那样的机会进行投机。几大原因造成了投机的不稳定。

铂金的流动性远小于黄金和白银。参与者缺乏多样性,生产者相对来说也比较少,2000年之后的情况说明,其有能力影响价格。

几个行业分析师提醒我们注意,从2002年到2003年,铂金的开采数量将近1 208万盎司。即使价格在每盎司800美元的高价,全年的铂金产量价值也不足96.64亿美元。实际上,投机者有能力用很少的资金来积累存储大量的这样的战略金属。假设运用期权或者期货,借助杠杆交易,1 000万美元就可以带动20%的铂金供给量。

这样看来,铂金对于真实和谣言造成的破坏很是敏感。由于铂金的储藏没有动力,所以铂金的生产一定要紧随其消费。作为一种催化剂,铂金使得化学反应更有效率。虽然作为催化器,其效率可能会降低,但是总的来说,大多数是可以回收的。假设美国国内的汽车平均年限为7年,回收的铂金可以使用7年和3.5年。除了汽车催化剂,铂金的回收也可以从化学工厂和石油提炼中得以实现。随着铂金再加工的进行,工厂开始倾向储藏铂金。随着回收技术的提高,铂金新增加的供给将会减少。

假设随着混合动力车的流行,汽车催化对于铂金的需求就会下降,回收的铂金增加了铂金的供给。即使这是潜在的,我们也可以知道铂金的技术是动态的。催化剂领域应用的下降,很容易被燃料、电力储藏设备和化工过程的需求抵消。

季节性的结果显示,18年中有7年存在明显的7月至8月大涨,其后是一个回调。在1986年、1987年、1989年、1992年、1994年、1997年和2000年,第一季度都有回升的趋势。1981年、1982年、1984年、1989年、1990年、1991年、

1996年、1998年和2001年,如图5.16所示,其价格有下降的趋势,说明铂金没有很强的季节消费模式。的确,铂金的价格看上去受汽车和轻卡销量的影响。

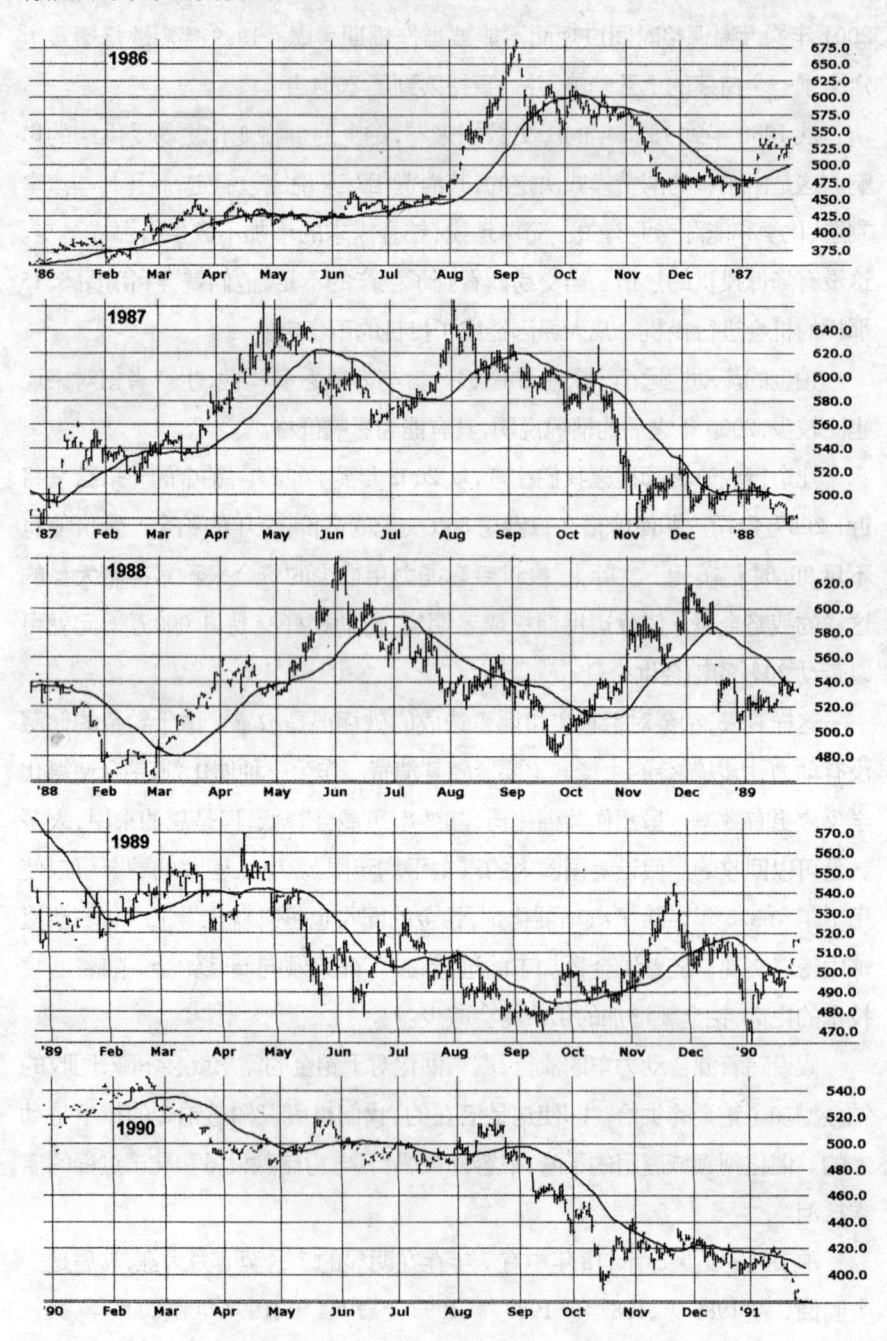

第五章 价格动向

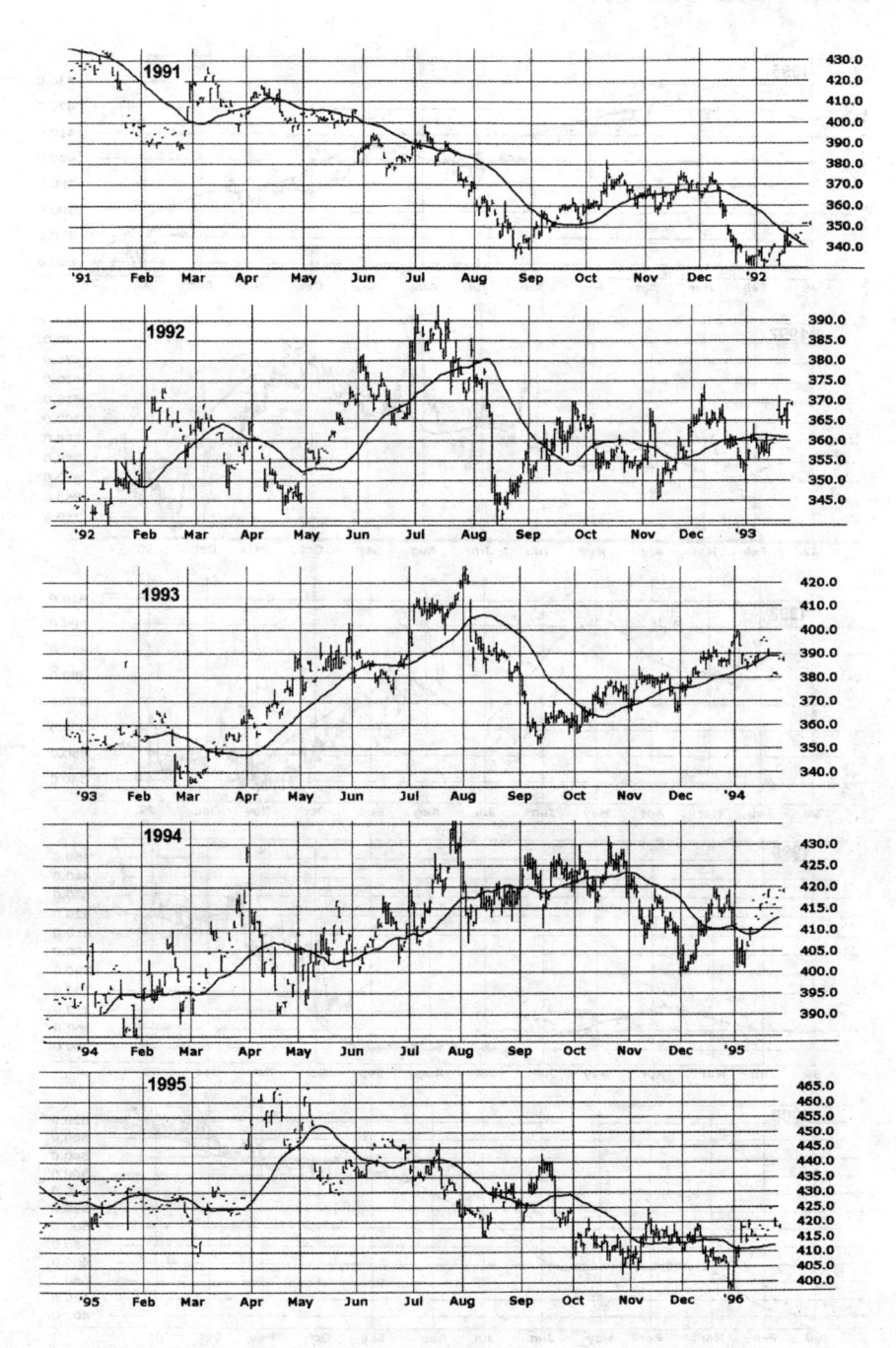

至臻掘金 | 金银铂钯趋势交易指南

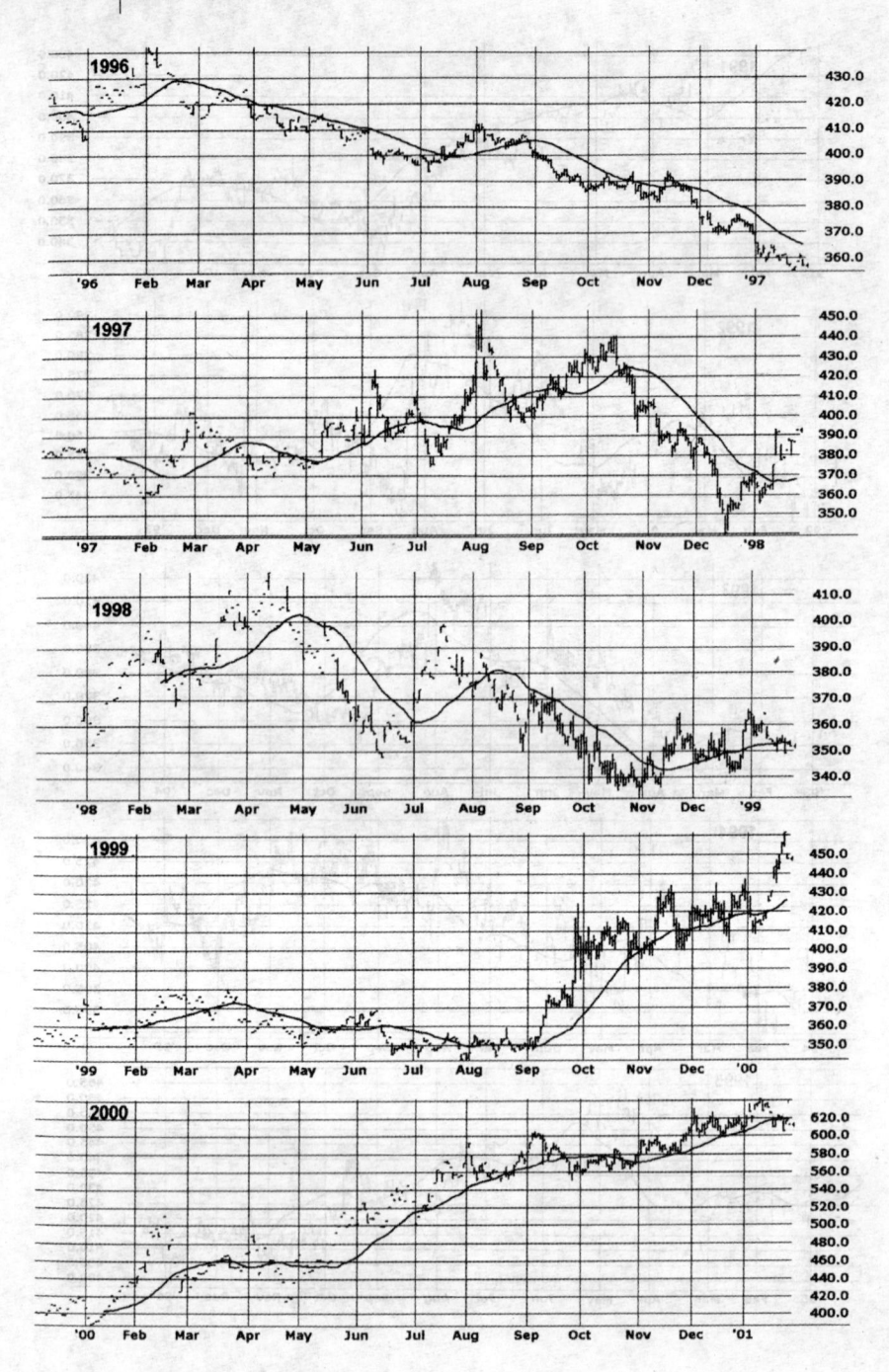

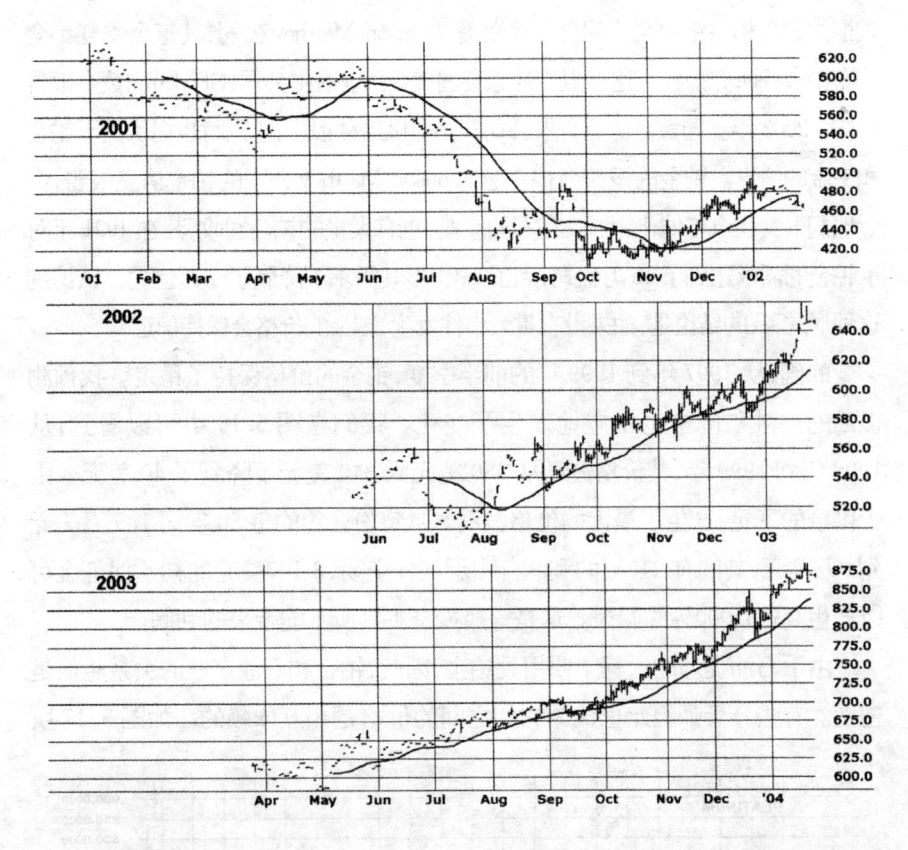

资料来源：eSignal.com

图 5.16　从 1986 年到 2003 年全年铂金期货合约的趋势都反映出每年铂金走势

在 1987 年，我领导研究了一个项目，关于在未来的 10 年中，铂金的价格将会向何方变化。基于汽车行业的循环指标和模式，我预测的两件事情很是正确。第一个，我预计铂金的价格会追随 1985 年到 1987 年之间的价格变动趋势，其从 240 美元到 660 美元。随后其价格会回到大约 450 美元。的确，价格降到了 450 美元，在 1991 年和 1993 年之间，其价格稳定在了 360 美元。我的第二个结论就是，随着汽车和卡车的退休，铂金价格的波动率会变得很小。我这是基于在 20 世纪 70 年代中期汽车催化器的引进事实。基于这个估计，1985 年会出现第一个铂金的回收高峰。铂金的回收会增加市场的供给。到了 1988 年，回收的铂金占了汽车催化应用领域的 12%。在 5 年的时间里，它上涨到了 16.4%，1994 年和 1995 年速度更是明显加快了。在接下来的几年里，达到了 17%。

产业信息基本有两个来源。国际铂金协会是主要的产业机构组织，其运作方式很像黄金和白银协会。另外一个就是 Johnson Matthey 公司,其每个季度都会公布铂金的研究报告。这种报告就像英国黄金矿业有限公司(GFMS)的黄金报告一样。2003年英国黄金矿业有限公司开始提供这种报告,它同时也提供关于铂金和钯金的信息。铂金的多头会很在意 Johnson Matthey 公司的铂金信息报告,由于他们很关注汽车催化领域。在石油产业,也有大量的铂金回收,其在1991年对于铂金的需求达到了15万盎司,到了1994年其需求下降到了9万盎司。认识到这种形式,我的结论是,如果没有重大事件发生,铂金的价格会保持稳定。

的确,从1997年到1999年的前半季度,铂金的价格保持了稳定。我预测以后的材料和价格也相应地发生了变化。我们在图5.16中可以看到,从1998年到1999年,其价格波动从380美元到340美元下降到了40美元。由于供给的不足,产生了最大的价格波动。从每份合约的每50盎司1.9万美元到4万美元,其间有210%的利润。由于杠杆交易,2 100美元的初始保证金可以产生高达1 000%的回报。这是一般投资工具所不能带来的利润。

由于石油提炼的过程中要用到铂金,因此,铂金和石油产业的关系也很是密切。有些分析师因此也认为它们之间的价格是相互依赖的。如图5.17所

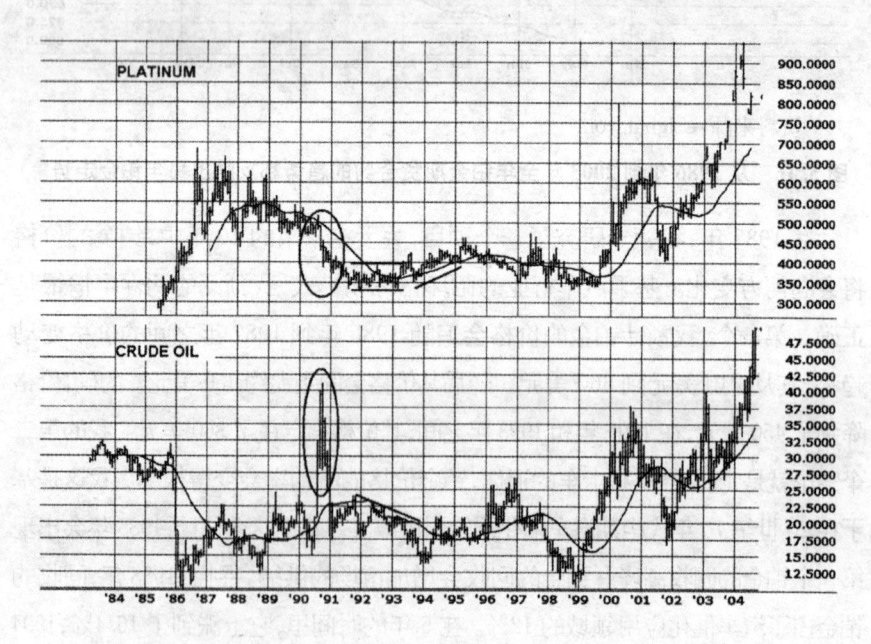

资料来源:eSignal.com

图 5.17　1985~2004年每月原油和铂金价格比较

示,除去 1990 年海湾战争使得石油价格大涨,我们能够观察到 1995 年后两者有一定的相关性。但是,从 1983 年到 1995 年原油价格的变动趋势很不明显。

从本质来看,铂金的价格很容易受政治因素的影响。铂金最大的两个生产商是南美和俄罗斯;这两个地区在 20 世纪 80 年代和 90 年代都经历了政治的大波动。其都经历了劳动力的改革。这样看来,铂金的价格和这些国家的发展息息相关。甚至在"9·11"事件之后,由于形势的不稳定性,伊拉克的石油供给不稳定,俄罗斯和南非扮演了最重要的角色。更长期的追踪其需求,价格的波动与南非和俄罗斯的政治发展息息相关。

图 5.15 中的 30 日移动平均线可以充分地说明应该实行买入持有还是卖出战略。总的价格趋势由足够的持久趋势来达到这种盈利战略。遗憾的是,我们生活在一个多变的时代。很少有投资者愿意做长期的投资。今天,很少有人做超过一星期的投资,更别说好几个月了。但是图表显示,只要长期持有,还是会有很可观的收益。

从 1991 年到 1996 年铂金价格的稳定很可能是个巧合。第八章我们会描述铂金的基本面,其他方面对于铂金新增的消费会消耗掉其回收的新增量。但是,我认为剧烈波动前的平静时应为缺乏投机者的参与。投机者都在关注股票和债券。供需是平衡的,产业集团并没有参与投资的诱因。当考虑到生产不足的时候,关键是要认识到铂金的基础的消费趋势。这种趋势我们在图 5.14 中可以看到,并且很可能加速。基于这种潜在消费的趋势,应该买入持有铂金。

在这种环境下,持有物体的金属非常重要,因为期货有更高的交易成本。铂金的储藏费非常便宜。根据现有的矿业开采量,我们不可能扩大铂金的产量。这就是为什么我认为铂金的价格趋势会变得更高。

综观铂金的历史,我们注意到铂金的价格直到 19 世纪初才开始回升,这点很是重要。所以,任何尝试回收或者季节性研究都会出现统计性的错误。我们的数据不能够得出绝对的结论。进一步说,铂金的应用历史很短暂。这就是为什么任何对于铂金的研究都只会更加进步。

钯金

钯金在贵金属中相对比较新,而且是一个异类。它于 1968 年开始有期货合约交易,但是直到1989年冷聚变的提出,钯金才受到重视。当时研究指出,重水问题的解决方法,可以是在室温下,用钯金作为正极进行聚变,即所谓的冷聚变。这样的话,钯金的价格走势与影响工业技术的进步高度相关,或者说在短期内其投机性很强。当钯金被认为在某些领域可以替代铂金时,其对于铂金族的影响也是双重的。在20世纪90早期,汽车催化剂领域将钯金作为铂金的一种替代品。由于钯金的价格优势,其用量也大幅增长。在1991年,每盎司钯金只有78美元,到了1995年,钯金的价格上升到了160美元,增长了100%。同时期,1995年铂金只比1991年价格高40美元,上升了仅仅11%。

两种金属都是用在汽车和卡车的催化装置上。如果钯金比铂金便宜,就会有很强的动力去研究如何使钯金作为替代品。事实上,有一些关键的因素使得钯金成为汽车催化装置上的主要金属。当钯金的价格达到每盎司1 000美元以上时,人们就会再次重新用交易价格仅为钯金3/5的铂金作为替代。

正如许多极端情况一样,转而对铂金的使用遇到了接踵而来的价格上涨,使得使用者注意到两种金属都有着极不稳定的供给需求方程。到2004年,在美国和欧洲,铂金依然是清洁空气的必备品;但是,技术专家已经开始忙于研究其他的可选方案了,包括镍催化剂、静电过滤器、加力燃烧室以及"同源充电压燃",这可以通过高压缩汽油发动机提高效率。毋庸置疑,将来在污染控制方面肯定避免或大幅度减少对铂金、钯金以及铑的使用。

如图5.18所示,钯金经历了大约五年的周期。1997年到2001年间价格陡增。如图5.19所示,铂金和钯金间巨大的分离标示着两者价格间正相关关系的假定是不准确的。两种金属一直保持着相似的开采量。从1992年开始,钯金开采的速度超过了铂金,导致1996年多于铂金近20%。上一章的图4.8表明这些金属可能有相反的价格趋势。我们看到,在经过相对平稳的一段时间之后,两种金属之间的差价便显现出来了。注意到钯金是如何从1997年的低谷爬升到1999年末的顶峰的。与此同时,铂金在1997年达到峰值后,便在1999年下降到了暂时的低点。从2001年起,钯金直线下降而铂金却飞速上升。这个观察结果很重要,因为将来经济的基本面很可能会带来类似的情况。钯金在催化转换器方面的重要性角色地位提高之前,我们假设它们的比价是5∶1,20世纪90年代下降到4∶1。这两种金属的预计使用量暗示着比价将

第五章 价格动向

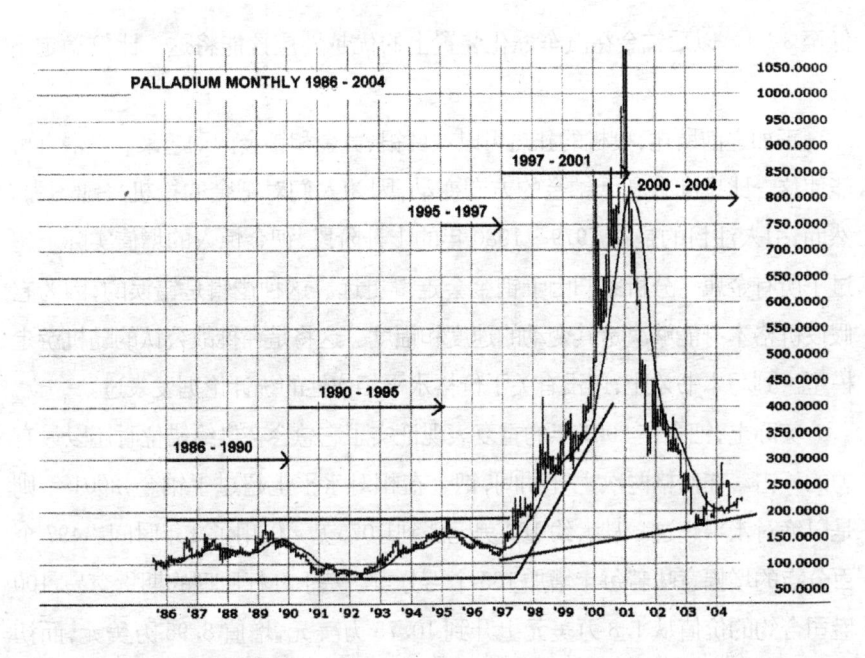

图 5.18　1986~1997 年钯金 75~182 美元的扁平交易区间,在 1997 年被击破。有一个 5 年的周期性趋势不断地使其触及高位。在 1997 年小幅上升后,钯金的长期上升趋势在 2001 年创下历史高位

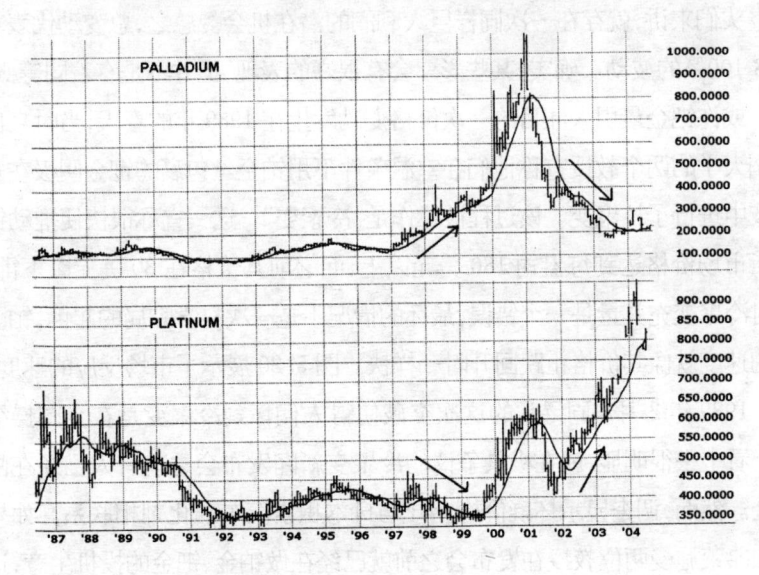

图 5.19　钯金和铂金偏离趋势比较

低至3∶1。以后铂金在汽车催化装置上的优越性应该能将这一比例稳定下去。

正如之前所述，投机的狂热可以被白银、黄金和铂金调动起来。这很有可能使这一比率向有利于铂金的方向变动，因为人们对钯金的投机兴趣不强。然而，引人注目的是在1979～1980年的上升阶段，钯金惊人的增值实际上超过了所有金属。分析家归因于钯金会走得更远。这种逻辑是错误的，因为它假设价格本身能够决定其变动的速度和幅度。这将是在挑战公认的随机游走模型。到写本书为止，还没有关于价格水平相依性的统计论据发表过。

实际上，钯金在2001年的重复表现证实了它总会在供给错位时还以最有力的一击。在价格两次上升期间，钯金在相对水平上超过了铂金，2001年则是以绝对水平超过。从大约180美元涨到1 075美元仅用了3年时间。497个百分点的增幅意味着每年增加165个百分点。基于杠杆原理的期货交易，100盎司合约的价值从1.8万美元上升到10.75万美元，增值8.95万美元，而初始保证金仅为2 200美元。回报率竟达到4 068%！当然，这种交易需要很大的好运气。不过，仅仅是参与到交易的一部分就足以带来惊人的收益了。

考虑到钯金价格在接下来的3年内就跌回到了原水平，对于期货市场上的空头们来讲，就存在一次同样巨大利润的潜在机会。总之，总变动代表着超过8 100%的波动。确实，某些彩票会有很好的表现，但并不是有着同等概率。

或许钯金最引人注目的一次价格变动发生在1989年的春天，当时来自犹他州大学的两个教授宣称他们在室温条件下用铂金丝包裹的钯金阴极在重水溶液中进行了核聚变。该过程被称作是"冷聚变"。这一宣称很快便推动钯金现货市场价格达到每盎司180美元以上，而之前其价格在80美元以下徘徊。面对冷聚变充其量是一个错误，最坏的情况下是一次科学骗局的起诉，铂金暴跌的速度就像其价格止跌回升时一样快。图5.20展示了市场反应的速度。

1989年2月非同寻常的这次突破使得人们怀疑冷聚变是在企图操纵市场。看上去很明显，就在极具争议的冷聚变新闻发布会之前有人已经在囤积钯金。然而，调查显示怀疑价格上升与日本积累汽车催化剂相联系。如果旁氏和弗莱施曼两位教授在发布会之前就已经在做铂金、钯金的投机生意，这一论断将无法被证明。

冷聚变前景的确对价格有结构性冲击。从1989年起，一直都有尽管不多

资料来源：eSignal.com

图 5.20 1989 年 6 月钯金期货合约表现出不同寻常的冷聚变，之前的接近 3 月的时候出现了冷聚变前的汇聚。只要消息传出，价格将飙升至每盎司 180 美元以上。就像垃圾科学，一切过去后很快又回落下来

但却稳定数量的钯金被用作聚变实验。另外，冷聚变使得囤积钯金用以投机变得更加诱人——以防万一。据估计，到 1990 年用以冷聚变实验的钯金已从 5 000 盎司增至多达 5 万盎司。1992 年，数量扩张到 5 万～25 万盎司之间。这些数字是很可观的，因为它占到了钯金年总产量的 1%～5%。所以，尽管冷聚变是一次无望的假象，但对它的探索仍然会产生对钯金足够的需求量以致可以影响其价格。到 2000 年，任何有关钯金的报告或研究都没有提及冷聚变。然而，自 1989 年以来每年都会有冷聚变会议，实验者坚持认为一个可预见的商业进程即将到来。

钯金市场较为呆滞，使得投机很难。再者，买到这种金属也并非易事。一部分被强生马太、斯蒂尔华特矿业公司和瑞士庞博用于钢筋制造中。一些 Ballerina 硬币可以从经销商那里得到，还有 1989 年宣称不久后铸造的一些"冷聚变"勋章。eBay 网站上公布了钯金锭的现货价格从 17 美元到 50 美元。基本上，投资者都要到期货市场上或者为了得到最好的价格而进行 100 盎司

增量的实物交割。

　　从1979年、1980年、1983年、1986年、1987年、1993年和1994年的第一季度来看,钯金市场呈现出不确定性的周期性变化。价格在上个季度从低位缓慢上升是比较一致的,这可以从1980年、1981年、1984年、1985年、1986年、1987年、1990年、1995年和1996年看出。像其他金属一样,价格趋势倾向于跨度3~5个月;这说明可以用长期过滤器比如30日移动平均。一个主要的误解是一旦金属价格突破主要趋势,抓住时机采取行动就是不可能的。这只是对上涨行情中买进或下降行情中卖出在心理上的一种厌恶。当然,钯金实现了价格从上升期到下降期的平稳过渡。尽管有高峰,但其程度还不足以挽回已经存在的主要变动趋势。遗憾的是,贵金属交易者是一群没有耐心的人。主流投资者似乎并不遵循较长时期买进并持有和卖出并持有的策略,不管历史证明这种策略多么有效。图5.21表明自1986年至2004年9月长达18年以上的钯金价格形态。

　　自1979年以来,每年钯金都有较大价格波动倾向,这暗示着相比于更稳定的黄金,钯金是比较好的投机性交易的候选者。要理解这种观察是基于价格波动,并没有考虑任何可能改变黄金内在局面的基本因素的变动。历史本身并不能警示我们即将发生的变化。

　　第八章会对铂金系元素做更加详细的介绍,你将看到从20世纪70年代中期以来铂金作为催化剂的角色依然很重要。在1998年CNBC电视网络的一次辩论上,我作为国际铂金协会代表出席,主张进入21世纪后立即尽可能减少汽车催化剂的使用。我拿出一张硬盘,它可以用于记录特定驾车习惯并相应地调整发动机功能。反映是这样的,从来没有发明过这样的技术可以减少对铂金和钯金的使用。然而,我的研究表明,控制式发动机引燃的进展是对铂金族元素价格稳定性最大的威胁。就像数码摄像将会减少对银的需求量一样,控制燃料和引燃系统最终将一定会影响铂金和钯金的价格和需求。但这种发展将不会降低可交易性。考虑到铂金币在国内报纸和杂志上频繁做广告时,你应该意识到它的脆弱性。

第五章 价格动向

资料来源：eSignal.com

图5.21 从1986年到1990年前三季度以12月期货合约为代表的每年钯金走势

结论：把贵金属作为商品来对待

我一直在花大量的时间给个人和公司做关于黄金、白银、铂金和钯金价格展望方面的咨询。经常碰到的情况是现实被错误的知觉所蒙蔽。有多少次我们可以声称我们已经仔细检查过了价格的波动历史？我坚信，这一章中的基本图表已经对一些被广泛接受的错误观念发出了挑战，比如稳定性、波动性、季节性和周期模式。从正确的角度出发，我们可以看到贵金属确实与商品的行为很相似。它们高度可交易，并且适合于现代价格分析和投机策略。涉及贵金属的文献无一成功将其与货币作用和联系分离开来。这种错误认识在主流思想中是如此盛行以致它已经扭曲了现实。

在 1996 年的美国总统大选中，一些争论围绕着前共和党副主席杰克·坎普倾向于金本位制的回归。无论什么时候有关于贵重金属的争论，先前的货币政策总免不了成为话题。从最广义上看，这些引用是合适的。成功的投资者专注于现在而不是过去。当国家回归到硬资产估价的时候，金属被视作货币工具，如果不是那样，投资者应当将金属作为商品来对待。

当我们探索贵重金属的历史时，我们可以看到投资参与和覆盖期权协定中存在着明显的盈利机会。像白银、铂金、钯金这种工业贵金属，基于自身不同的供给和需求基础，会有明显不同的形势。黄金仍然反映着货币环境，然而它更多地反映了从珠宝首饰到电子产品方面的商业应用。

很明显的是，经过了这么多年的通货膨胀，贵金属仍维持着稳定的价格。做一个比较，我记得当年一只比萨在纽约的售价是 15 美分。如今一只比萨在纽约的售价是 2 美元。这意味着比萨价格已经增长了至少 13 倍。如果我把 1975 年的官方金价 42 美元/盎司乘以 13，那么 2005 年的价格应该是 546 美元/盎司。按照 1975 年的市场均价来算，价格高达 1 820 美元/盎司。

当纽约的比萨是 25 美分时，白银以大约 5 美元的价格交易。这说明如果白银的价格和比萨的价格同步时，在 2005 年它将上升接近 8 倍达到 40 美元。依照相同的比例，铂金在 2003~2004 年间也到达了相应的合理区间。然而，铂金与钯金对于比萨的比例关系只维持了很短的一段时间。因此，即使是拿历史数据来做检验，抗通胀的因素仍站不住脚。

每当我在贵金属会议中谈及上述观点的时候，下面总有人在发出恶意的喧嚣声。人们会抛出各种各样的原因，告诉我为什么黄金和白银的价格被操纵，人为地处于低位。不管这是不是真的，但是价格反映一切。你是不可能从你的臆想中盈利的。只有记住这点，我们才能继续进行市场价格推动的基本面的研究。

第六章 黄 金

黄金是一种非常独特的贵金属,除了它的绚丽、重量和稀缺性之外,它还是一种无与伦比的具有延展性和可塑性的贵金属。根据世界黄金协会的描述性文献可知,一盎司的黄金可以挤压出不短于5英里长的电线,也可以压出大于100平方英尺的薄板。作为所有已知金属中延展性和可塑性最好的金属,黄金可以压薄至0.000 13毫米的金箔。金箔可以用来测量比人类头发细400倍的东西。我之前所提及的黄金作为一种永恒物而超越了其货币的属性。实际上,黄金也是无法毁坏的。它永不褪色,抗腐蚀性极强,而且完全可以回收。这些属性奠定了其在工业应用方面的基础地位。尽管无从得知自黄金走进人类后,其确切的生产量与消费量,但该行业组织认为,截至目前,高达90%开采出的黄金仍然充当着市场中的有形供给角色。

自从有历史记录以来,黄金就是一种令人畏惧的金属。即使是在书面定论出现前,黄金就是最终商品的代表。当然,这里并不是说在干旱时一升水还不及黄金的价值。对于一个饥饿的人来讲,食物的即时价值要远远大于其他,包括黄金。但是,通常情况下,当我们去衡量商品的价值时,黄金总是排在首位。

如何使用黄金

黄金最早用于装饰,看起来很漂亮。就黄金的独特颜色、外观、重量以及质地等属性来比较,即使有替代品的话,也是很少的。这就是黄金被视为艺术品和人体装饰品经久不衰的原因。从珠宝到著名的埃及法老图坦卡门的随葬面具,黄金为世人所铭记。

薄薄的黄金镀层有着罕见的反射性和可选的透光性,使得其在光学镀层和特定光谱反射镜中非常有用。曾经有传言讲到,世界上最强大的太阳束就是在黄金制成的凹镜中形成的。如同圆盘式卫星电视天线一样,该凹镜将一定光谱的太阳光线反射到聚焦透镜上。这个设施本来应该是在以色列测试的,但是最终的测试是在美国进行的。黄金可以用于为窗户玻璃和宇航服镀层。黄金的另一个明显的属性是其导热性和导电性。在电子与电气开关中,黄金作为接触材料非常"受宠",甚至是光纤和电话公司的大规模运营都依赖这种灵敏开关机构中的关键元素。

基于上述黄金的所有稀有特点,对其最大的需求源自首饰铸造和贮藏方面。表6.1和图6.1描述了自2003年起黄金的使用情况。图中数据源自GFMS有限公司、美国矿产局、黄金研究员和世界黄金协会的估计。

表6.1　　　　　　　　2003年黄金消费类别

消费类别	吨
首饰	1 805
金条	183
电子产品	238
牙科应用	68.7
金币	105
纪念章	27
其他	80

首饰

珠宝

随着全球财富的增加,我们可以预期黄金首饰铸造将会大幅增加。在所有有潜力的增长领域中,在没有货币危机出现的条件下,首饰的前景最为看好。正如本书开始处提及的,在许多文化中,黄金还有着特殊的象征与宗教意义。第二次世界大战后,财富的分布呈现四块:西方工业国家、东方集团国家、泛太平洋地区和第三世界国家。不过,为彻底搞清楚黄金的需求,我们还需要更精确的观点。这是因为当世界朝向更为一致的财富分配时,文化对黄金的

DEMAND BY MAJOR CATEGORY
2003

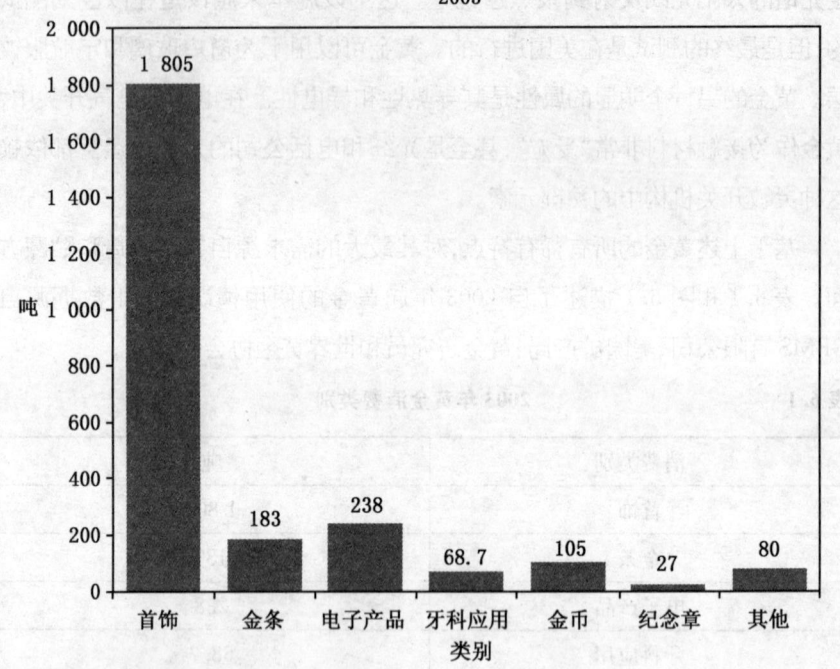

资料来源：GFMS, Ltd.

图 6.1 2003 年黄金的主要需求类别（从左到右）：首饰、金条、电子产品、牙科应用、金币、纪念章、其他。首饰需求是最大的消费需求来源，其次是投资需求

影响很可能极其重要。

我们知道，黄金在结婚中的象征意义在中国人的习俗中占有重要地位。的确，中国的黄金首饰铸造量也从 1987 年的大约 89 吨上升到 1997 年的 485 吨，上涨了 445%，而美国同期黄金的使用量从 1987 年的 80 吨到 1997 年的 316 吨——仅上涨了 295%。

中国以及与其有类似习俗的国家所体现的黄金增长速度是种重要的模式。图 6.2 显示中国在 1991 年至 2002 年 12 年间的黄金铸造的增加速度。

1990~1998 年，中国取消了对投资黄金的限制措施，其铸造需求量开始增加。然而，在 2000 年，中国的黄金铸造量回到 1991 年的水平。由于黄金铸造量可以用于出口，那么，这方面的统计数据就可能没有体现出准确的消费量。另外，一些统计报告包括废物净回收，其准确程度要更高些。这对于意大

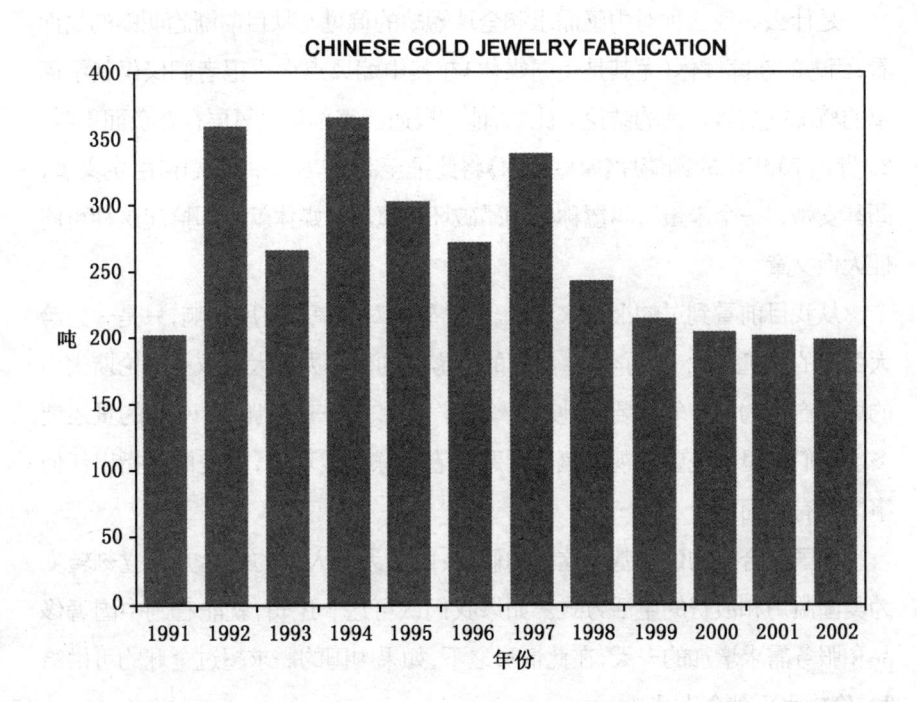

CHINESE GOLD JEWELRY FABRICATION

资料来源：GFMS. Ltd.

图6.2　20世纪90年代中期，中国的黄金珠宝制造出现增长，但是新千年之后开始下降

利来说尤为正确，这个国家的黄金铸造量在20世纪90年代中期位居世界第一，但是，在土耳其与其他国家介入这一领域后，它的第一宝座就保不住了。意大利曾是世界黄金产业链上产出用于出口最多的国家。不幸的是，内部的消费统计数据是基于观测到的出口量与报告的总消费量。以此来看，中国在1991年的国内黄金使用量为202吨，1997年达到339吨，68％的增长幅度与黄金铸造需求在中国的递增情形相一致。到了2003年，上述黄金使用量降至约200吨的水平。

然而，与上述预测相反的是：中国财富的增加并没有伴随着黄金首饰铸造或者消费的增加。事实上，中国的黄金首饰需求在1997年达到顶峰，之后到2003年都是平稳下降的，中国的黄金投资也是同样情形。而且，很少有统计数据指向中国对原材料商品供不应求。甚至对原油需求的预测都是下降的，根本不是2002年后的上升态势。

是什么导致这种对中国需求和全球短缺的偏见？从目前渐趋明朗的局面看，西方的新闻媒体（尤其是美国媒体）在其中煽风点火。记者们仅仅基于简单的概况就擅做荒谬的结论。比如，他们报道喷雾剂对臭氧层存在负面影响。20世纪70年代的剧情片《家庭琐事》将此推至高潮，剧中的极端自由主义者，即其女婿，"一个笨蛋"，叫嚣称氟利昂破坏臭氧层。媒体就立即拾起这种可能性大做文章。

从我目前看到过的报告来看，氟利昂确实对臭氧层有所影响，只是一架跨大西洋的客机远比10万个14盎司的喷雾罐的破坏力要大。像圣海伦斯火山的爆发产生的温室气体要比地球上全部汽车和卡车连续跑上10年的量还要多。我们这里不是要忽视臭氧层问题或者全球变暖现象，只是借此指出任何事情都有两面性。

中国综合症的说法基于这样的假设：中国大量人口的生活方式立刻转变为美国滥用和浪费的生活方式。如果我们认可这一逻辑，就能看到中国奢侈品和服务需求增加的一天，在此情形之下，如果中国的需求超过全球的可供给时，价格水平就会上涨。

是的，中国的石油需求将与其经济同步增长。然而，正如20世纪60年代的耸人听闻的预期报告，到2000年石油就会消耗完毕的言论未变为现实，世界上的人口也没有大量毁灭，随着技术的进步和包括能源在内的全球资源的持续发展，我预期中国的经济将得到进一步增长。

中国演变为西方化的经济究竟意味着什么？那样的话，将会出现一个新的有进口需求的出口国。如果中国采取日本和中国香港模式，中国将超过日本成为新的工业中心。中国可能最终给商品价格带来压力，我们也将看到对贵金属的需求将会上涨。在某一时刻，不断增加的财富将使中国进入中游或者中上游的梯队中，也意味着在首饰上的花费会更多。这些对黄金的生产商来讲当然是好消息了。

印度紧随中国，成为第二大潜在黄金消费国。在印度，黄金本身也被赋予了强烈的宗教意义。如同在中国，在他们的习俗中，也要将黄金制成手镯送给新娘。从1996年起，印度被评估为最大的消费国，国内的黄金消费量达到约320吨，总的黄金铸造量也在400吨。由于巨大人口基数的存在，从最小的鼻针到最奢侈的项链与手镯，黄金饰品无所不在。其黄金消费量也将随着国家财富的增加而增加。1986年,印度的黄金铸造量为88吨,而到了1995年,达到304吨,10年间增加了245%。印度的首饰消费量也在1998年出现了短暂的高峰,高达658吨。尽管1986~2004年的黄金产出增长也颇为惊人,只是各类消费曲线的斜率要大于全球总黄金产量曲线的斜率。

基于上述情况进行预测时要谨慎行事。1985年,黄金价格暴跌,几大报刊发表文章要求对同样的环境给予关注。基于当时可得的信息,许多投资者认为当年价格将出现跳升,因为该行业消息称黄金产量已经处于最高点。而事实上,其产量仍在增加。任何声称黄金产量不会扩张的言论现在看起来都是伪命题。

源自上述领域的总世界首饰铸造量从1986年的1 277吨增加到1998年的3 187吨,上涨了149%。考虑到图6.3中呈现的综合增长水平,我们看到黄金铸造量的峰值似乎反映了自20世纪80年代来的投资表现。当股票市场自2000年3月进入衰退以来,黄金继续反映了1997年的下跌。这就造成了黄金价格表现与首饰铸造需求之间不一致现象的出现。当黄金价格可能无法反映黄金的部分需求时,消费者购买的增减更与经济状况有关,脱离于黄金价

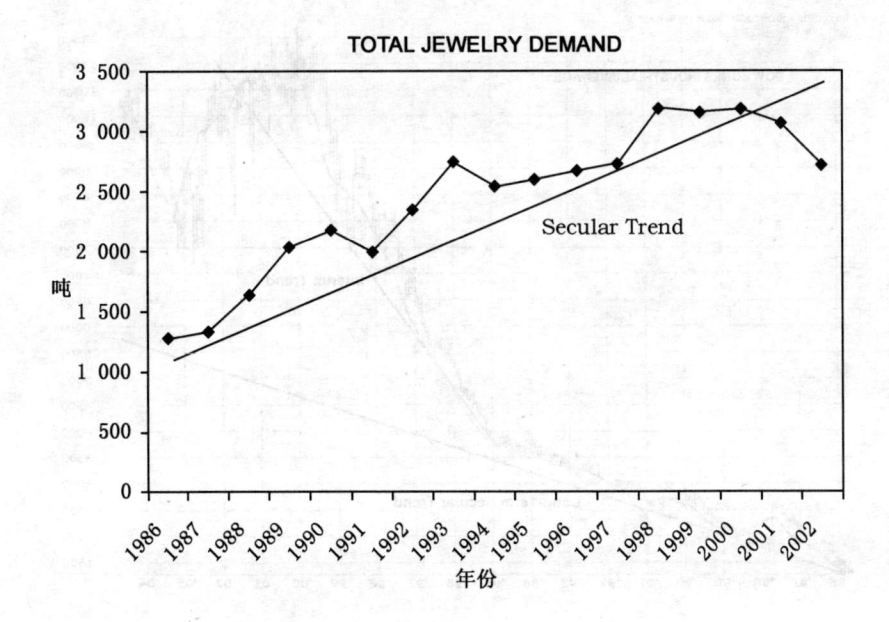

资料来源:GFMS,Ltd.

图6.3 1986~2002年全世界珠宝总需求

格。

这很耐人寻味,由于需求和价格缺乏相关关系,分析师常常为之困惑不解。他们一直都在寻找首饰累积与黄金价值的某种关系。仔细观察道—琼斯指数的形态,你就发现从1986～1995年基本上呈上升的趋势。当克林顿时代经济开始大步前进时,道—琼斯指数却出现了短暂的下跌的趋势,直到2000年的第一季度。从长期来看,若确保出现牛市,道—琼斯指数需要跌至6 500点之下——当然,这与你读到此处的时间有关。

注意到2000年,首饰铸造的趋势也受到破坏。我们观察到,无论中国还是印度,是世界经济的发展推动首饰消费而非价格。

如果上述现象是事实上的相关关系而非巧合,我们可以基于道—琼斯或者纸面资产的综合指数来推导一个预测黄金首饰需求的模型(见图6.4)。当供给增加时,上述模型就会提供了价格预测的基础。开采量通常是已知数,一定程度上,经济力量通常不改变黄金的动态产出。对于大型金矿来讲,从发现到实际产出都需要一定的时间,因此影响可以通过时间来衡量。对于一种新的黄金资源,可以即时可得几乎是不可能的,同时也受制于供需双方。由此,

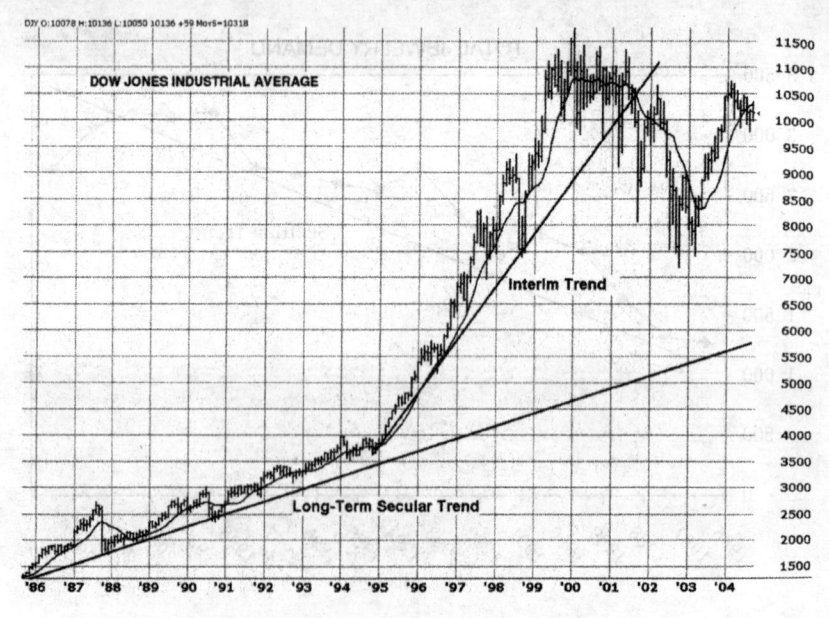

资料来源:eSignal.com

图6.4　1986～2004年道—琼斯工业平均指数走势与全球黄金珠宝制造走势很像

第六章 黄金

我们便有机会分析与产出相关的不断变化的需求形态。

九大知名地区组成全球黄金市场：(1)欧洲；(2)北美；(3)拉丁美洲/南美；(4)中东；(5)印度；(6)远东；(7)非洲；(8)土耳其；(9)独联体(俄罗斯)。

上述九大地区可以分为两大市场：成熟市场与发展中市场。与发展中国家中国、印度和远东相比，北美是相对成熟的地区，并且，该地区一直保持适度的扩张速度。像独立联合体和拉丁美洲这样的沉睡巨人位于后面。考虑到新兴的产业市场，可以假定未来的货币将会趋于稳定，居民的财富也将稳定增加。任何长期评估的关键是实际积累的速度和一致性相对于成熟市场需求的下降。尽管每个地区中每个国家的详细数据都可以拿到，但上述分析主要用于练习而非带有结论性的研究。就对首饰需求上的所有了解，对其最深的了解就是其形态变化极快。在我们看来，可以尝试估计更一般化的形态。图6.5描述了1980～2002年主要地区的黄金铸造情况，可以看到，发展中国家暂领风骚。

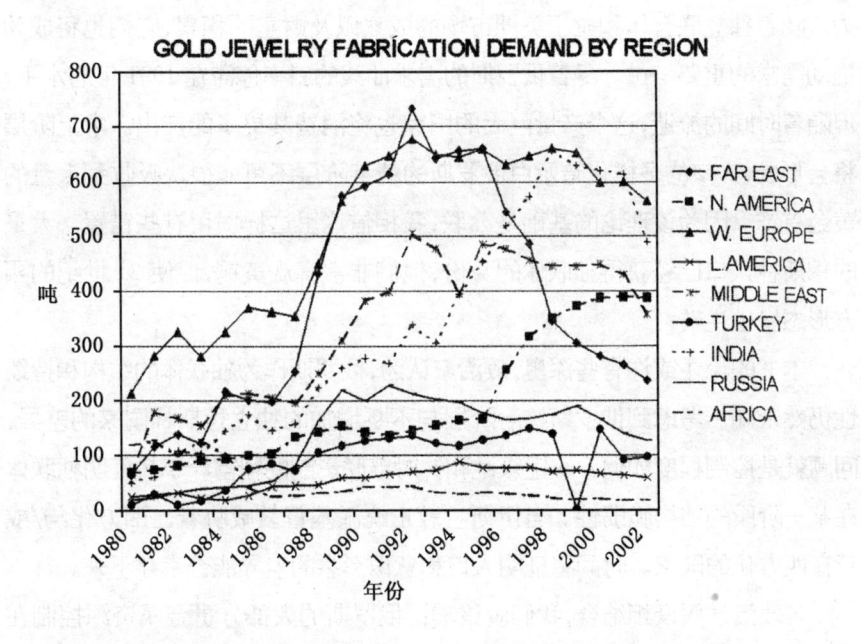

资料来源：GFMS, Ltd.

图6.5 1980～2003年黄金珠宝制造情况。我们应当注意的是，俄罗斯的数据是基于多种来源的估计值，因为没有可供参考的官方数据

当单独考虑时，黄金的狂热者立即指出，黄金的需求形态暗示价格爆炸性

的上攻即将到来。很明显,供需方程中少不了供给。如果黄金产业的需求斜率如图6.3和图6.5所示,黄金的紧急短缺将很快得到补充。人口学的研究也表明未来黄金需求将不断增加。然而,财富的多寡和购买力的大小与价格水平相关。正如前几章节的解说,从1986年至1995年,价格由静止不变尔后逐渐降低,而发展中市场的购买力则大大增加。

除了反恐战争和经济的不稳定性之外,对黄金和许多其他市场影响最大的因素是互联网和开发出的相关交流手段。当信息自由流动时,政府就努力控制市场。说得好些,政府控制的双轨制就沦为黑市的牺牲品;而说得坏些,政府就成为改革的牺牲品。随着全球商品和服务市场出现并成熟,大多影响黄金的障碍因素都可能被剔除。黄金可以进行电子报价和买卖。存款可以通过瞬间的电子转账带到任何地方。在信息年代,政府如何管理这些所有权呢?

实际上,像印度的双轨制市场在其他地方几乎是不可能的。这意味着呈指数增长的市场如印度、中国和远东将成为推动价格等式左边需求的重要动力。随着独立联合体和拉丁美洲市场的成熟以及财富的积累,它们也将成为推动需求的重要一员。尽管俄罗斯的需求曲线的斜率停滞在1991年的水平,但随着时间的流逝,这个产量巨大的国家也将消费其更多的产出。中上阶层将会形成,人口的多样化暗示白俄罗斯的精英阶层不可能很快吸收到大量的黄金首饰。因为该理论的基础是苏联,我相信这里这样引用有些错置。大量的穆斯林人口已经获得独联体的身份,他们非常喜欢黄铜,促使21世纪的买方形态发生逆转。

本书的论述或许有些深奥,政治家认为,俄罗斯作为独联体的结构和持续性仍然未知。考虑到俄罗斯统治阶层与不断增加的独立穆斯林国家的差异,问题就是控制程度如何?车臣叛乱和针对苏联影响的阿富汗革命证明独联体在某一阶段的结构脆弱性。当伊斯兰教正统派基督教威胁着已西方化与/或正在西方化的国家。时间将证明人口和意识形态的差异能否幸存下来。

与政治学假设相结合,我们应该牢记俄罗斯的大部分贵金属资源控制在非穆斯林人手中,而石油资源也为其所控制。这就是说,俄罗斯的黄金供给将保持稳定。问题是白俄罗斯人或穆斯林人对黄金首饰的喜爱能否增强。考虑到在穆斯林婚礼与割礼仪式中黄金的宗教意义,我更愿意相信黄金需求将随着穆斯林人财富的增加而增加。从大体来看,基于其丰富的自然资源,俄罗斯的财富将会增加。

对首饰需求的任何讨论都要将影响当地或地区经济的极端事件考虑在内。例如,由于21世纪传染性非典型肺炎(SARS)的爆发,远东和中国的首饰铸造需求下降。这种可怕的传染病大大地改变了当地人的观念,奢侈品的需求随即大幅减少。到2004年,SARS对经济的威胁都成为现实,只是在该年第三季度,这一威胁仍然存在。从概念上讲,任何影响大多数当地黄金消费者的传染病都将对首饰需求带来严重的冲击。

如图6.5所示,首饰铸造需求的波动本身很大而且很突然。自1980年起,其需求波动的复杂性日趋增大。图中清晰可见的始于2000年3月的衰退影响了大部分消费黄金的地区,而首饰需求的大幅下降没有造成黄金价格的暴跌,相反,由于投机因素填充了首饰需求的空白,黄金价格反而得以巩固。

金条贮藏　金币　纪念金币

实物黄金的投资对象包括金块、金币和纪念金币,它们是第二大类需求。然而,实物投资是把"双刃剑",因为贮藏品随之可以转变为非贮藏品。的确,这一领域让人困惑不解,因为我们的分析必须建立在其净值的基础上。黄金产业发现金条投资同时助长供需双方。而金币和纪念金币则不同,即使它们可以自由交易,也不会成为供给源。正如20世纪80年代早期的情形,交易的速度会影响价格。由于很难得到数据,对投资的累积量的评估变得更为复杂。

两个统计指标有助于我们合理进行估计。首先,现在每年都出现了新的金条铸造,这就是新增加的供给量。当然,这些金条可以铸造为首饰、口腔科材料、硬币、奖章或者电子接触件。通过对储藏与转移的统计,我们也可以试着识别出金条作为持有的投资资产的数量。一些人指责黄金产业拥有两套账本;其他人声称重要的交易仍然秘密进行。能够确定的一点是,投资需求对动态的价格波动异常关键。情绪对供需的转变负有不可推卸的责任。

不像可以实际视为消费的首饰,黄金的贮藏缺少明确的长期形态。现在的积累量明天就可以成为分配量。因此,从许多方面来讲,此关键领域的长期分析如同打靶,但考虑一些基本因素仍然很重要。调查显示:美国的黄金投资者对金币的喜爱胜于金块,因为美国没有方便金条所有者的机制或者渠道。

20世纪80年代早期,许多公司提供金条账户,投资者可以通过它们投资金条,所以,这些公司既是清算商也是储藏商。而伴随投资规模的扩大,一些黄金投资机构开始欺诈顾客。在亚利桑那州运营的北美硬币与纸币公司就是其中之一,在它的不恰当行为被发现后,它的创建者清空了仓库尔后逃之夭夭。这就是合法的储藏机构对实物所有者的好处所在。

之后,瑞士联合银行和美国利宝银行这类企业为顾客的金条账户提供储藏保险服务。20世纪80至90年代,黄金价格下跌,金条也开始容颜失色。金条投资账户表现非常糟糕,成交量在这20年中骤减。直到"9·11"事件后,才再次获受欢迎,此时美元开始下跌。随着原油价格达到50美元,投资者对黄金的兴趣越来越大。尤其是对机构投资者来讲,黄金已经开始成为他们的最后的可投资品种。

贮藏与非贮藏的形态持续转化,影响这一进程的因素包括政治更迭、货币稳定性、替代投资品和财富。其中沙特阿拉伯在1985~1988年的积累量相对较少,平均每年4吨。伊拉克入侵科威特后,关系紧张起来,黄金的积累量在20世纪80年代的最后几年中跳升至每年多达20吨的规模。在随后的1990年至1992年的3年中,该值平均每年多达25吨。之后黄金需求减至1989年前的水平,在1993年还不足2.5吨,1994年也就5.6吨的规模。海湾战争时期,其他中东国家的黄金积累量也出现了类似的不稳定情况。

与大众想法相反的是,中东的黄金积累与油价呈正比变化。这暗示石油与黄金的相关性更具投资品的属性,而不单单是个人财富代表的化身。随着中东石油财富的不断增加,但首饰积累始终没有成为他们的重点,向黄金的转换代表了一种重要形式。根据一些数据,在"沙漠风暴行动"成功实施之后,中东金条的投资在1992年达到顶峰。这里我小心地用成功实施来表达的原因是伊拉克战争在布什政府时期再次爆发。有其父必有其子。

参考图6.6,我们可以看到,大约从2001年10月到2004年的第四季度,黄金(最上方)的走势复制了原油的走势(中间)。黄金与石油都展示了相同的顶部和底部。对部分分析师来讲,黄金的波动与美元价值的复杂性有关,因为黄金以美元标价。原油同样如此,它也是以美元标价。如此当美元下跌时,黄金和石油应该同比例下跌。但是,图6.6清楚地展现了1998年9月到2000年9月的背离现象,此时原油与美元都涨到更高的水平。

注意在1998年,当原油与黄金一起下跌时,美元指数却在一个相对小的

资料来源:eSignal.com

图6.6 我们可以看看黄金与美元走势之间的模式,弱势美元区间黄金上涨,强势美元区间黄金下跌。原油的表现有相反的动向,从 1998 年 9 月到 2001 年 11 月,原油在美元指数上涨的时候也持续上涨

区间内波动。上述均验证了黄金、原油和美元平价的变化无常,也成为交易员的噩梦。"我知道它应该如何变动,可是现实不是这样。"这就是寻求黄金价值、美元平价和原油价格绝对关系的金属交易员最为苦恼的地方。

在发展的早期,美元平价、金价和石油价值的关系是随机的且不可信赖。这就是在较长的时间内通过识别形态进行交易的困难所在。我们不能根据已经积累的少量数据以及所形成的形态来判断某趋势成立的可能性。可能这是太乐观的探求。对黄金和石油来说,将他们的相关时期作为参考而不是进行绝对的预测已经足够。不幸的是,以浮动美元计价的黄金会歪曲它的实际趋势。2003 年,美元计的黄金上涨,而欧元计的黄金则平缓地下降,这种形态在 2004 年也同样出现。

在伊拉克自由行动期间,美国和英国军队发现了萨达姆·侯赛因不知在何时期隐匿的超过 6 亿美元的金条。而且,还有数吨的黄金有可能被运至马来西亚、印度尼西亚等安全地方。事实上,大量的地下金条转移很可能没有公布,当然也没有被发现。

虽然没有对大众宣称,但"9·11"后美国为找到恐怖分子窝点而进行了若干对黄金转移的监视行为。大量的处置黄金所得的现金都与购买武器或者颠覆运动有关。与央行处置无关的黄金出售成为警报标志,因此,黄金出售换来的金钱正用于某种目的。

总的来说,黄金还是受中东国家的喜爱。这可能与它们的传统有关,也可能是石油输出国组织对美国政府"完全信任和尊重"缩水的缘故。这些内容已经超出了本书的论述范围,但从实用主义的角度出发,一些不成比例的美元平价关系将迫使欧佩克(OPEC)重新考虑以美元作为计价基准。然而,不幸的是,由于上次最严重的黄金非美元定价事件也发生在20世纪70年代的末期,我们缺少充分的历史观点加以参考。这一时期的通胀水平极高,美元也非常不稳定。欧佩克建议采用一揽子货币代替美元。而汉特兄弟自然倾向于采用白银证书来代替。而最终美元维持住了其已有的地位。

石油生产商摆脱美元定价的可能性存在两种。第一种是美元的完全崩溃,使得美元计价的石油出奇的便宜。第二种可能是政治的不满,如果美国仍然被视作超强的国家。从布雷顿森林体系的解体到新千年之交,美国依然是世界上的安全保障。其超级大国的身份使得大家相信其超强的经济控制和超强的军事力量。

上述观点很快就发生了变化。今天的朋友明天就可能成为威胁。德国和法国没有参与"沙漠自由"行动就是对美国全球霸主身份的违逆。解除一个没有武装的独裁者的单边行动以及控制了人质和战利品并不能解决控制欧盟的两个最大成员国的问题。这不是一个历史教训,而是说明经济政治身份转变的一个情形。

如果有一天石油用欧元来计价,我们或许会看到更紧密的黄金价格平价,如果建立起黄金储备以备缓冲,最符合逻辑的形式为持有金条。这样,任何对石油美元定价的破坏都对金条积累产生长期的影响。而从市场中抽走黄金的程度决定了其以后的价格水平。这也就意味着从供给等式中黄金的永久性移除,因而避免了重复引入的风险。

图6.7显示了20多年中东的金条积累情况。可以看到惊人的积累量。一吨黄金相当于32 151金衡盎司。即使以1980年以来的相对低的价格300

第六章 黄金

美元/盎司计算,一吨黄金的价值为964.53万美元。而每50吨黄金的价值就几乎高达5亿美元。这意味着中东的积累量代表了几十亿美元黄金的净买入。

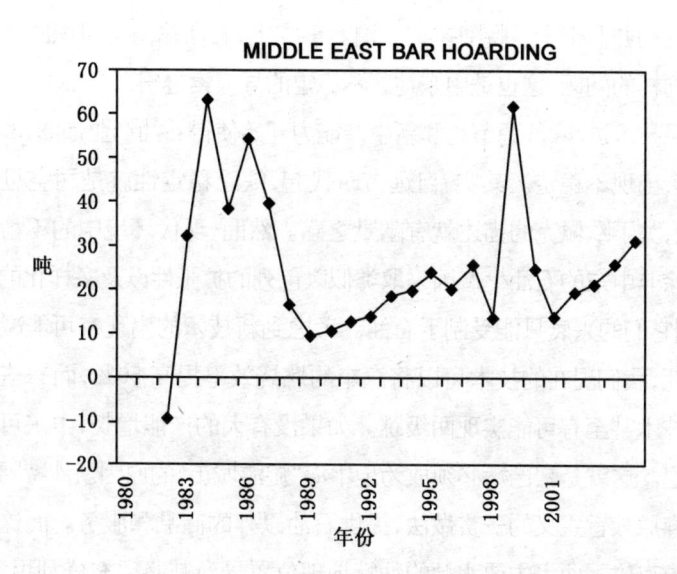

MIDDLE EAST BAR HOARDING

资料来源:GFMS,Ltd.;Gold Institute;World Gold Council

图6.7 20世纪80年代以来,中东的黄金囤积量就开始下跌,但是以美元计价来看的话,每年的持有价值量还是维持稳定的

在所有的中东国家中,沙特阿拉伯的黄金积累量占比超过50%,其价值是非常可观的。我们姑且认为,石油的价格为每桶30美元,那么,这个沙漠民族每天800万~1100万桶的开采量的价值就约为3亿美元。相当于3.5天就可以实现10亿美元的总收入。不到一周的收入就可以买进100吨的黄金。

由此来看,石油换黄金是可行的。如果2003年的世界产出量约为4 000吨,乘以325美元/盎司的价值是1 005万美元乘以4 000吨。如果以沙特阿拉伯日产800万桶石油且每桶30美元算起,其所产石油的总价值为8 760亿美元,而世界上的黄金产出的总价值为400亿美元,也就是说,这个国家可以买到超过现在世界产出量20倍的黄金。

依照2004年第四季度日产1 100万桶的石油的加速度计算,若石油价格涨至50美元/桶,沙特阿拉伯的每日产值就为5.5亿美元。这就是黄金的拥护者认为黄金价格必将狂涨的缘由所在。就算对其有所约束,但即使是沙特阿拉伯将一小部分石油收入用于购买黄金,那么,金价也将轻松跃上1 000美元之上。我们发现沙特阿拉伯没有多元化的经济结构。实际上,自2005年起,在石油收入之外,沙特阿拉伯在其他方面的收入能力非常有限。这种单一的经济结构并非限于沙特阿拉伯一国。事实上,石油输出国组织的成员国都面临着同样的问题,这也是中东地区不稳定的导火索之一。

如果技术进步、能源节约和新生产能力开始使得石油产业崩溃,欧佩克的经济就会出现不稳定。其实,自远古时代起,缺乏稳定性就是司空见惯的事情,所以,关于欧佩克的描述就有幽默之感。然而,现代环境中的不稳定尤其危险。除非中东的石油生产国采取类似以色列的扩张性以及多样化的经济结构,否则它们的兴衰只能受制于石油。考虑到新技术的出现有可能减少对石油的消耗,我们现在的技术可以将汽车的燃烧效率提高50%,而一些处于开发中的技术甚至有可能实现两级跳。如果没有大的产能增长,中东可能就要面临衰退。这就是黎巴嫩必须成为地中海"旅游城市"的原因。沙特阿拉伯也必须背弃原教旨主义的一贯做法,提供石油以外的商品和服务。而这也是为什么伊拉克位于两大主要水源的独特地理位置导致其必须充分利用资源,从建设发电站到中东农业的新月沃地。

如果转变在未来几年内不能得以实施,那么,中东的黄金需求国身份则很可能轻易地转变为黄金供给国。我们无从得知中东可以随时出售的黄金数量,但正如前期所言,贮藏的黄金就是把双刃剑,既可以代表需求,也可以代表供给。

远东的黄金积累也颇为闻名。虽然这不必然引发冲突,但日本人的黄金投资对于经济发展极其敏感。日本投资者认为黄金是稳定和地位的象征。因为日本是小岛国,缺少土地,房地产价格颇高。除了土地之外,贵金属与其他实物资产就是它们的投资对象。这样,日本的黄金与铂金的私人贮藏量为世界之最。图6.8显示日本自1980~2003年的上述贵金属积累情况。如图6.9所示:1979~1986年,日元兑美元适度贬值,从而日本商品的竞争力相对略强于美国。尤其汽车和电子产品获得了价廉物美的名声。名誉确立之后,日本就能使日元兑美元快速升值。

自20世纪80年代中期始兴起"日本公司"现象,日本的经济也呈现现代历史上的最强劲的增长态势。日本积累大量的盈余美元,开始大举投资美国

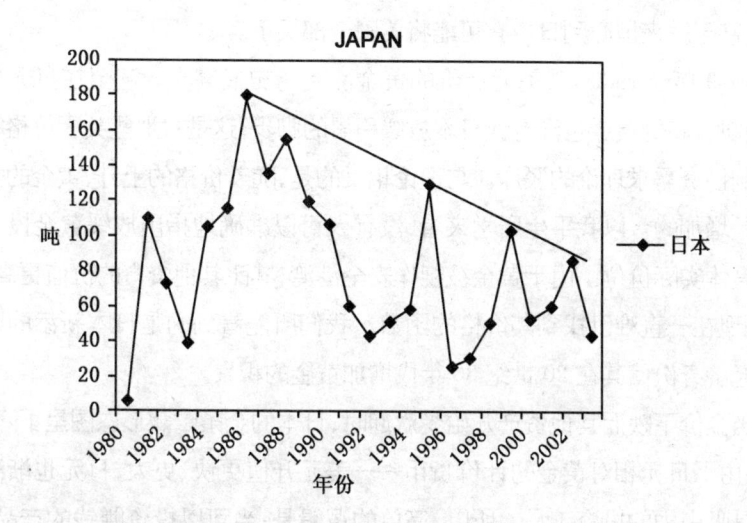

资料来源:GFMS, Ltd.

图 6.8　1980～2003 年间,日本的金条持有量在 1980～1986 年是上升的,之后就开始下降

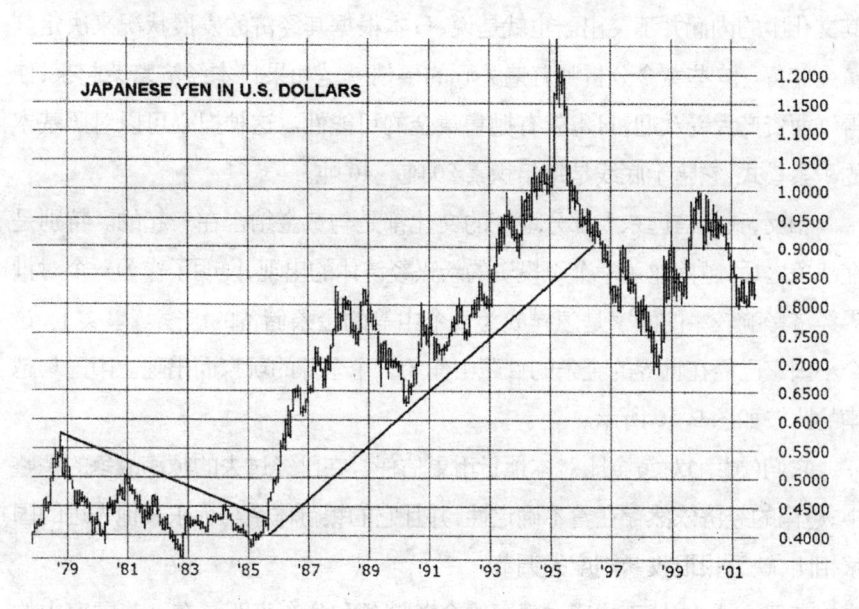

资料来源:eSignal.com

图 6.9　1979～1985 年间,日元对美元汇率一直下跌,之后从 1985 年就开始了反转上升趋势

市场，甚至后来担心到日本有可能将美国全部买下。

1979年至1980年，美元计价的黄金涨到历史最高点。甚至在日元兑美元贬值时，高价黄金也没有让日本放缓积累的脚步，这是对那些关于价格敏感性影响投资需求理论的驳斥。与理论相反的是，随着价格的上升，黄金的需求量也是增加的。以我平生所学来看，没有人可以准确地指出放缓黄金投资需求的具体实际价位。由于黄金被视作安全港湾，其比其他资产的价值更高，因此，到现在一直难以找到其价格的函数。我们所能看到的是日本新添的财富与其经济身份使其在20世纪80年代增加黄金的积累。

当金价下跌而其他资产开始受欢迎时，日本的金条贮藏形态图呈下降状。另外，由于日元相对黄金的计价货币——美元升值更快、更大，日元也渐渐成为颇具吸引力的投资工具。所以，简单的逻辑是：当可以投资赚钱的产品时，谁又会投资造成潜在亏损的东西呢？

基于日本的文化来看，日本已然是一个泛亚太区的西方式国家。黄金在其文化中的内涵并不突出。也就是说，日本根据其经济的发展状况来决定其黄金储备。一些黄金分析师普遍关心的事情就是如果日本经济繁荣起来，使得纸面资产大受欢迎，日本就有抛售黄金的可能性。这种担心可以对照基本的积累模式，它暗示底线是每年积累20吨～40吨。

相反，我相信远东大部分地区的文化都是与黄金结合在一起的。特别是在战争之后，越南作为一个可投资的新兴经济体的出现，说明了作为一个对世界经济影响较小的国家是怎样成为一个中等的金条储备的国家。事实上，这个小国家已经在世界的金条的贮藏中作为一个全球的玩家而出现。中国与越南的比较如图6.10所示。

它们（越南）对黄金比对本地货币更信任。在已经过去的越南战争的调整中，越南的经济依然存在着不确定性，并且它的银行体系与远东其他先进的国家相比，缺乏银根收紧制度的调节。

有理论认为，越南的通过泰国的金条储备和分布表明了在一些国家中的金条的秘密流动，特别是在中国。所有对金条贮藏的统计估计都是方差明显的，因为它们都是以可辨别的金条的流动为基础的。官方的金条积累主要集中在少量的公众认可的范围之内。然而，金条也能够以非官方的形式铸造。在21世纪初，中国官方金条贮藏量突然下降至每年10吨，这引起了社会的高

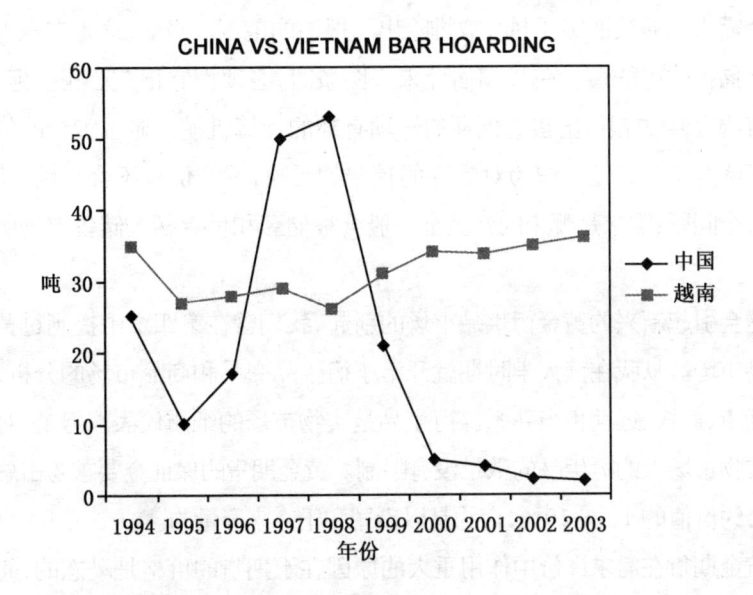

资料来源：GFMS, Ltd.

图 6.10　20 世纪 90 年代后期，中国的金条持有量开始急剧上升，但是经济增长使得人们更多地去进行资产投资。同样的 10 年时间里，越南的金条持有量一直保持稳定

度质疑。

西方国家将大部分的金条作为中央银行的资产，与此不同的是，远东的金条储备主要是基于私人原因。使得私人的金条储备进入市场的政治和经济原因与中央银行储备金条的动机是不同的。随着远东经济逐渐变得与西方一样先进，我认为，金条的储备将会稳步上升。这种储备的一个引人注目的地方在于它是新的、私人的，这与旧的、政府控制的相反。为什么这是一个潜在的重要因素呢？

自从西欧作为整体进入一般的市场时，中央银行就有被迫放弃金条储备的压力。事实上，在我们分析供给时，我们可以看到新的供给就是我们在本章开头所提到的旧的金条供给。谁在购买央行的处置？基于与其他种类的黄金的消费相关的珠宝的统计和建造的趋势，我们得出了私人储备金条收购了多余的黄金的结论。当统计数据与实际情况有差别时，这种差异可能是金条的秘密的流动或是不能说明原因的流动造成的。

这表明有一股很强的金条需求的暗流没有被主流媒体和报告所报道。这种潜在需求不能被证实,因此,被排除出了报道的范围。当然,这也有私人放弃黄金储备的可能性。在我们估计未来图景时,必须把它记在心里。但是,1990年基于中央银行出售的预期的一项有趣的计算机模拟显示黄金的价格将会下降至150美元。作为对实际的销售的反映,黄金价格不会直线下降。这就有个问题:需求是哪来的? 黄金一般会被储藏和世界私人储备市场所吸收。

这会引起新兴的黄金衍生品市场的新起,我们曾在第四章中提到过黄金衍生品市场。从我在读大学时期就开始了衍生品交易和商品市场的分析,对黄金期货、期权、远期相当熟悉。衍生品是实物市场的纸质代表。但是,对强加在实物市场上的衍生品的数量没有限制。黄金期货的保证金要求为占总的期货合约价值的1%~10%,合约是以盎司和千克来衡量的。

黄金期货在需求评价中作用重大的原因在于期货的价格是动态的,而伦敦黄金的价格和黄金交易中流动性最强的部分,它所代表的价格一般则较为可靠。纽约商品交易所在2004年10月中旬有29.6万张合约未平仓,其中每张合约的标的为100盎司,此数量接近于921吨。未平仓合约的数量是指目前还存在于买者与卖者之间的交易中。一般来说,每天交易中大概有5万张合约,其标的黄金的数量大概有155吨。这只是纽约市场上的交易量。伦敦金银市场的交易量大概超过了CMOEX近50%。同样,有相当大比例的交易量是通过日本市场来进行交易的。尽管只有2%的合约到期进行交割,但是,作为实物资产的纸质代表能够对价格产生主要的影响。实际上,许多期货的例子都被相信是能够驱动现货市场的。

在任何时候,纽约期货市场代表了黄金年需求的1/3。机构参与者有黄金的生产者、加工者和投资基金。在"9·11"事件之后,黄金又重新闪烁光辉,受到投资者的青睐。基金开始注重非参数风险。这些风险是指不包括在可辨别风险评价参数中的风险。没有人期望美国受到攻击或是因发动伊拉克战争而产生不良的后果。这事件的风险落入了已知风险因素的范围之外。然而,所预想的黄金对这些事件的反应会比实际大。

事实上,黄金价格不会随着世界局势的紧张而增加。然而,美元则会下跌,这会反映在黄金的价格中。而全球性的不利事件则会对全球的货币市场和黄金市场产生影响。200年来,巴林银行一直是英国金融机构的支柱。但是,从1992年7月至1995年2月,它损失了近85亿英镑。结果,随着巴林银行的倒闭,英镑兑美元的汇率马上就下降。在2000年,一件相似的事件发生在奥法银行(Allfirst)身上。

当美国面对安然公司的丑闻以及随后的世界通信公司和泰科国际的事件时,关于大公司合并事件的信息和相关的财务信息是投资所需要的重要信息,这些信息随着事件的发生到了投资的最前线。即使公司生存下来了,仍然会有潜在的不安。德国金属股份有限公司在能源衍生交易中损失超过10亿美元,而福特公司在钯金的投机交易中遭受了几乎同样大的损失。

我们能够在这些一个接一个的事件中学到很多东西。但是,纽约的律师史匹哲通过起诉基金间不恰当的相互交易,他对犯罪者的不懈追查和起诉形成了一个名词——"史匹哲风险"(Spitzer Risk)。货币的管理者开始考虑被称为ETFs的证券,并将它作为一种可交易的共同基金。黄金作为规避风险的方式,与非参数风险是相对的。

使用黄金来规避不确定性并不新鲜,正如以前所解释的那样。对黄金投资的青睐和不青睐的循环与发展的经济环境有关。这个循环是不稳定还是有稳定的趋势呢?在克林顿在位的8年里,黄金投资是受青睐的还是不受青睐的呢?黄金投资重新受到关注是在恐怖袭击之后吗?从2001年到2004年,投资对冲基金的资产每年增长了近50%。最大的十家对冲基金的资产从2002年近260亿美元上升至2003年的400亿美元,到2004年已上升为600亿美元。这主要归因于股票市场的弱势表现,投资者将对冲基金作为追求在2000年3月后技术经济泡沫破灭后两位数的收益的替代品。

对冲基金的投资对象基本上都是稀有金属。尽管黄金不是唯一的投资品种,但它是主要的投资品种。易变性和不确定性提供了远期期权的升水和广大的投资机会。当考虑到投资资本池所要求的相关保证金的规模以及全球衍生品市场,我们得出大量的投机机会都在这个可能的范围内。甚至随着对冲基金资产的增加,投机的可能性会进一步增加。

即使在"9·11"事件发生的混乱之前,基金交易者开始将投资的目光转移到了以商品为基础的投资中。著名的债券大王罗杰斯构想出了自己的商品指数并且预测了中国对原材料商品价格的长期影响。这比中国综合指数出现早了四年。因为大部分黄金期货交易公布的标准金条,黄金市场衍生品部分是与它的种类相一致的。

　　伴随着金条囤积而来的是官方发行的金币聚集，这种聚集不是为了收藏钱币。官方金币出现的时间不长，这种金币的出现反映出一个国家铸造出金币是将其作为投资。与过去不同的是，以前的金币上铸造的面值是按照固定的官方黄金价格来制定的。今天的铸币被铸造成一定的重量，其价值随着黄金、白银、铂金的价格变化而波动。官方铸币的价值更有保障，一枚面值20美元的金币价值不会跌到20美元以下。

　　投资金币的大多是小投资者，数量较小，对黄金总需求的影响不大，实际上在20世纪末，全世界金币总产量从156吨下降到了76吨。在20世纪前十年金币产量开始回升，但是相对20世纪80年代的铸造量还是很小，与70年代末的巨大增长量相比，这种回升的增长量只是一个零头。

　　图6.11标出了1980年至2003年的官方金币产量。

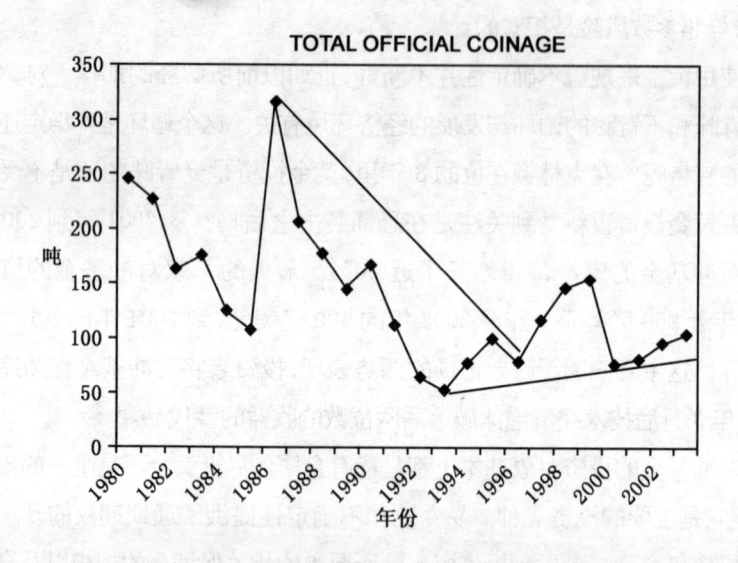

资料来源：GFMS, Ltd. ; U. S. Mint

图6.11 20世纪80年代中期，官方金币制造量曾突发上涨，但是随后的90年代初期就开始稳定下跌。之后随着经济持续繁荣所以金币量也开始复苏，直到2000年的经济衰退为止。2001年恐怖袭击之后的不确定性，使得需求再升

　　图6.11中官方金币产量在20世纪80年代中期巨幅跳增，此后一直持续下降进入90年代初。经济繁荣又带来产量的回升。2000年的经济衰退又引

起产量下降。2001年后可能是出于对恐怖主义的担心，产量又开始上升。

回顾有关黄金的报道，对历史进行分析可以看出，黄金行情是一个较明显的大趋势中伴随着可能的倒退。目前以及未来几年内人们对黄金较为关注。我们知道，当物价上涨的时候投资者关注金币和金条，当前的广泛认识是黄金需求会持续增加。我们也理解当黄金疲软、纸币强势时投资者会撤离黄金。然而，仍有许多微妙的市场因素需要研究。

有两件大事在分析投资积累时被忽略了。一是1996年起美国发行的新货币100美元钞票。这种纸币上印着更大的总统肖像，并采用防伪双色凹印。可能是巧合，在这种新钞票发行后，流通中的货币量开始上升。而当新的20美元钞票发行后，流通的纸币量增加了约1/3。

发行新钞票反映了美国政府打击假币的决心，财政部四处推销新的钞票，因为新钞票更难被伪造，这一行为实际上促成了旧钞票的回收，美国造币局不停地销毁旧币，印刷新币。这一时期，克林顿政府的一些税率是美国历史上最高。美国"消费主义"的爆发与当时出现的未预料到的预算盈余是否有关呢？

从图6.11可以看出，金币的产量在1996～2000年间出现了快速增长。有种理论认为，1995～1999年的经济繁荣会吸引投资者从黄金转向纸面资产，显然实际数据与之相反。可能当时旧的钞票都被用于购买黄金和进行其他消费了。

观察美国的统计数据会更加明显地看出这种趋势。1996～1997年，金币产量从11吨上升到26吨以上，1998年达到57吨，1999年达到顶点60多吨。2003年3月的经济衰退开始后，金币产量下降到不足5.4吨。由于在一些货币不稳定的地区美元被作为第二货币使用，因此，发行新美元变成了一个全球事件，美国实际上向俄罗斯出口了数十亿新美元以防止收回旧钞票产生不利影响。

2000年，欧元诞生，同样出现了金币产量的增加。欧元的出现增加了支出和货币流通量。但是，欧元的出现是一次更彻底、更快速的新旧钞票替换，因此可供积累黄金的机会比美元替换更加短暂。

我以这些事实为例说明纸币与黄金正好逆向而行。1996年发行新美元是70多年来的第一次变革，目的是为了营造一个安全稳定的纸币市场。突然间钞票在不到十年的时间里又改变了，2003年美国政府发行多色纸币，发行口号是"更安全、更简便、更保险",与宣传口号相反,这种频繁的变化却导致人们购买黄金来获得"更安全"的资产。

世界金币产量变化的另一个因素是土耳其金币产量增加,穆斯林们乐于将其作为礼物互相馈赠。20世纪80年代土耳其金币还默默无闻,而2002年至2004年土耳其跃居金币市场的首位。图6.12描绘了土耳其、美国和南非的金币产量。从1980~2003年,南非的金币产量从第一降低到了微乎其微。

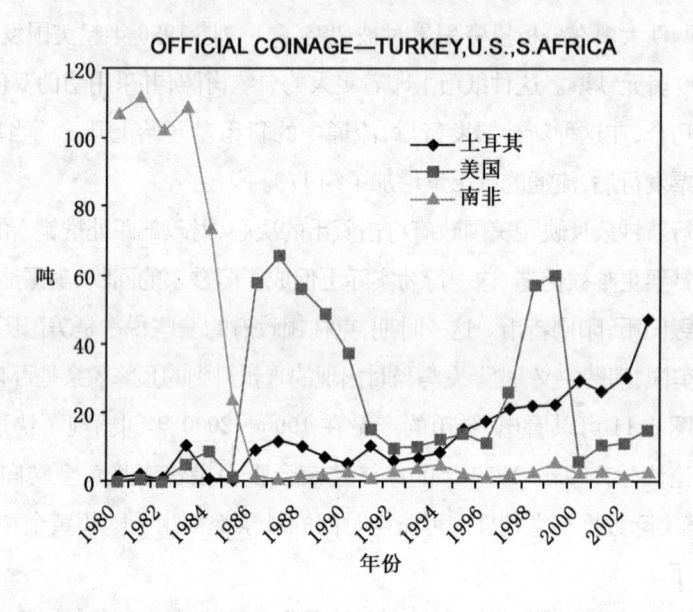

资料来源:GFMS, Ltd.

图 6.12 南非从主要制造者到少数持有者的大变化是因为竞争币的增加以及南非克鲁格金币在人们的选择中变得不那么受欢迎了。人们更加愿意选择美元面值与加拿大美元面值的金币而不是克鲁格金币了。土耳其与中东的金币需求的增加主要是因为产量的上升

图6.12 南非从最大的金币生产国滑落到末位与其他更具竞争力的金币生产量上升相关。受到投资者追捧,美国和加拿大金币占领了原来的南非金币份额。土耳其在中东世界推销金币导致了其产量的增加。

任何拥有新铸造的金币的人都会注意到南非克鲁格金币的铜色与美国鹰洋币、加拿大枫叶金币、中国熊猫金币、澳大利亚袋鼠金币发出的金色光芒间的区别。由于加拿大、澳大利亚和中国的宣传,投资者的兴趣转向了这些国家发行的纯度0.999 9的金币,这就是为什么南非金币产量出现巨大的下降。

美国的金币铸造量还有提升空间。金币铸造所需黄金由美国黄金储备提供,美国鹰洋币越来越受欢迎,黄金储备将会更多提供给金币铸造。

与官方金币不同,纪念章、奖章等没有面值,并且类型五花八门,从纪念品到奥林匹克奖牌都包括在其中。通常认为奖章的价格与黄金价格高度相关。但是,1980~2003年的铸造量维持在20吨~30吨。1980~1984年间有一定上升,但总体趋势平稳。

当黄金实际价格可以支付的起时,人们购买黄金,当价格上涨时,黄金投资超过正常的黄金需求积累。正常黄金需求积累易与投资需求发生冲突,由于高价导致投资者兴趣转向黄金投资。我特地指出这一点是因为我在前面关于1979年至1980年大繁荣讨论中说过,当时的市场中上涨的价格吸引来更多的投资者。当时各种形式的黄金都受到追捧,很难区分投资与正常积累。通过以后的数据才能看出当价格过高时正常积累降低。

纪念章市场正在增长,例如,土耳其为庆祝伊斯兰教割礼发行的Zynet纪念章。根据黄金矿业服务有限公司(GFMS)1996年的报告,Zynet纪念章的产量1995年至1996年增长了160%,达到13.6吨。这意味着一个普通中产阶级家庭可以收到50克黄金纪念章作为礼物,而一个富裕家庭的儿子能收到2~3千克。这种馈赠黄金的传统在中国和印度也可以在婚礼上见到。尽管并非所有的伊斯兰教派都赠送黄金来庆祝受割礼仪式,考虑到当时伊斯兰世界的巨大人口数量,可以预见,这种传统庆祝方式将带来黄金纪念章市场的长期稳定增长。但是,关于纪念章市场增长的数据都是最近的,也就是说,这种增长可能是近期全球经济增长带来的。Zynet纪念章受到欢迎也与土耳其官方金币的火暴有关。

亚太地区是金币的主要市场,例如,中国、印度、土耳其和中亚地区等快速发展的国家。而那些富裕国家则似乎更关心全球变暖、环境问题和资源问题。这种貌似无私的关注实际上可能是为了掩盖发达国家试图阻挡第三世界国家的工业化进程。科学家们预测,如果全世界都像普通的欧洲人和美国人那样生活,地球环境将受到毁灭性破坏。绿色行动更多的是为了它们自己。比如,拯救巴西雨林给世界带来的好处比给巴西带来的好处更大。因此,如果美国人不反省自身挥霍浪费的生活方式又怎么能指责巴西的发展方式呢?

我提出这些是为了向读者说明,任何关于市场的书都是建立在一定的世界条件上的,20世纪20年代写的关于黄金的书会构想金本位。本书写作的时候,发达国家和发展中国家依然存在着巨大的分歧。数十年之内,全球经济的格局将会完全不同。读者必须保持一种开放的态度来接触每个市场。未来最有可能导致冲突的问题是资源短缺。简单来说,世界上没有任何东西多到能支撑全世界过上美国、日本和西欧那种奢侈的生活。那么,谁来决定哪些国家享受资源?这个问题对观察世界贵金属积累趋势非常重要。

牙科应用

同样,富裕程度决定了黄金假牙的生产趋势。20世纪80年代牙医的两大进步增加了牙医对黄金的需求。其中之一是欧洲和北美接受牙医用银汞混合物对人体有害的看法,汞可能会缓慢泄露。而同时如果口腔中镶嵌有黄金和白银,泄漏会更快。通过人口统计学可以看出,1985~2000年,需要补牙的适龄人口增加,而此时社会富裕程度提高。同时,人们对黄金的节俭态度减少了补牙时需要使用黄金的数量,这使黄金价格较为合理。以上因素使得黄金变成了更具吸引力的补牙材料。

金代替银汞混合物成为补牙材料,而当新的材料出现时,金也会被取代。同时,由于卫生条件提高,三大牙医黄金消费国的需求量下降。从1980~2003年的数据可以看出,牙医黄金已经不再是黄金的主要消费源(见图6.13)。同时选择黄金作为化妆品的人数也越来越少。

未来几年内(2005~2010年),只要价格合适,钯金可能成为替代黄金成为牙医用金属。当然,钯金的价格并不十分可靠,1995年钯金出现过异常的大牛市,钯金也具有背离供给需求曲线的趋势。牙医补牙技术的发展意味着医用黄金需求的增长受到限制,其他替代材料不断出现。到1990年,牙医们已经使用了许多专利复合材料,这些材料由玻璃、陶瓷和树脂合成,可以在各方面模仿真正的牙齿。

1990年以前,非金属材料主要用于美化牙齿。后来非金属补牙技术发展到可以支撑臼齿,并且寿命超过20年。前面说过,信息技术是减低工业对贵金属消耗的一个重要因素,在牙医领域也是如此。通过日益精确的AutoCAD技术,以及其他各种牙科技术,医生可以快速准确地制造出适合病人的假牙。现在20分钟就可以完成补牙,而过去则要花费数周时间。

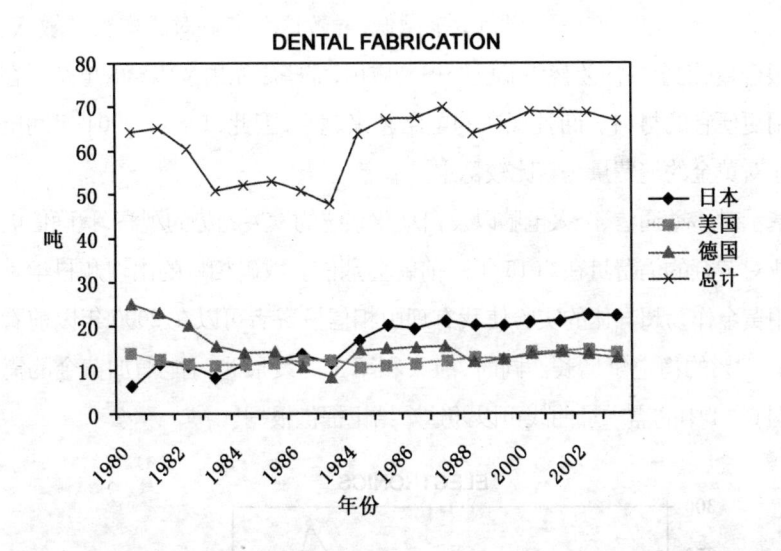

DENTAL FABRICATION

资料来源：GFMS, Ltd.

图 6.13 1990 年到新世纪这段时期，黄金的牙科需求一直保持稳定。德国、美国和日本是世界的主要消费者。尽管三个国家的需求量整体上趋于平稳，但是 2002～2003 年有下降的趋势

这种向替代材料发展的趋势会继续下去，21 世纪中叶人们就不会再使用黄金补牙。本书出版时，黄金在牙医中就已经明显受到了冷落。牙医每年消费 60 吨～70 吨黄金，以 2003 年世界黄金总消费量 4 000 吨计，牙医黄金仅占 1.6％。但是，牙医对黄金需求的减少会被其他无关的新兴技术带来的黄金需求所弥补。

可以肯定地说，随着南美、非洲、印度、东欧、独联体国家及远东等地区新兴经济体医疗水平的进步，牙医黄金的需求会在未来一段时间内暂时提高。而不确定的是，这些国家什么时候会使用替代材料，在多大范围内使用替代材料。不过这种替代趋势已经开始显露出来。

电子产品

计算机以及相关电子产品销量的大量增加促进了电子产业对黄金的消费。通信产品的发展同样也增加了黄金的需求。随着全球现代化进程推进，这一消费将持续增长。然而，虽然电子通信产业经历了爆炸式的发展，这个行业对黄金的需求增长却没有这么剧烈。先进的电镀和焊接工艺减少了用于连

接元件的黄金。电子产业的利润越来越低,导致这个产业对成本极其敏感。而镍银合金、钯金等作为替代品已经得到应用,那些原先用金传导的电路现在都改用更便宜的材料。而且现在的电路越来越小,因此,1980~2004年间电子产业对黄金的消费量一直比较稳定。

基于对移动通信、个人电脑以及自动化系统的发展趋势的观察,我确信电子产业对黄金的消费量在2015年以前就会翻倍。数码相机的出现和科学家们使用黄金作为超导体的实验使我有理由相信投资者可以在2000年以前看到2‰~3‰的稳定年增长。同时,航天和军工的发展也可能增加黄金的需求。图6.14中的需求量曲线可以为这个结论提供根据。

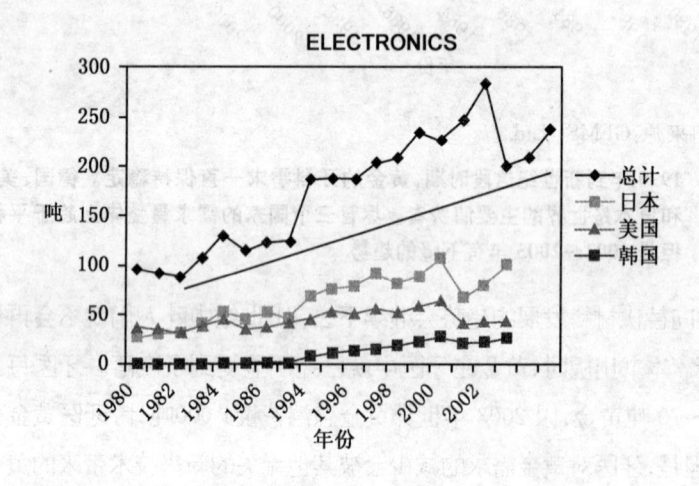

资料来源:GFMS, Ltd.

图 6.14 电子制造中的黄金需求从 1980 年开始增加

黄金的延展性和抗氧化性使它可以应用于许多关键部位。因此,丰田公司大肆宣传其生产的雷克萨斯轿车使用黄金制造安全气囊的电路。当然安全气囊电路中使用的黄金量很小。黄金主要还是用在开关机械装置和拨插式接触电路中。

装饰用途

1986~1995年间,作为镀金和装饰材料来使用的黄金增加了1倍,而到2000年又增加了1倍,从1986年的约64吨上升到接近1 996吨。1994年起市场对金箔出现了极少见的需求增加。一些分析师认为这是由于中国和远东其他国家对寺庙等历史建筑的维修。只要金价在 450 美元每盎司以下,就可以用作装饰材料,金箔可以薄到百分之一英寸。1997 年装饰用的黄金为 114 吨,而 2004 年则降到了 80 吨。

金价超过 400 美元/盎司时,黄金替代品被用在了一些非重要的用途。2004 年,一系列的黄金配件例如黄金衬里、黄金手提袋、黄金皮夹显示出黄金的广泛用途,也看出人们对黄金的热爱。当时一件数百万美元的白金钻石内衣引起了轰动,当然这很难去区别人们到底是在看模特还是在看金子。不管怎样,其暗含之意就是尽管价格不断上升,装饰用黄金的消费量却将保持稳定。

其他应用

黄金还有一个重要的工业用途——电镀。黄金被镀在玻璃上增强反光性,也可镀在用于腐蚀性环境中的工具上,形成保护层,还可以镀在医用植入体及药物上。实际上,科学家们正不断发现黄金的新用途,这将对黄金的需求和价格产生深远的影响。

尽管多数关于黄金的新技术是自创自用的,但一些最重要的技术还是受到了公众的承认。黄金通过电化学反应生成聚合物预示着新的轻量电池和传感器的发明将成为可能。黄金虽然不是最好的导体,但黄金的稳定性以及在特定条件下可以发生反应的特性说明黄金在电力和电子工业上将有更多的应用。

除了稳定性外,黄金还是良好的低温催化剂,可用于催化生成一氧化碳和氮氧化物。发电厂的汽油机和柴油机以及新型的燃料电池汽车中都常用到金催化剂。黄金与钯金结合可以提高催化能力,效果与和铂金结合时相似,因此在催化应用上,钯金和铂金都可以与黄金结合,所以这两种金属的消费量会形成一定的等量关系。

分析师们认为,催化剂中需要用的铂金和钯金的量很小,2003 年汽车用催化剂中消耗了 318 万盎司的铂金和 367 万盎司的钯金,这一数量的黄金也仅仅能抵消掉牙医对黄金需求的降低。实际上,汽车用金催化剂的推广进展缓慢,不过仍值得注意,新技术的普及速度总是令人惊讶,数码相机就是一个例子。

2004年末，石油公司与美国能源部合资建立了第一座氢燃料加油站。当然这并不表示21世纪氢燃料就会快速普及，但这象征着一个开始。黄金催化剂用于提纯氢燃料电池中的氢气，而且还有一个非常重要的作用，可以将乙醇、甲醇，甚至汽油等转换为氢气。

本书写作时，这些催化反应仍处于实验阶段，但是基于这些应用的辐射效应将形成一个新的明显的黄金消费群。图6.15预测了直到2030年止的黄金催化剂生产量。基于汽车和燃料电池产业对黄金的特殊增长消费，这幅图画出了一个保守的前景。

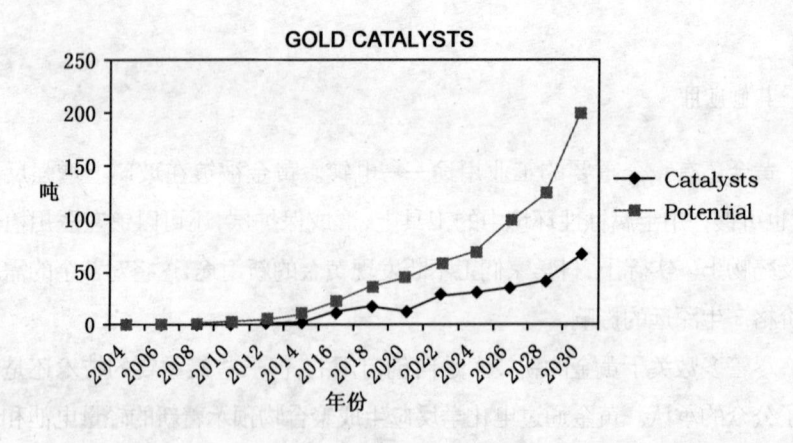

资料来源：EQUIDEX。

图6.15 黄金的催化剂需求量一直保持稳定，但是预计在2030年消费量会上涨到60吨～200吨

黄金其他的化工应用还包括生产烯烃，制造用于反恐、安全及环保的气体检测仪。这些领域在未来数十年对黄金的需求与燃料电池领域相同。甚至有一些乐观人士认为，化工处理过程要比汽车和燃料电池运用来得更快，因为在基础设施的渗透循环中成本被广泛地认为更低。

在1998年本书的上一版发行时，我指出，黄金的成本收益比会阻碍黄金在新领域的广泛应用，例如，超导、金等离子光束和可见荧光，原因在于黄金超导电缆要消耗大量黄金，这会把黄金价格抬高到市场能承受的范围以外。但是，这些新应用仍值得关注。这些年来，很多人质疑我关于黄金新应用的看法，因为公众还不能轻易看到相关资料，甚至一些专家也觉得一些应用目前还只存在于科幻小说中。我对于新应用的理解是在对一些具有实验及商业价值的项目进行投资时产生的,在我看来,这些新应用包含的潜力比它们能否完全实现更值得注意。

我很高兴看到许多我提到的新应用被公众广泛接受。例如,黄金的光学特性使它可以用于制造曲线镜头、电子存储介质、光学纤维、制冷制热系统。这些应用会在 21 世纪消耗中等数量的黄金。

需求

以上提及的各领域汇总在一起来看,21 世纪的明显趋势是黄金消费增加。在经济大环境正常、反恐行动正常的条件下,珠宝业和黄金投资者将是黄金最大的消费者。关于黄金需求稳定、可控的增长是建立在黄金的非货币化基础上的。所以如果政府需要黄金支持货币,或者政府倾销美元时,黄金的需求就会立刻发生变化。除非央行采取一种唯一并且稳定的黄金政策,否则对黄金需求的威胁就一直存在。

供给

黄金的供给包括两类:新开采黄金和黄金存货。这两种类别实际上代表了黄金独特的属性,可以用于投资也可以用于价值贮藏。房屋的供给也包括这两类。黄金具有明显的央行和私人两层供应模式。计算央行的黄金需求时要考虑央行的黄金供给,私人拥有的黄金既是黄金需求也是黄金供给。通常认为,黄金存货量要以新开采黄金量为基础,所以一些分析师认为新开采黄金比现有的黄金存货更重要。我们已经知道投资减少会对价格产生影响,由于本书的主题就是关于黄金投资和投机的,所以世界的黄金总量是最重要的关注对象。

废旧黄金指废旧首饰及回收的电子元件中包含的黄金,它是黄金存货的一部分,这部分黄金的供应量对价格很敏感,当价格上涨时,废旧黄金的回收更为积极。

30 多年来,新开采黄金的量稳定增加,自从 20 世纪 80 年代末黄金价格猛涨开始,黄金勘探和开采技术的进步使黄金产量增加了约 300%。1980~

1990年，美国的黄金产量从30吨增加到294吨，增加了8.8倍。1995年黄金产量增长到330吨。虽然这5年的增长只有12％，但是，36吨的增长量已经超过了美国1980年全年的产量了。股市也同样如此，1987年的股指下跌500点导致大崩盘，而500点在2000年的影响会小得多。因为道—琼斯工业指数已经达到原来的4倍。

西方的黄金产出从1980年的960吨增加到1990年的1 755吨，上涨了85％。在之后的5年里，增加了175吨，约7.7％的涨幅。据GFMS有限公司估计，到2003年，全球黄金开采量达到2 593吨。仅仅在20年间，黄金的新产出量飙升了270％。

在就黄金货币本位的讨论期间，黄金的上述产出增长引发激烈争论。尼克松总统的黄金委员会认为：除非黄金产出增长至少3倍，否则，黄金不可能再次成为货币本位。根据当时的地质与技术专家的观点看，这种增加幅度不可能实现。自尼克松关闭黄金兑换窗口后的20年里，仅可识别出的黄金产量就增加了4倍多。

图6.16呈现了1980年到2003年的黄金开采情况。20世纪80年代至90年代的剧增要归功于提取技术的进步，以及不断增加的黄金副产品产出。首先，堆浸处理技术使企业能够以较低的成本从低级别矿石和土壤表层中提取黄金。仅这一技术，就帮助基本上没有产出过黄金的南卡罗来纳州在1992年跃升至美国50州中黄金产出量的第9名。随着新技术在现有资产中得以运用，黄金产出增长惊人。20世纪80年代末期，该产业研究文献显示黄金产出技术实际上部分方面受到限制。因此，最终的结论是任何重要的黄金新产出都依赖于新的发现。而历史中的先例与持续发展的技术则证明上述为伪命题。首先，到1993年，开采公司就很少在地表作业做过多投入，同时，技术更新也基本停止。20世纪80年代的重点主要放在对氧化/还原方法的提高上。全球的黄金产出基本上呈现为高技术化学处理和使用汞来隔离与去除低技术手工操作的混合产出物。

1996年，大约35％的全球产出源自于难融沉积物。不需要过于专业，黄金主要存在于那些包括有毒材料像砷以及砷黄铁矿的热沉积物中。传统的提取技术"焙烧"加工成本很大，而且受制于环境问题。堆摊浸出氧化的金矿技术已经取得明显的进步。高压灭菌技术可以实现从低级别矿石中低成本开

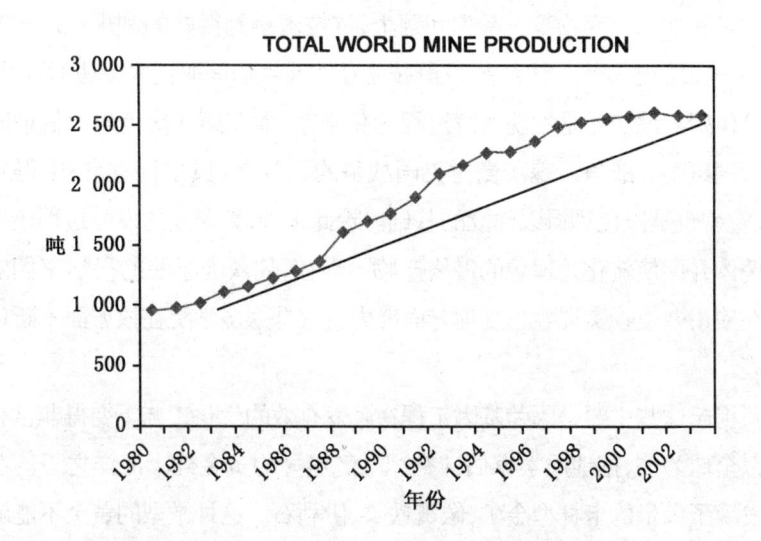

TOTAL WORLD MINE PRODUCTION

资料来源：GFMS, Ltd.

图 6.16 矿产总量 20 年来的趋势一直是上涨的

采。

地表中的氧化亚铁硫杆菌和细菌实际上可以消耗掉低级别矿石，从而使得含有黄金的矿物更容易开采。这些新的菌体消耗掉了不为我们需要的材料。使用它们的优势就是减少有毒副产品的出现。消化后剩下的任何砷都呈惰性。这一过程不涉及高毒性的氰化物。更明显的是，细菌氧化物的效率很高，而且资本与运营成本很低。1994 年，美国纽蒙特矿业公司申请了其特有的生物氧化技术的专利。从那时起，生物浸出技术已经通过各类的升级和矿石预处理得到了不断的改进。

在 21 世纪初期，微生物学家发现了全新的生物处理技术，其范围从创造电线环路到分子存储模块。被称为"极端微生物"（extremophiles）的精微有机物处理金属的方法类似于我们现在使用的氧气。位于阿姆赫斯特的马萨诸塞州立大学的德列克·勒夫里发现微生物的呼吸可以溶解包括镉以及金和银的各类金属。这一发现立刻引起人们对深海中热液喷口的兴趣，不知它是否具备将溶解的黄金转化为沉积的金属固体。

由于杀菌剂的效率问题，早期的实验效果并不是很理想。在一个严格控制的环境中需要消耗大量有机物才能产出极少量黄金。但是，在油轮漏油到回收化学和加工废弃物等一系列问题上，该技术得到很好的利用。这一方法如白酒一样历史久远。事实上，发酵技术在发展生物提取技术上功不可没。

哈伊姆·魏茨曼是发现发酵过程的化学家，他在第一次世界大战期间帮助同盟国赢得了战争。魏茨曼对英国战争的贡献在《贝尔福宣言》中得到认可，该宣言也是以色列得以建立的基础。除此之外，魏茨曼的发酵过程还涉及训练菌体并促使转化为理想的最终产物。现在，魏茨曼学院的科学家们依然继续在使用微生物实现生物处理方面努力。它是众多学院在该方面不断付出的代表。

我提起这些主要是因为基因工程在越发有效的生化工艺下变得非常有前景。以全球为例，据地质学家估计有250亿盎司的黄金处于海洋之下。在岩石中发现了大量的卡林型金矿，像黄铁矿、伊利石。这种微型的黄金不能够在显微镜下看见，有时也被称为看不见的黄金或者微型黄金。但是，依靠这些方法，从海水中提取黄金是很不经济的。

然而，经济是决定黄金价格和技术发展的方程。在现有的生物技术下，我认为从海水中提取黄金的有效方法是存在的。进一步说，黄金能够被不断降低的成本所收集。如果黄金的供给大于其需求的话，那么，其价格就会大幅下降。我是市场经济的信奉者。其将会达到新的供需均衡。总之，见证科技怎样发展会是一件很有趣的事情。

矿石的种类是多种多样的，每种矿石的提取方式各不相同。在20世纪80年代，由于资本成本和风险的关系，浅层黄金的开采很是火热。到了新的世纪，由于机器人和计算机技术的发展，使得开采向深层黄金开采发展。导致矿产成本变化因素之一的就是环保。深层采矿需要面临高温和环境的挑战。当开采时，空调增加了大量的开支。储水装置带来了进一步的问题。复杂的远程控制和计算机系统减少了人工开采和运输的成本。同样重要的是，探测装置也能更加精确地探测矿石稳定性的信息，从而可以预测可能的岩爆。

有了这些发展，地质工作者可以运用新的工具来评估矿石的含金量。卫星照片、探磁仪、地下的符号和对地球形成增加的了解，使得人们可以揭秘不断增加的可能存在的黄金矿。我们都清楚地球发生了大陆分裂。我们现在所知道的大陆在寒武纪之前是一个单一的陆地整体。随着板块构造运动，大部分地壳都发生了移动和改变了位置。金属矿也都重新分布形成了带有特殊电磁体信号的聚集点。地球物理学的地壳运动对于那些沉积物的形成方式和时间给出了更为精确的数据。

对于那些有兴趣的人,"大地电磁法"是探测很有可能含有的某些矿物质的岩层的方法。该方法在石油和采矿业,可以准确有效地定位具有勘探前景的地点。简单地说,基于地球的结构和材质,它呈现出特殊的电阻性。科学家测试通过结构的电流量,能够得出一个配置文件,其中生成一个矿床的概率分布。再结合三维地下断层,矿产勘探已进入了一个复杂和高效率的全新阶段。

其他新兴技术包括电活性/反应过滤系统,这些系统能够保证从低品位矿床中低成本提取黄金和其他金属。这些投资者声称从海水中提取黄金的具有商业规模的工厂能生产出低成本的黄金,为每盎司50美元。这将是黄金市场的一个惊人的发展,一个足以回到金本位制时代的发展。那么这个世界对接踵而来的丰富黄金做好准备了吗?人口问题则显示大量的黄金出现的正是时候!

这是一个大胆的飞跃,但我相信多种技术的结合使得大量新的金矿的发现速度越来越快。未知的或关键的变量将永远是黄金价格与开采的费用比。但是,根据目前的商业技术,我预期供应趋势线会再次向上变陡。在20世纪90年代末增速下滑趋势将会扭转并且至少保持稳步增长几十年。

也许影响每年供应量变化的最重要因素是地缘政治环境。进入新千年之际,大多数主要黄金产区仍然笼罩在经济、政治和人口不稳定的面纱之下。

在1988~2003年间,只有两个国家维持黄金生产商前十名的地位。这两个国家是前两名的南非和美国。还有一个问题是,美国是否确实是1987年的第二名,因为根据非官方估计,俄罗斯的产量从150吨至高达270吨不等。如图6.17和图6.18,排名前十名的生产商的国家名称和排名都发生了变化。南非的主导优势从20世纪80年代末超过600吨的产量减少到2003年的400吨。

该排名直观地显示了整个世界的黄金生产已经全部洗牌。不仅主角在动态变化,而且产量更均匀。这表明全球扩张与均衡格局。在1987年产量排名第一的南非和排名第十的委内瑞拉之间的差值为591吨或者97%,到2003年两者差值仅为330吨或者82%。而排名第一和排名第二的差值2003年比1987年小得多。

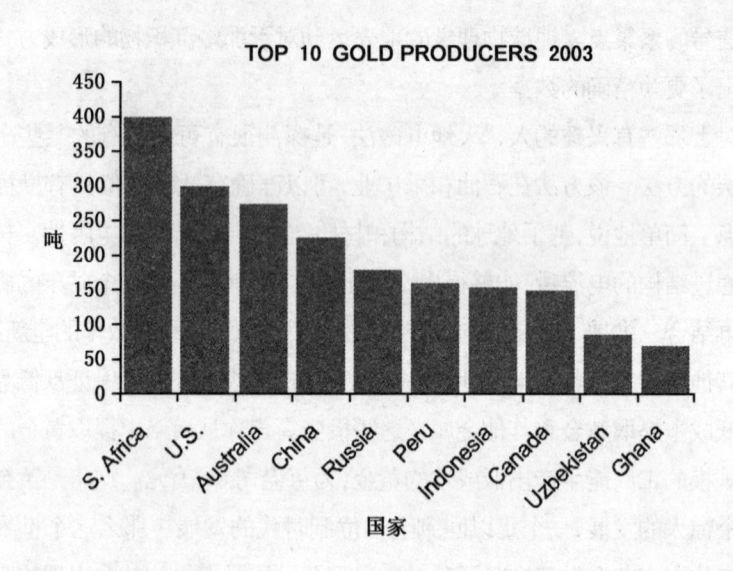

TOP 10 GOLD PRODUCERS 2003

资料来源:GFMS, Ltd. ; U. S. Bureau of Mines

图 6.17　2003 年黄金产量前十位的国家

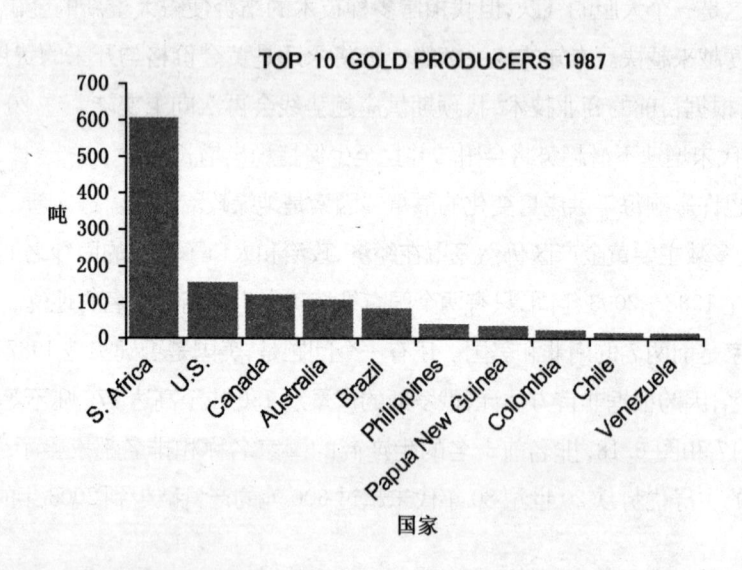

TOP 10 GOLD PRODUCERS 1987

资料来源:GFMS, Ltd.

图 6.18　1987 年黄金产量前十位的国家

请注意名称以及排名的变更。1987 年,排名前十的生产商包揽了大部分的黄金生产。大约 15 年后,一些甚至不属于前二十的国家的产量都和 1987 年排名第四的澳大利亚一样多。这种多样化的生产格局将继续向前迈进,并且随着地质发现和经济发展,排名表也会发生巨大变化。

考虑过去曾发生的产量脱位的影响是特别重要的。最值得注意的是,劳工、动乱、罢工和政治动乱已经成为影响生产的主要因素。由于黄金产量在越来越多的地区之间分布,单个事件对黄金产量的影响也会越来越小。当然,一个南非矿山因劳动争议而关闭将有一个较大的影响。相比之下,整个古巴的产量都失去了也是微不足道的。

在20世纪行将结束时,艾滋病的传播给非洲源源不断的劳动力供给带来了威胁。南非估计有6 000万艾滋病初期患者,它的大部分劳动力都处于危险期。艾滋病不仅仅是一个人类悲剧,它还是许多非洲国家经济下滑的定时炸弹。黄金生产依赖于健康年轻男性劳动力的稳定供应。因此,艾滋病很容易成为减少非洲潜在生产力的一个因素。

即使通过生产自动化减少劳动力需求,在不久的将来也不能保证减少到以至于避免由于类似艾滋病造成的劳工短缺问题。此外,并不是只有南非面临艾滋病这一威胁。截至2004年,一些人口专家宣布艾滋病流行甚至比西班牙流感加上黑死病还要严重得多。

预测显示,艾滋病在中国、印度、俄罗斯、拉丁美洲,以及太平洋沿岸地区呈几何级数趋势扩散。当考虑到人口大量减少对经济和政治稳定的负面影响时,西方列强也没有任何理由自满了。艾滋病有能力消灭一半以上的发展中国家的人口。

同样令人不快的威胁包括SARS、恐怖主义和全球冲突等事件的形成。本书不是写政治经济灾难的书。但是,任何在实物金属领域的投资者都要追踪与消费和生产方式有关的人口格局。

在其他方面,地质调查表明,美国、加拿大、南美、印度尼西亚、澳大利亚、中国、印度和俄罗斯的生产将会加速。相比之下,南非的产量将以较小的速度增长,在进入21世纪时甚至出现了衰落。经验告诉我们,调查并不总是可靠的,因为技术可以改变生产的前景和潜力。报告显示,在南非发现矿床类型欠缺经济吸引力——因此在南非产量预计会下降。这意味着如果俄罗斯不用被像南非一样对矿石质量的巨大制约因素约束,更重要的是,环境会严重限制扩张,那么美国有可能成为排名第一的国家。美国并不盛产矿石,也没有低成本劳动力。

当考虑到劳动力和技术的差异时,我不一定会认为,南非金矿是注定不那么有吸引力。一个多世纪以来,南非金矿变得不那么有吸引力。南非的一些矿石一直享有最高收益。它的地质结构仍存在将会成功开发的广大地区。南非已经获得相对廉价的劳力,也不具有像美国一样的规章制度。矿石生产的领导地位并非简单取决于矿石的数量或质量,而是取决于资本、劳动、政治稳定、投资环境,黄金价格的表现就更不用说了。

图 6.19 显示了从 1980 年至 2003 年各主要地区的增长格局。在大多数情况下,生产者从 20 世纪 80 年代开始都有能力扩大产量。和这一趋势最明显的背离是南非产量的持续下降。相比之下,中国、印度尼西亚、独立国家联合体(俄罗斯联邦)和秘鲁的产量一直在增加。巴西产量保持不变。

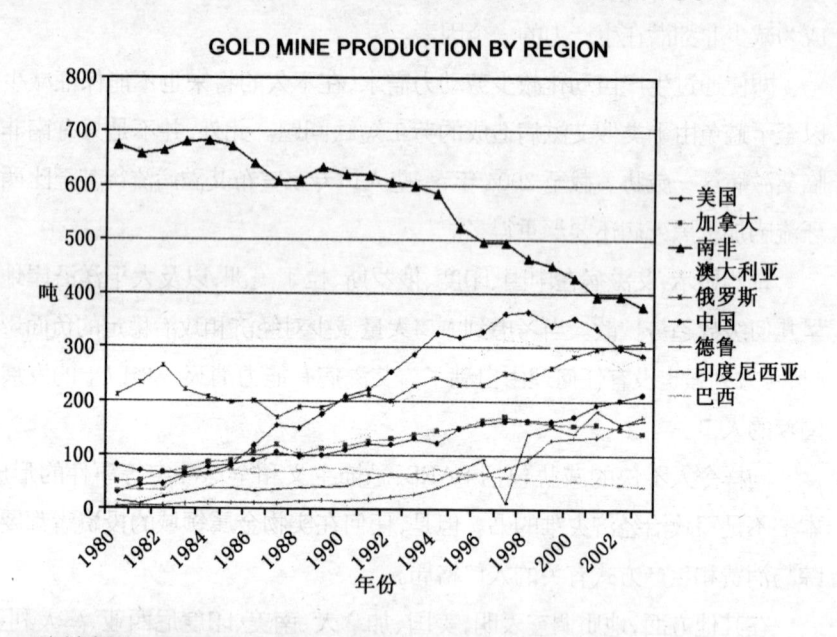

资料来源:GFMS, Ltd.

图 6.19 从 1980 年开始当第一位的生产者预计到收益下降时,其他生产者都增加产量,同时也发展黄金的质量。符合收入弥补了南非的降幅

图表只单单给出一个历史快照。全面的基本分析才是正确分析的基本要素。根据地质情况,我相信在南美洲、太平洋沿岸地区、澳大利亚和加拿大存在庞大的未开发资源。在 20 世纪末,地质学家加强了对特定的岩层——金伯利岩层的搜索,这一岩层蕴藏着钻石和其他的矿石(例如黄金)。一个最大的

金伯利岩矿就位于加拿大北部。

"加拿大地盾",是指岩层从美国的边界向北扩大。直到20世纪90年代,这一地区仍然基本上未开发,虽然一般情况下地质中蕴藏的钻石可能性比较大。事实上,大量钻石是在南非发现的。在撰写本文时,加拿大刚刚开始勘探这些地区的黄金潜力。

位于印度尼西亚的格拉斯贝格铜矿是世界上最大的铜矿之一。印度尼西亚的铜矿产量从1994年的55吨增长到2001年的183吨。秘鲁拥有极其丰富的铜矿资源。黄金与铜矿往往是伴生的,因此,亚纳科查金矿与格拉斯贝格铜矿都排在前列。这说明了金矿的开发从南非转移到新的未开发领域。

我的研究表明,铜资源丰富的南美山脊地区,包括智利和秘鲁都有着很大的矿藏潜力。这个区域将在新千年的前一半时间对矿石开发作出持续的贡献。环太平洋地区的资源在20世纪90年代末很少被提及,本书是第一次提及。在不到10年的时间里,这一地区已成为新领导者。

当然,独联体拥有很多有力的迹象。随着经济的不断西化,独联体成员将在全球产量中占一大部分也不是没有可能的。

矿产总产量处于一个相对平稳上升的趋势。根据回归分析推断,矿业公司每十年增加了25%甚至更多的产量。统计不一定能测量地下资源或将来扩产的经济活力。因此,使用直线或曲线推算的假设更需谨慎。至少30年的经验为黄金开采沿着如图6.16所示的路径增加提供了坚实的基础。

价格成本比率

价格的高涨必然要与产量稳步攀升相联系。因此,预测结果必须通过价格成本比率检验。如前所述,从开发新矿到矿石加工的一切过程已变得更有效率和成本效益。但是,我们可以预期劳动成本,回收的成本和资本成本将会随着全球经济扩张而上升。

从总体来说,黄金成本取决于以下方面:(1)土地,厂房,设备;(2)矿石品位;(3)资金成本,包括现行利率;(4)劳力;(5)土地复垦和污染控制;(6)能源;(7)开发与发展;(8)二次精炼;(9)土地租赁;(10)赋税;(11)营销;(12)一般管理费用;(13)套期保值。

给定不同类别成本对总成本的贡献,也难以辨别特定的趋势。例如,在1986年黄金成本从每盎司150美元到高达每盎司280美元不等。平均来说,南非成本较低,为每盎司188美元,而菲律宾成本较高,每盎司216美元。黄金的平均价格约为每盎司370美元。价格成本比率范围就是2.46~1.48。

2003年,现金成本从180美元上涨到291美元。世界平均成本为222美元而黄金的平均价格为363美元。价格成本比率从2.01至1.25,平均值为1.64。尽管经过近20年的通货膨胀,但我们惊奇地发现,无论是黄金成本还是黄金平均价格在1987年和2003年都非常接近。资本(融资)成本是不太可能长期处于低水平的,因此,我们可以预期黄金的部分费用会随着利率变动。

黄金开采费用尚未明显持续膨胀,这使我们的确看到了先进技术的证明。即使再加上高品质矿石的提炼,该行业也保持了相对稳定的成本结构。我们将在第十章中提到,技术因素已经成为考虑黄金股票时的一个重要因素。即使在价格下降时期,黄金开采业的效率高低也会预示股票的表现。

鉴于高新技术的探索和对高品位矿床的发现,成本应保持在一个合理的区间内提高。但是,当价格成本比骤降至1.1以下时,我们预期调整产业结构和降低边际生产。如果我们假设在一个成本稳定状态下,比例低的原因是价格低廉。

相比之下,高比例促进边际生产。当金价为每盎司500美元以上时,开采和加工成本可以放宽到450美元以保持1.1的比例。简言之,成本和价格之间的差值要超过50美元才足以推动产业发展。从看到黄金在新世纪初在250~440美元之间波动起,行业管理需要追求的是一个非常保守的增长轨道。的确,对新的和已有财富的占有还是存在竞争性的,但还没有到达为之疯狂的地步,直到(除非)黄金价格高达每盎司550美元到600美元之间。

如果黄金到达一个高比例,更多数量的黄金就必须被吸收。我们也理所当然地可以假设大部分的黄金被囤积起来,最后来满足供应。在自然经济周期中这是一个有助于增加振幅比较独特的动力。

官方储备

我先前将官方黄金储备作为潜在供应的增加。与现代经济结构相关的全球政治建议将黄金从中央银行储备资产中去除。《马斯特里赫特条约》拒绝将

第六章　黄　金

黄金列入官方储备资产。事实上,自从尼克松总统关闭黄金兑换窗口以来,黄金已经出现撤资的趋势。一些政府已经积累了新的库存。新兴经济体如越南仍然使用黄金来增加货币储备。

根据国际货币基金(IMF)组织,2002年至2003年世界中央银行总储量约为32 358吨。毫无疑问,如果将它批量销售,需要一个庞大的市场来容纳。但是,在根据许多央行达成的协议——央行售金协议(CBGA),官方销售黄金要预定每年的销售量。其目的是随时间有序稳定撤资剥离。

有趣的是,最大的官方储备并不像多数人认为的是瑞士。正如本书所述,美国仍然是最大的官方库存持有者,超过8 000吨。德国位列第二,数量约为3 500吨。图6.20显示了官方黄金储备前十名的央行。尽管很多人都将瑞士想象成最大的黄金囤积者,但它远远排在了美国的后面,处于第六。英国更是榜上无名。

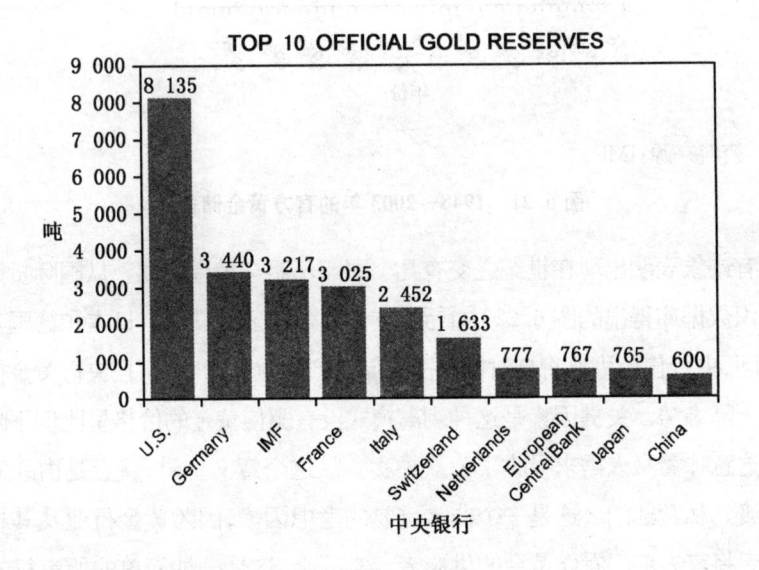

TOP 10 OFFICIAL GOLD RESERVES

中央银行	吨
U.S.	8 135
Germany	3 440
IMF	3 217
France	3 025
Italy	2 452
Switzerland	1 633
Netherlands	777
European Central Bank	767
Japan	765
China	600

资料来源:GFMS, Ltd.

图6.20　前十位的官方央行黄金储备,显示了美国持有量是另一个最大持有者持有量的2.36倍

图6.21显示了1948~2003年的黄金储备格局。我们看到尽管央行在出售,但世界黄金储备并没有很大变化。与大多数人想法相反的是,美国在1975年的黄金买卖合法化后并没有大量兜售。美国大部分黄金储备是通过

开放政策在被尼克松关闭的黄金窗口交易来降低的。贸易顺差国与美国在美元窗口用美元换金条。请注意，从 1957 年美国储备高峰期起，德国就开始以牺牲美国为代价在积累黄金储备。

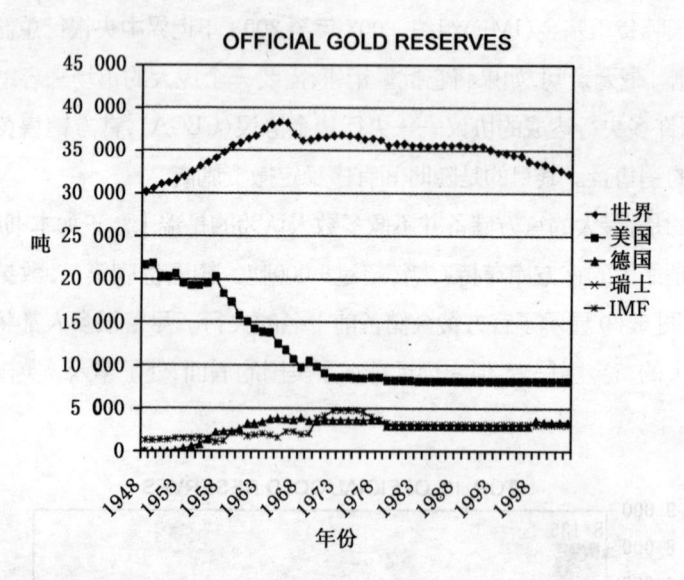

OFFICIAL GOLD RESERVES

资料来源：IMF

图 6.21　1948～2003 年的官方黄金储备

有迹象表明出现在世纪之交有几个国家不愿与黄金脱离。从国际货币基金组织数据库得出的图 6.22 中看到，它们是葡萄牙、西班牙、日本和德国。毫无疑问，央行售金协议将会对协议国的储备产生重大影响，而且央行黄金持有量呈下降态势。关键因素是这种剥离模式没有驱使黄金的价格呈比例下降。

这意味着私人需求吸收了公众拍卖。从这个意义上讲，黄金是由政府控制过渡到私营部门。这是一个非常重要的考虑因素，因为黄金行业及其相关分析者将官方部门看作黄金的供应者。实际上，这是一种简单的所有权的转换罢了。诚然，500 吨黄金的提议在央行售金协议中将增加"待售量"，这是一个出于供方的考虑。但正如前面提到的，今天的黄金的官方销售剥离正代表了其购买者在制造过程中消耗量的异常积累。

本书的引言中提到：央行不会抛售黄金储备。如果任何流动化过程发生，而长期秘密地进行销售。这将是自拆墙脚的行为，通过不当销售导致储备资产的价值下降。假设世界经济体系永久放弃黄金，从 1995 年的储备和销售模

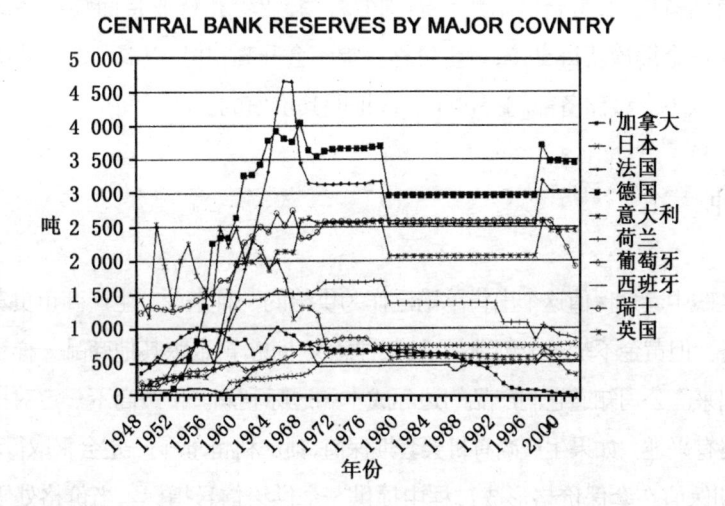

CENTRAL BANK RESERVES BY MAJOR COVNTRY

资料来源：IMF

图 6.22 1948～2003 年间主要国家的黄金储备量

式的规模看,这些资产将在 25 年内消失殆尽,到 2020 年将归零。

对价格的影响尚不能确定,因为经济学家不能预测未来很多年的经济状况。事实上,专家对超过几个月的准确预测就相当困难了。清算过程稳定表示经济环境稳定。结论是,如果储备将被加入新产品流程中,黄金将失去价值或平价。专家们知道,总储量是有限的。在某些阶段,如果没有进一步的积累政策,销售可将存储供给消耗殆尽。

前面我分析到了央行售金协议,它将销售从不确定转向确定,并且秘密转向公众。然而,考虑到参与国持有量,按照这个销售速率这个协议可以保持到 2020 年。现在央行售金协议只有 15 个成员国。更多的国家可以出台大量不同的政策来加快这一进程。

认识到黄金的稳定的重要性,央行对于将黄金转变为其他资产已经采取了一种保守方式。随着新矿每年生产 3 000 吨,部门仅销售 500 吨,还不到新增产量的 20%。当考虑需求时,官方部门销售应考虑是前进中的稳定部分。

黄金提倡者认为,部门销售扭曲真正的黄金价格。这等于是说把小麦从储备中拿走会扭曲粮食价格。部门销售是黄金等式的一部分。它们既没有提高也没有降低价格透明度。央行储备的操作机制与其规范货币市场是通过公开市场业务大致一样。

没有储备部门,黄金价格将可能剧烈震荡,业界和行业将面临更多的风险。如果黄金勘探获得支持,黄金价格一定不会升高,并且以混乱的方式降到实际价值以下。该储备部门提供了一段证明其价值的缓冲时间。

对冲

在实践中套期保值这个出售承诺已作为供给的一种来源。生产商负责黄金制造业务。但黄金不是一个创造品,从某种意义上说,黄金跟其他商品一样被加工制造出来。公司知道它们产品的边际成本和边际利润。生产商不一定对投机黄金价格有兴趣。如果生产商有机会套期保值,锁定利润,他们一定会采取行动。

套期保值在套保价格形成过程中提供一个供给信号指标。当价格处于坚决上升趋势时,对冲头寸下降,因为公司在一些特别水平下确实会投机。这使我们回到了价格成本比率。当这个比率超过 2.0 时,套保的动机就会消失,因为价格超过成本的利润已经足够保证一个安全利润。正如我们将看到的,黄金价格上升时公司不一定做得更好。特别地,如果对冲欠佳或黄金的价格走势太快以至于很难快速做出对策时,对冲头寸的减少比例比价格比例来得多。这就是为什么对于通过投资黄金股票来投资黄金的投资者来说股票公司的套保策略很重要的原因。

大趋势

主要趋势指的是增加黄金供给能保证需求以递减速率减少。在没有货币或政治危机的情况下,黄金将保持商品供求平衡。作为最早的货币金属,黄金已经被包括快速信息传输以及处理诸如期货、期权和衍生品这些综合评价工具等货币技术所替代。当然,国家也可以回到资产支持货币,但这无法紧跟当前的全球经济扩张步伐。

依附于黄金的宗教和文化很有可能被现代化所稀释。在我们的信息化时代里旧传统快速让位于新思想。中国家庭在变富裕时会选择收藏积累黄金还是电视和个人电脑?总之,黄金作为一种象征,在西方受到挑战,在东方受到检验。

第六章 黄金

对黄金的基本需要永远不会消失。此种贵金属将会有一种实际价值。尽管考虑技术和开发更倾向于经济化生产和低卖价规模,但还是有很多工业应用技术可以轻松将黄金转变为消费品而非储备物。

我们认为,在现代黄金是对冲危机的工具,但这两者的对冲关系在20世纪80年代到90年代间并没不成立。即使在"9·11"恐怖袭击后,与预期相比,黄金价格仍保持在低位。与衍生工具交易相结合,黄金重新加入了资产行列。黄金与投资者的分离可能只是在全球加速发展下向更不确定的货币时代迈进时的一段小别。因此,黄金确实可能在现代投资组合中占有一席之地。

第七章 白银基本分析

白银作为主要工业金属和潜在货币标准的独特属性比其他金属更具多元化的基础。白银的传统意义上可承担的价格使得它比其他贵金属团体的成员更富吸引力。我们经常听到白银是"穷人的黄金"。在现实中,白银的工业应用与名不副实的黄金大不相同。但金银两者之间的价格仍存在高度相关性。不考虑通货膨胀,白银的应用扩展到摄影、影像、电子、焊接、镜子、医药、水处理、珠宝、餐具、电池、玻璃涂料和硬币中。白银仍是最好的金属导体。它具有优异的热传导性。银可以用在抛光的最后一层上,因此,具有反射作用。

快速增长的工业应用涉及电子、电池、催化剂和生物统计治疗等。最大的一次性使用技术是感光成像。直到最近也没有出现比白银更为合适的材料,工业应用非常依赖其独特性。然而,在20世纪90年代,白银的应用遭到技术创新的猛烈冲击。

从20世纪90年代到新千年,白银出现了越来越多的负面宣传。我必须承认,自己也应该为白银陷入投资者们淡却的热情负一些责任。早在1988年,我在NBC全国广播公司的"Today"节目上谈论新纸币和白银。我的道具包括几根银条、一卷胶卷和一台摄像机。我谈论的重点是,这种"无胶片摄影"将对银消费产生负面影响。几乎每个星期都有新的技术侵占银在高消耗领域的份额。例如,当银质镜工业刚复苏时,科学开始提供代表了已知的最高表面反射的单分子"介质镜"。这些特殊的反射镜光谱敏感,能够百分之百反射指定光线。虽然在世纪之交介质镜大面积反射仍处于测试中,但毫无疑问这些科学的奇迹很大程度地削减着银在工业领域的份额。

意识与现实之间相距甚多。虽然介质镜有很多前景,但制造过程需要很长的时间。如果当介质镜代替了这种新技术,则该消息将会在今后很长一段时间里使银的消费水平下跌。不过,重要的是将这个可能性变为长期银战略。特别是,在任何一个较长期计划购买和持有物理金属应考虑银镜将被替换或补充的可能。

如前所述,白银是最有效和最古老的杀菌剂、除藻剂和除孢剂。给新生儿经常用的药物就是防止眼睛感染的硝酸银眼膏。白银具有非常低毒性和过敏性反应,因此,它非常适合做抗生素和消毒试剂的替代品。在20世纪80年代后期,白银作为杀菌剂又重新受宠。即使在生物恐怖袭击之前,医学界正在寻求办法来对抗新的自然微生物的威胁,例如,金黄色葡萄球菌和链球菌感染抗生素排斥,医院越来越容易受到抗感染细菌和真菌的威胁。白银提供了一个良好的解决方案。已经证明极低浓度的银离子或胶体是非常有效的消毒材料。不同于一些高毒烟性化学品,白银是环保的。大多数实验结果表明,白银破坏细菌的机制与其他抗菌制剂不同。

白银的抗菌特性应用在水处理、空气净化和食品保鲜等方面。事实上,银技术被认为是大批量水净化的最有效方式,因为它并不需要能源支持。在印度、巴基斯坦、中国、南美和非洲地区,干净的水是当务之急。在需要消毒水的领域常常无法达到标准电压。银净化器可以作为独立的机器。

在消毒流程发展过程中的另一个潜在增长领域就是超声波、紫外线和X射线。到20世纪90年代中期,一些公司引入一个理论上无限保质期的照射食品。这同样的过程用在水净化系统的进程中。由于新的应用是建立在白银抗菌性能的基础上,替代杀菌剂是重要的考虑因素。在印度,两个水净化系统已考虑在小村庄住宅使用。一个是白银过滤系统;另一个使用紫外线灯。如上所述,使用白银的主要优势是其与外能源的独立性。但是,随着能量分布系统迅速在不发达国家的出现,这种优势可能会失去。

蓬勃发展的电子业可能存在持有白银的最大潜力。在这里这一白色金属又与科技创新放到了一起比较。小型氧化银电池用于钟表、照相机、助听器/医疗设备等代表了一个巨大的增长领域。可能产生同样强大能源的轻量级电塑料电池目前也正在研究中。而且这些塑料装置似乎是可充电和环保的。

截至2000年,最广泛使用的白银来自三个类别:珠宝/银器、照相和电气/电子(见图7.1)。1997年,摄影占了主导地位。影像仍然是一个主要类别,占年消费量的28%。然而它原本占有40%的市场。

1977~1988年期间,世界白银总消费量呈下降趋势。直到20世纪90年代,发展中国家财富出现增长,才使得白银市场得以扭转。例如富士、柯达这样的胶卷相纸生产商展开了一场激烈的角逐。同时,两巨头达成一项新的胶卷标准以暂缓数字成像的到来。

图 7.1 表示银消费主要类别。白银总消费量的增加反映了 20 世纪 90 年代的繁荣。伴随着 2000 年股市下跌而来的经济下滑也可以从图中看到,消费量降低到 1999 年的水平。

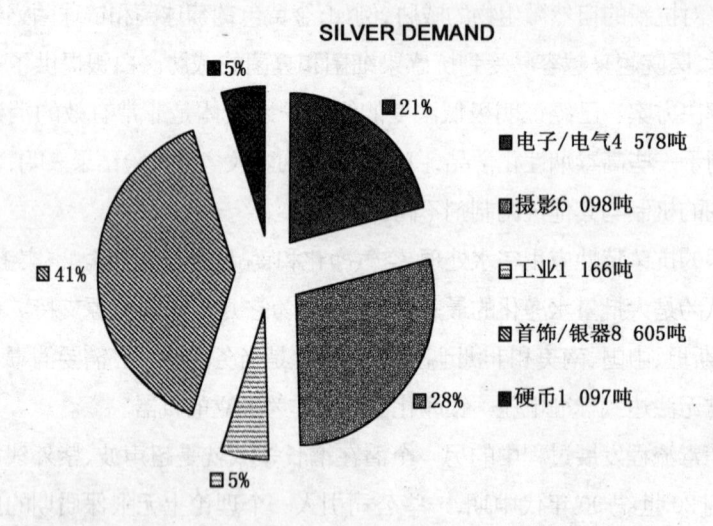

资料来源:GFMS, Ltd.

图 7.1　世界 2003 年主要分类的白银消费情况

首饰和银器

在我看来,首饰和银器领域的增长值得注意。当人口结构可能导致需求变化时,我便推测对于首饰与银器的传统消费会受到冲击。然而,零售商与婚庆公司的数据显示,(在特定时期内)对于银器的需求并未下降。我仍然相信高品质的不锈钢餐具将影响银器的受欢迎程度,但我承认我的观点过于主观了。

之后,银器销售开始下降,但跌幅早已被首饰需求激增所抵消。如果银是生物体,我们可能会得出结论,首饰和银器需求取得动态平衡——能使得白银保持稳定的平衡点。白银首饰已稳定增长了几十年。从 20 世纪到 21 世纪,白银首饰消费量增长约 27%,而银器消费量只是轻微下降。白银颜色独特,重量轻,手感舒适,微略有铜绿和可塑性使得其广泛应用于戒指、手镯、吊坠、发饰、耳环、手表和其他小摆设。银是时代的产物。它相对较高的性价比使其所制的佩饰的价格在昂贵的金铂及金之间处于理想的中间价格。

在撰写本书时,银饰品正在亚洲大受欢迎。这一白色反光金属比黄金更衬亚洲人肤色,并且两者更协调。当然,铂金是首选的高档金属。但它庞大的市场需要大量需求。这并不意味着银饰有一个汹涌的牛市,而是说银饰品越来越受欢迎,且从1990年到2004年每年可能增加1%～3%。

银首饰于20世纪90年代开始流行。不同于传统的黄金和宝石首饰,银的流行可能代表着不能忍受时间沧桑的时尚记事而已。因此,无论是靠银器还是银饰的增长的风险性都比依靠工业应用而拉动的银需求增长的风险性来得高。

由于印度在银饰制造中占据了第一的位置(见图7.2),它理所当然日益支持消费增长。有趣的是,美国股市初期的失败与印度银偏好呈负相关。事实上,加工制造首次超过1亿盎司。

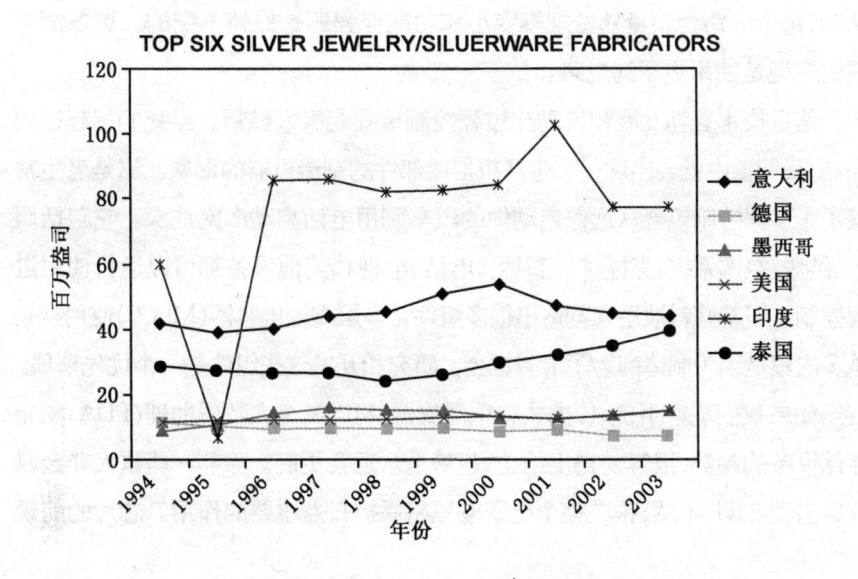

资料来源:GFMS, Ltd. ;Silver Institute;Commodity Yearbook

图7.2　前六位的珠宝和银饰国家都表现出在进入新世纪之后的混业经营趋势。意大利在将黄金珠宝产量转化为银饰之后产量大增

虽然2000年3月的经济衰退可能降低银饰和银器消费,但影响似乎已经微乎其微。当试图辨别其基本逻辑时,我们会发现没有一个确切的逻辑存在。

银器类已经扩大到不仅仅餐具、碗、酒杯这些其他东西。个人物品像发梳、梳妆镜、相框、钥匙链和牌匾都成为银器的新成员。即使范围如此广泛,大家还是感觉到银器的需求在减少。

电子及电气

另一个方向发展是与高科技健康相关的电子业。具体而言,电脑芯片、电路和接触需要焊料和膏粘合剂,使用银越来越多。这是个好消息。但不好的消息是该行业正在提高效率减少原件的银用量。这个减少过程只在1995年到2000年这五年每个单位的银用量就减少了30%。虽然应该有一个实际减少的限制,"微粉"现象正在以几何速度缩小电路大小。摩尔定律预计每年0.25平方英寸计算机集成电路晶体管数目增加1倍。自戈登·摩尔在1965年声明,该规律到2004年还普遍有效。在直线基础上,人们可能会得出结论认为,每个电路含银量随着规模变小和功能变强还是保持不变的。更多消费银的关键是使用更多的电路。

信息技术蓬勃发展和自动化过程控制给我们极大鼓舞。当我们想起过程控制,我们脑中就会出现一个生产机器或部件的制造机器的形象。这是老生常谈了。过程控制包含从远程启动你的汽车到用电话启动浴室洗澡。它包括照明、供暖/空调系统、烹饪、打扫卫生、电话、电视和其他设备都可以运行使用过程控制。银基浆料被用来创造出很多组件。多层陶瓷电容器(MLCC)使用越来越多的银是因为制造商为了节省钯金。研究和开发这些组件是一个优先事项。

如果我们观察手机、便携式音乐播放器(MP3)、个人数码助理(PDA)和光存储设备的趋势,很容易得出结论,趋势是永远会更高。除非一些重大非金属突破出现在即,不然,银在整个电子业里将承担日益重要的作用。芯片的前景是美好的。

银钎焊料在电子和汽车大型构件焊接上使用。这一领域的消费量随着总的经济增长而增长,但对影响成品需求的经济周期比较敏感。随着中国、印度、独联体国家(俄罗斯)和南美洲经济持续发展,我们可以确定这个消费呈比例成长。提醒一下,任何的增长都将出现在扩张阶段。我们不能指望在一年内看到银钎焊需求双重或三重增长。这些模式显示了在电子和焊接方面增长和摄影方面降低之间的不平衡。不过,重要的是要记住两者有相互抵消的部分。

在1994年到2004年这十年里,工业消费量由7.58亿盎司增加到8.6亿盎司,涨幅为13%。这绝不是一条直线。在此期间,2000年衰退前需求达到高峰,为9.1亿盎司。这代表了6年增长超过20%,每年约3.3%。2000年高科技泡沫破灭的影响持续到2004年,我们可以认为正常的扩张是介于1.5%和3.5%之间(见图7.3)。

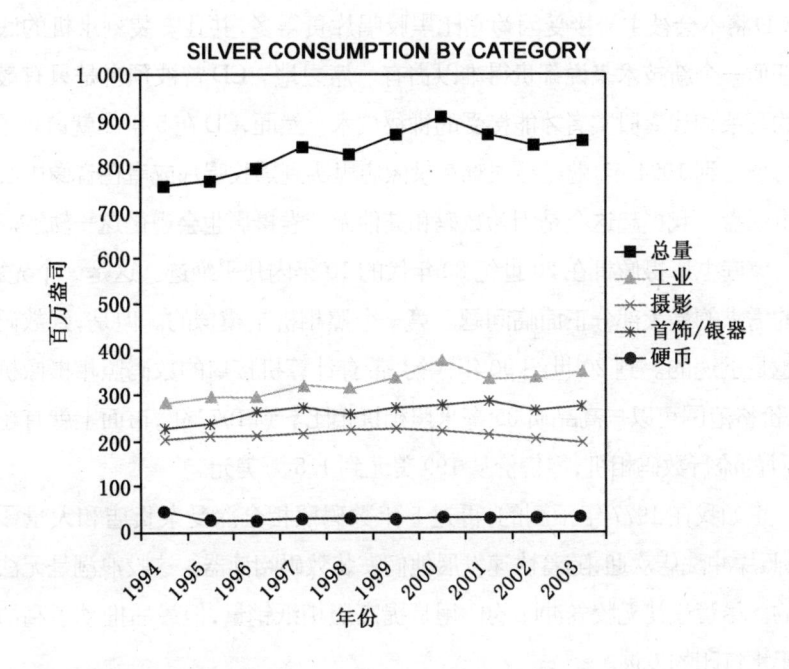

资料来源:GFMS,Ltd.

图7.3 1994～2004年的世界消费显示了除摄影以外其他所有类别近乎平稳的使用情况

等式的未知构成部分是中国、印度和其他工业化进程中国家的经济扩张速度。给定人口,3.5%的增长率是很低的。根据一些估计,中国对便携电话的依赖要超过有线电话。这意味着更多的手提设备需要大量的银。

摄影

截至1996年,大约43%的新产品消费在摄像相关过程,包括消费者和工业摄影、医药、工业 X 线、平版印刷等。2003 年下降了 10 个百分点到 33%。根据 1/3 的新矿都贡献于这个领域，我们认为摄影应用在价格方程中保持关键地位。当数字图像加速发展时，我们并没有将焦点放在胶卷的未来上，这似乎有点令人惊奇。尽管新图像技术在 20 世纪 90 年代蓬勃发展，但到 2000 年投资者和分析者忽略了潜在银需求。

举个例子，当压缩光盘(CD)最早问世时音乐发烧友曾召开讨论会。讨论了 CD 将不会被主流接受因为它比黑胶唱片贵得多，并且安装刻录机的底座对任何一个新技术来说都贵得难以占有一席之地。CD 曾被预言是只有最挑剔的耳朵和钱囊殷实者才能接受的神秘技术。然而，CD 在 5 年内就占领了音乐市场。到 1994 年，就已经很难在录像店里买到黑胶唱片或者在音像中心买到电唱盘。我提起这个是因为数码和其他无胶卷摄影也会遵循这一轨迹。

家庭电影摄像机在 20 世纪 80 年代的 10 年内几乎绝迹。这是一个先兆，银的需求的最大部分正面临问题。第一个照相机是模拟的。但是，到数码的跨越是迅速的。到 20 世纪 90 年代初，带有计算机接口的数码照相摄像机面世，价格范围可以与高品质 35 毫米照相机相比。到 1977 年，市面上就有超过 30 种的流行数码相机，零售价从 199 美元到 1.5 万美元。

正如我在 1977 年预测的，再过 5 年数码照相会深受杂货店和大量零售商、照片冲洗店欢迎，随着快速发展他们安装数码阅读器。这股浪潮是无法避免的。尽管最初无胶卷冲印的作用是提高照相纸销量，但最后推动了高清晰度墨水打印的发展。

图 7.4 显示了银在胶片使用方面的突破。2004 年，消费合成胶卷和相纸占 30%，5 900万盎司。这些类别中减少 4% 对总消费量影响深远。没有足够的数据来得出一个纯粹的统计结论；但是，数码科技的发展趋势加速了胶卷和相纸用量的减少。基于数码相机和传统胶卷相机两者从 1988 年到 2004 年的销售，可以公平地说，数码相机的销量会在 21 世纪的上半世纪超过传统相机。到 2004 年，大约有 5 200万台数码相机卖出。然而，工业资料显示大约同一时期有 30 亿胶卷单位，大多数是一次性使用或是一次性相机里使用。本质上说，一次性胶卷相机就像只能放一次的电影。

在考虑内部销售预测的基础上，数码照相机在 2050 年前会取代胶卷相机。我们预计一旦这个转变完成，将有超过 6 000万盎司的库存积压。然而，

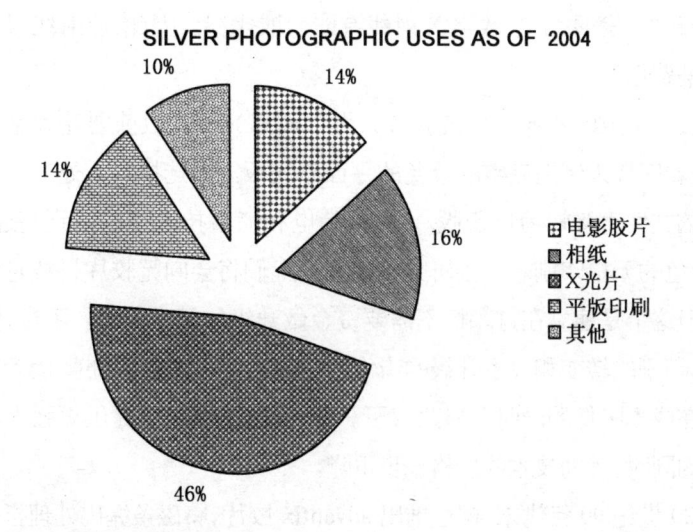

SILVER PHOTOGRAPHIC USES AS OF 2004

- 14% 电影胶片
- 16% 相纸
- 46% X光片
- 10% 平版印刷
- 14% 其他

资料来源：GFMS,Ltd.

图 7.4　银的摄影用途分为五个部分：卤化银电影胶片、银相纸、X 光片、平版印刷和其他成像用途

放射线是在快速转向数码时代的另一个参与者。放射线包括医疗和工业 X 射线，它是用于高密度、大面积黑白图像。当有了经济优势，一定比例的旧 X 射线胶片可以回收，如化学品可以冲印感光板。因此，放射线是互惠互利的。

正如消费摄影，X 射线图像可以被数码捕捉和储存。通过电脑，图像可以显示在一个高分辨率的屏幕上。现在，色彩也是可以选择的。

低辐射 X 射线是由像希克技术这样的公司通过 CDR 图像系统应用到牙科和医学上的。机件在盘上刻录 X 射线并在屏幕而不是胶片上重现图片。如果需要打印输出，输出设备产生底片或正片，白银和冲印在这些过程中都用不到。

磁共振成像(MRI)和正电子发射断层扫描(PET)增加，有时甚至取代传统的医疗透视。这些可选技术的运用都不需要银。即使用传统的 X 射线，可以通过较低辐射的要求来捕获数码图像，并且记录在电子媒介上。一个可打印的醋酸盐胶片可以替代银基 X 射线。这些新图像的优势是更容易被储存和转变，更容易用电脑做增强处理。

X 射线技术已经推广到建筑、矿石勘探、材料开发和航空等更多领域。与医疗领域一样，这些工业应用已经使用同种类型的银基胶片，但密度往往高得多。随着医学发展，工业数字 X 射线有能力取代银。因此，放射线很可能降低摄影消费用量。

图版艺术或印刷业用传统胶片来做平面感光板。以前要花大量时间去剪、剥胶卷底片来制造完整的分色的平面感光板。而选择数字处理可以将图像从电脑文件直接转为打印版。此外，静电和喷墨技术可以做到高速、高容量、全彩色的无板印刷。白银研究机构预测我们将会向无胶片科技时代慢慢转变。但这个是建立在打印机不需要资金做升级的假设上的。不过，业内人士表示，印刷的转变和设备升级的步伐以超过预期的速度在加速，因为直接成像质量在成本降低的同时明显改善了。就如个人计算机，提供更强大功能和灵活性的同时，辅助技术的价格稳步下降。

到 20 世纪 90 年代末，柯达推出 advantix 胶片，将磁条编码处理指令和传统银基技术结合。内部消息说，这一新的胶片只是一种权宜之计，用来保护与胶片冲印相关的巨额收入。从纸张到化学品的一切代表了柯达、爱克发和富士等公司的巨额投资和收入。已经安装的冲印机器设备和一小时快照店确实受到了先进数码图像的威胁。

尽管使用胶片在质量上与数码图像还是有差异的，但使用无胶化技术的理由完全占据上风：

环境方面，数字成像是无污染的，没有冲印过程，没有化学物质，且无需专业知识。传统摄影使用大量淡水，并含有毒物质。

数码分辨率为 640×720 像素可以超过以 5×7 英寸和更小版面印刷报纸和杂志时使用的最大行屏幕。随着分辨率超过 300 万像素，照片可以保留 23×29 英寸这样海报大小的清晰度。

每百万像素的成本已经下降，而质量不断上升。像素密度只是用来确定图像质量的许多标准之一。色彩饱和度和清晰度、灰度、对比度和分辨率都对最终效果有影响。高分辨率数字成像已经达到了足以挑战传统胶卷所需的整体效果。

现代间谍卫星据说有能力读取几英里以外的车牌！更多和更好的光感接收器和图像压缩技术的使用增加不断改进的高质量计算机图片的前景。

摄影消费量的下降表明，只要其他都保持不变，那么对其他应用的供应还有 30% 的增加余地。从图 7.2 中，我们能看出摄影和首饰与工业消费量都保持相同差异。问题是数码图像的加速发展比首饰银器和电子业的增长更为明显。而且,经济的减速对工业消费量的影响要更大。如果对银产品的需求在不断衰退,那将是个很大的问题。

摄影消费量从1990年到2002年基本保持平稳。即使在1996年到2000年经济景气,摄影用银量在1999年达到高峰,为2.28亿盎司。到2003年,使用量降到1.96亿盎司,下降14%。从2002年到2003年消费量下降近5%。如果与工业用量增加比较,这些数字是保持平衡的。但是,因为与电子设备相对的摄像中使用成比例的金属量,数码图像的加速发展可能产生更大的影响。

当我开始写关于数码图像的影响时,我的分析师同事反驳说,随着中国和印度变得更富有,并消费更多的胶片,它们将填平这个缺口。时间就是一切。当摄像消费在中国、印度和第三世界中占主导时,胶片摄影或许已经过时了。白银行业预测的胶片摄影的增长率看上去并不可行。

毫无疑问,20世纪末工业消费量的增长是大势所趋。事实上,没有统计数据表明银使用量相比于之前讨论的技术代替是下降的。虽然数字成像在新千年之前已出现,但它似乎没有对需求的增加产生明显影响。然而,这种看法有点欺骗性。方程和评价中没有考虑到什么呢? 首先,尽管需求上升,替代技术对曲线斜率产生相反的影响。同样重要的是,这种增长是全球财富增加的一个函数。积累财富的速度比白银的替代品出现得更快。所以不应该离开其他基本面的发展孤立地看统计数据。因此,另一个方面,银的新兴工业基础设施面临着挑战。

银条、银币和银徽章

像黄金一样,白银也有一大批追随的投资者。作为另一种唯一被广泛作为货币标准的金属,白银保留着价值储藏功能,因此,也是一种投资工具。在现实中,任何不易腐烂的商品都具有相同的潜力。有人可能会买一仓库的铜,推测价格将上升。当然,白银、黄金、铂金、钯金、钻石和其他宝石都有体积小价值高的优势。显然,持有一小袋钻石比持有一仓库的铁更方便。

银条流行于20世纪70年代末期和80年代初期。1979年至1980年投机价格飞涨,银条被投资者囤积,投机数量超过实物金属量的1/3。让白银更具前景的是，1961年由商品研究会发表的商品年鉴列出了美国财政部持有17.4亿盎司的银条。1948年财政部持有1.25亿盎司银美元，只有15.3亿盎司的银条。1961年现货白银交易价格约每盎司90美分。这一投资趋势正在从硬币转向储存银条。2003年政府库存不足，从前一年2.89亿盎司降到2.06亿盎司。从1996年到2000年，大量白银从官方储备转为个人储藏。由于私人储藏不会公开，所以也不可能得出总储备的精确估计。

白银具有与黄金相同的动态。在任何时刻，银条、银币和银徽章的需求都可能转化成供应。今天的存储可以成为明天的输出。银条总储备因为政府的剥离在下降。同时，私人购买量可以通过追踪欧洲、远东和北美的库存增减来推测。这些数字可以从纽约商品交易所下面的金属交易所的持仓量得知。

遗憾的是，没有足够的历史证明白银将何时进入或退出私人储备。一个经验是，当1979年到1980年价格超过每盎司35美元时，白银的供给迅速增加。在高价时，卖旧银器的人们会排成队伍，成袋的银币也从橱柜里被翻出来，因为人们最终看到了难以拒绝的好价格。

当白银交易价格到了或接近最初买入价时，投资者或储藏者并不急着变现。这是一件奇怪的事情，因为它否定了基本的投资规律。当你有股票债券等其他选择时你不会选择持有不良资产。但像金银会给人一种安全感。在每盎司5美元买入的投资者认为他们最多可以接受20%~25%的损失，上升空间则可以达到100美元。因此，已持有的银在同期内没有达到7%的年收益率也没有关系。

银元提供了拥有实物金属的一种渠道。最常见的大小是一盎司官方银元，面值1美元的美国鹰版银元和面值5美元的加拿大枫叶银元。前面说到，购买一个国家银元的优势就是除非这个国家破产，不然它永远不会低于其面值。

因此，银币比美国财政部或者其他国家财政部支持发行的纸币更坚挺。跟踪银币和银徽章制造是喜忧参半的。如图7.5所示，全世界制造量从1994年到1996年暴跌。纸币投资要负一定责任，因为投资者放弃硬资产转而投资股票。而且，政府造币厂也减缓了库存金属的配置。

随后，1996年开始有一个温和小幅向上的趋势。1994~2004年的十年里，美国和德国是最大的官方硬币生产商。这两个国家在黄金窗口同时大量

无论银价的高低，美国鹰版银元的面值为 1 美元，白银纯度为 999

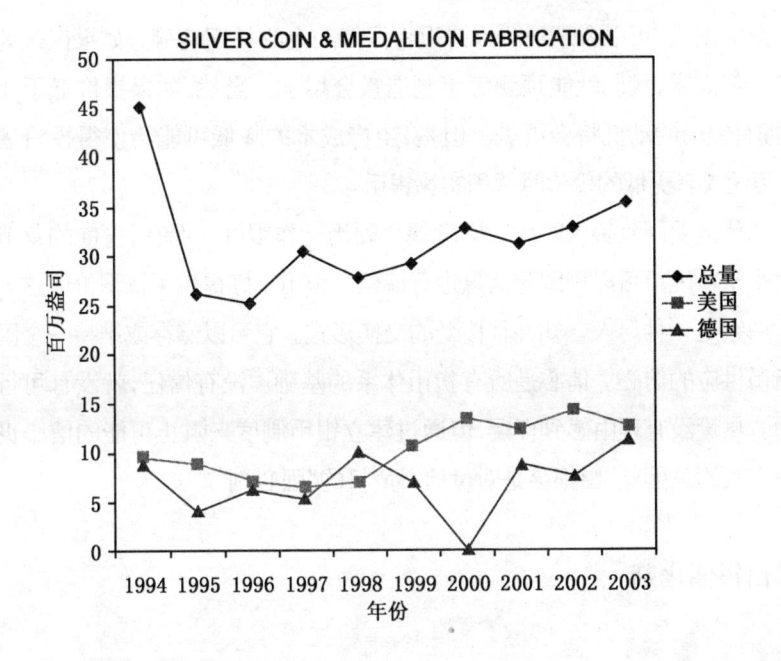

资料来源：GFMS, Ltd.

图 7.5 银币和奖章制造统计显示官方年度释放。从 20 世纪 90 年代中期显示上升，但是并不能确定中期趋势代表长期走势

放出美国黄金。

制造量并不一定就是消费量的指标。一旦制造出来，硬币就会进入流通领域。从个人到个人、单位到单位地追踪银币的真实流通情况，即使并非不可能，那也是很困难的。虽然银币零售店和批发商之间有交集，但是，二级市场的需求是很难用精确的官方铸币年鉴来估计的。

因为通货膨胀和货币政策调整,银币将会越来越受欢迎,并且可能影响白银价格。看看银币和银徽章占总银量的比例,我不认为,这个领域可以主导银价。但是,由金银支持的私有货币与美联储国债同时并存显得没有意义了。这些自由美元是私人发行的合法货币,任何愿意接受这种货币的人都可以用它来尽心交易。这些"美元"是用私有实物金银支持的。硬币(徽章)是实实在在的实物,而凭证代表了储藏的银或金。

虽然没有迹象表明私有货币是决定银价的一个因素,但有一个基本的认识就是我们应该或必须回到货币实物本位制。有些网站提供了每年对自由美元货币进行实际支付承诺的统计。

总的来说,可以合理推测银铸币将保持向上的长期趋势。如果仅仅为了满足一般需求,我们就能预测每年制造量会增加。当然,如果银价低于4美元,拥有银币的动机将会消失。但是,生产成本的降低可能会使得投资者在2.5美元或者更低的价位时囤积实物银币。

为什么要回到银币时代?毕竟混合硬币运作很好。而且,先前的章节提到将来塑料硬币可以用跟踪信息进行编码。银币正好提供了认识价值这一优势。白银是一种尽人皆知并且接受的交换形式。它可以储存或维持一个国家对货币供应的信心。信心是所有货币体系的基础。没有信任,就没有可行的货币。尽管没有理由感到怀疑,但通过建立银币制度来阻止可能的信心丧失将是有利的。因此,白银会是对付信心危机的"强心剂"。

白银催化剂

像铂金、钯金和黄金一样,白银的几个催化属性增加了工业需求。最熟悉的催化应用就是从乙烯中提炼塑料原料。有700~750吨的银用于把乙烯氧化成环氧乙烷和生产甲醛。由于塑料及合成纤维的需求增加,这种用途的银需求量也相应增加。由于银不会在这个过程中消耗,很大部分原料银会完整保留或者通过废物利用回收。

白银充当了一个氧化的中间媒介。这个过程打开了一系列重要应用的大门,比如燃料电池。当这些领域扩张时,银消费量明显增加。这一进程可能减缓,但银条或银币的个人收藏还是为其留有一丝希望。

最后,随着我们设法增加能源生产,银光伏电池将得到普及。银太阳能电池效率日益增高,因此也是一种更理想的可再生能源。银光电发电不仅仅是可再生的,它是持续的,且用之不竭。

数码银

银独特的感光性能可以从图像拓展到数字领域。今天对需求可能带来灾难性影响的技术明天就可能成为救星。现在市面上有基于银的"化学记忆"设备包括存储数据的智能卡和使用离子特性来表示二进制值的动态内存。那些依靠这些技术的人必须清楚计算系统是基于光电路而不是电子。所谓的光电计算机可能成为现实,银就是连接光与电的主要桥梁。计算机应用潜力的增长可以在两方面与胶片对抗。首先,银储存设备用来记录图像。不像胶卷的循环使用,银的计算和存储组件可能有更长的使用寿命。这意味着将有更少的废料。第二,银储存芯片可以应用在从手提电话到音乐播放器的各个方面。

具有讽刺意味的是,银在被替代后又重新回到提供图像上。但是,任何银技术的改革都需要花时间。不要忘记产量不一定能跟上需求。考虑到这一点,让我们来看看这种白色金属的多重来源。

供给

从生产的角度看,银经历了一个重大转变。20世纪60年代之前,专门矿山主导了银的生产。今天的主要供给来自于其他采矿操作的副产品。因此,银产量与诸如铜、镍、锌、铅和锡此类基本金属的需求息息相关。此外,银也作为黄金、铂金、钯金的副产品而被生产出来。这意味着银直接与影响基本金属市场的宏观经济相关。高涨的住房、汽车和耐用品需求可能会大幅提高基础的需求和价值,同时抑制银、金、铂金和钯金的价值。如果银的工业应用静止不前或下降,那经济高涨背后的通胀可能实际上会对银价产生负相关的关系。

实际上,成为一个成功的贵金属投资者(或交易者)需要一种全新的视角。在旧规则下,银根据正常的供求/价格关系运动。高价刺激了更多原料的生产,而低价促使采矿作业减少。当银价无法维持在1979年至1980年价格暴涨之后的高位时,市场动态完全改变了。专业的白银生产变得不经济。然而,副产品和供应基本因素不再相互独立。因此,银价并不一定会影响生产。

当然,如果银价升到每盎司 20 美元以上,出现的问题是副产品是否驱动着主要市场或者相反。在某些价格水平,白银生产可能迁回更加昂贵的主要矿区。不过,当投资者评估技术和经济发展后,这种情况似乎不太可能发生。如前所述,刺激基本需求需要新的大量的应用。这些应用的价格弹性必须支持高价格。

多年来,在采访成百上千的白银交易商/投资者时,我惊讶于投资者对生产成本的忽视。出人意料的是,由于矿产生产效率不断提高并且副产品供给实际成本在减少,成本已大幅下降。根据 GFMS 公司 2004 年世界白银调查报告,一些主要银矿的现金成本是每盎司 2.12 美元。与 1980 年至 1981 年的成本相比,我们发现低品质矿石和尾矿处理成本超过每盎司 8 美元。当然,驱动 1980 年至 1981 年产量上升的动力是人们相信过一段时间银价将达到 40 美元。

在上一次的通胀过去 25 年后,2004 年银的成本变为 1980 年的一半。实际上,这个下降幅度小于每盎司 50 美分。这是一个不公平的比较,因为没有将卖价与以目前平价计算的生产价格比较。然而,成本呈下降趋势是很明显的。此外,一些矿山报告了负的生产成本。这怎么可能?

会计账目在决定生产白银的成本上扮演着一个很重要的角色。当 2003 年黄金价格飙升,从生产白银得到的相应黄金产出远远抵消了白银的成本。因为黄金处于一个贡献者的角色,黄金收入作为对白银补贴,而不是一个独立核算的总收入。所以,白银成本转负是建立在黄金和其他金属产生附加利润基础上的。进一步说,当从如铅或锌等基础金属提炼出银时,白银可以作为对基础金属的成本的抵扣。因此,白银本身没有成本分摊。同样的道理,铅的实际成本被白银拿来冲抵的收入扭曲了。

当银价上升到使得收益曲线倒置时,事情就特别耐人寻味了。如果银价因为一个新的应用(如需求方)提高到每盎司 100 美元,银收入实际上可能超过铅、锌的收入。历史上银一直与其对应的基础金属相挂钩。作为交易商或投资者,如果银是主要金属,我们就不必担心。相反则要担心了。这种潜在的暗示第一次出现在 20 世纪 90 年代中期铜每磅 1.4 美元以上的时候。在那期间，银价在 4.5 美元和 6 美元之间波动。有迹象表明，铜生产商抛售银只是为了获取任何可以得到的边际收益。图 7.6 显示了银与铜价格的月线。

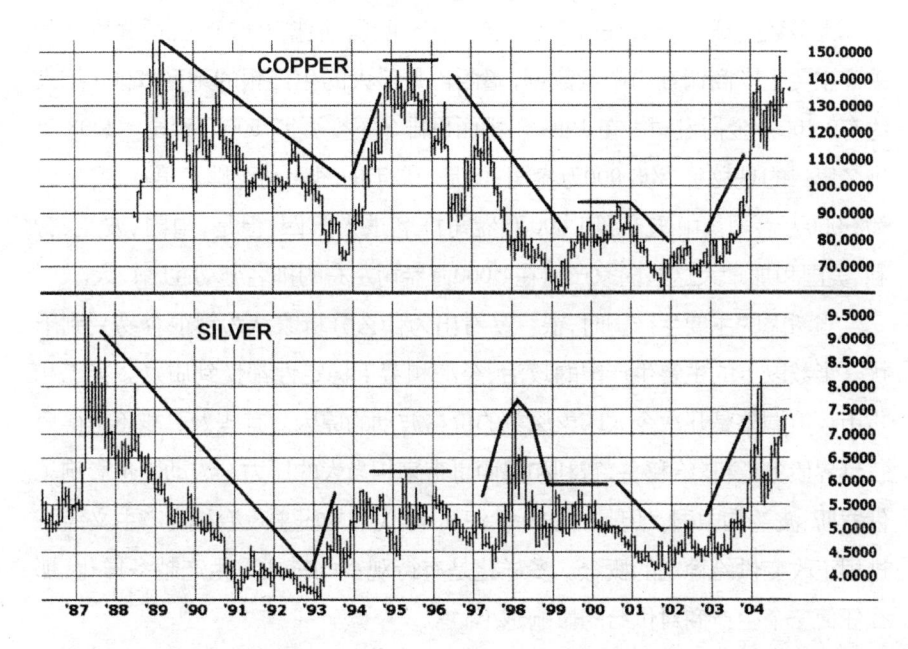

资料来源：eSignal.com

图 7.6　1986～2004 年之间的铜价和银价走势超出了 20 世纪 90 年代中期和 1998 年

我们看到了明显的相关性以及从 1994 至 1996 年的背离。基于整体的关联性，我们能得出结论说银和铜一起移动或者至少是串联的。任何一个背离似乎都很短暂，因此算是个例外。这是出于基本情况采取的价格行动。我们还没有看到铜相对于银的需求激增，以至于两者价格差距可以使银成为一个一次性金属。当达到每磅 2 美元时，铜可能会以递增的速度从低品质的矿石中跳出来。反过来，银可能涌入市场，压低价格。

2004 年至 2005 年，大部分初级白银生产只要银价达到 2.90 美元时就可以生存。这将把初级生产降低到盈亏平衡点。即便如此，银矿仍旧能照常经营，因为盈亏平衡使之保留未来的前景，而不必停工，关闭所有的潜力。这不是一个独特的观点。我们经常看到低于成本的零售，这是因为这样总比什么都没有的好。季节性到期往往促使零售商低价处理库存以便为新货腾出空间。银也是如此。持有成本也会减少利润。在预期通货膨胀时售出比持有更明智。采矿作业倾向于避免投机，如果是公司有高负债时尤其如此。贷款人希望看到的是实在的收入，而不仅仅是希望。

大多数全球矿产量来自8个主要生产地区。根据GFMS公司银协会和矿产主要生产商调查的产量数据，墨西哥是最大的生产银的地区，2003年大约有9 400万金衡盎司。在1995年墨西哥排名不变，为7 500万盎司。2003年排名第二的是秘鲁，为8 900万盎司；但是，10年前澳大利亚排名第八，产量仅为3 000万盎司。中国产量4 600万盎司排名进入第四，但是，中国、波兰、智利、美国和加拿大这些国家产量在4 000万盎司左右的排名变动性比较大。

当考虑的主要生产国时，很容易看出为什么分析家认为银很容易受到干扰。半数以上的主要生产国的政治、经济和劳工稳定性都受到质疑。罢工和货币政策调整是几次令人印象深刻的价格波动的原因。有些人可能还记得第三世界债务危机，给秘鲁、智利和墨西哥带来相当大的压力。流动性也影响了俄罗斯、波兰和中国。但是，在20世纪90年代间的民主政治和资产主义经济进程正改变供给稳定的概念。多样化是有待观察的模式。生产越多样化，那么任何一个生产商对供给的影响越小。

多样化不仅是地域上的，而且也是同一地域的公司多样化。比如，哈萨克斯坦2003年生产的2 300万盎司产量中有1 950万盎司都来自哈萨克斯坦铜业公司。工业金属矿山公司生产量占整个2003年和2004年的墨西哥产量的一半。这样的集中度可能会产生效率，但也极易暴露在罢工、政治动荡和金融不稳定这些风险下。

矿产总产量在不断上升。图7.7给出了1994～2003年世界矿石产量。在20世纪90年代初银价大幅下跌时，价格敏感度对银价产生负面影响。然而，统计数据也可能被歪曲，因为许多数据反映的是运输量，而并不一定反映实际的生产量。在1995年和1996年，当然1998年也是，当价格变得比较有利时生产商持有的存货可以占到一定的销售量。由于银作为一个成本项而不是收入项，因此，生产商囤积银的情况并不少见。存货可以储存或者出借给制造商。

从1994年到2004年这一短暂的时期，人们认为银供应量将增加似乎是合理的。与图7.8中较长期角度比较，这一时期世界产量在加速增长。我们看到银产量到1948年固定，之前产量都在一个窄通道内。财政部是主要买

MINE PRODUCTION

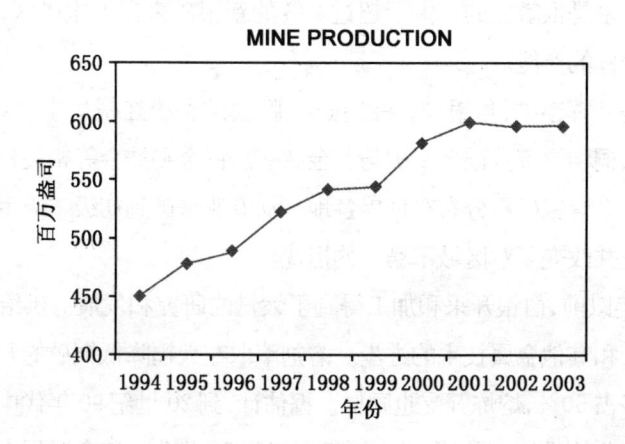

资料来源：GFMS, Ltd.

图 7.7　银矿产量显示一个上行的趋势，出现了 2000 年初的一波回调

家。在官方购买价格下，很难找到动力扩大产能。请注意当银价从束缚中挣脱，价格刺激下银供给量就扩张了。这才是自由的市场！

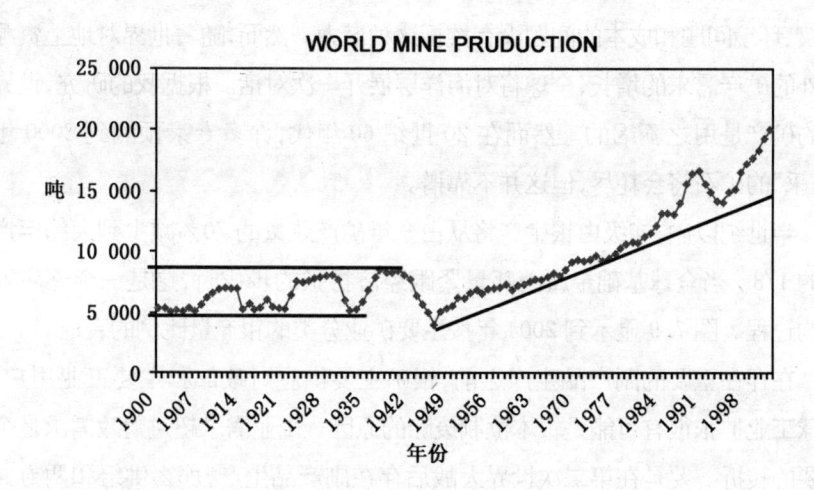

WORLD MINE PRUDUCTION

资料来源：GFMS, Ltd.

图 7.8　从 20 世纪到 2004 年的世界矿产量显示了一个 7 年周期，从 5 000 吨到 8 000 吨，直到黄金从公众所有权的剥夺才有了提升产量的激励

长期趋势与经济增长同步。但是，比较图 7.8 与图 7.3，它无法与需求保持同步。这是白银支持者在辩论最终价格走向时所持的一个主要观点。诚然，市场依靠废料和剥离来弥补采矿不足。这是一个有效的结论，但是当价格

合适时矿产量是很敏感的。由于超过 2/3 的新银矿来自无银矿区，世界似乎拥有许多额外的产能。

白银是从辉银矿、角银矿、深红银矿、脆银矿和淡红银矿中提炼出来的。它是铅、锡、铜和锌等基础金属矿与黄金、铂金、钯金和铑金等相关贵金属提取物的一部分。含银矿石分布在世界各地。从专业采矿到初级二级生产相结合的过渡减缓并改变了对区域不稳定的担忧。

1980 年以前，白银开采和加工得到了大量的研究和发展。供给方得益于白银精加工和其他金属技术的进步。溶剂萃取在大幅降低铜矿的开采资本成本中差不多占 50%，熔炼开支也同样。据估计，到 20 世纪 90 年代中期随着使用更为现代化的设施，铜提取成本下降到每磅 50 美分。这个过程也减少了金属的再提炼成本。例如，金、银都得益于日益先进的勘探技术和高效率的加工流程。正如在前一章提到的，还有微量的不同金属分散在卡林型矿石中。技术正试图通过高效低成本的方法从难提取的资源中提炼金属。

海洋火山喷口的样品含有极为丰富的矿产资源。目前，矿业公司因为所有权、环境问题和成本的问题没有挖掘这种潜力。然而，随着世界对地上资源之外的矿产需求的增长，全球将对海洋层展开一次对话。根据我的研究，世界上的矿产是用之不竭的。然而在 20 世纪 60 年代，许多专家预测到 2000 年"易采"的矿石将会耗尽，但这并不靠谱。

半世纪以内，初级白银生产将从占全年矿产总量的 70% 减少到大约年产量的 1/3。当全球基础金属消耗量紧跟经济扩张的步伐时，这是一个逐步发展的过程。图 7.9 显示到 2004 年按主要矿业分类的银产量比例的衰退。

在存在重要的副产品生产之前，银矿主要供应财政部和主要工业用户。全球工业扩张很有可能是银本位制废除的原因。工业需求超过财政需求是个重要的转折。要是在第二次世界大战后存在副产品生产，那么供给和两方面需求就有可能达到一定程度的平衡。

如上所述，对铜、铅、锡和锌需求的不断增加会增加白银产量。这是一个重要的基本考虑因素，因为关于白银和通货膨胀关系的大部分传统看法依然存在。试想，市场会随着商品价格上涨做出反应。但是，在 20 世纪 90 年代中期投资者就几次遇到过这种情况，虽然面临通胀恐惧，但银价回升并没有持续。这种缺乏与传统通胀相关性的直接原因是日益增长的基础金属产量。通

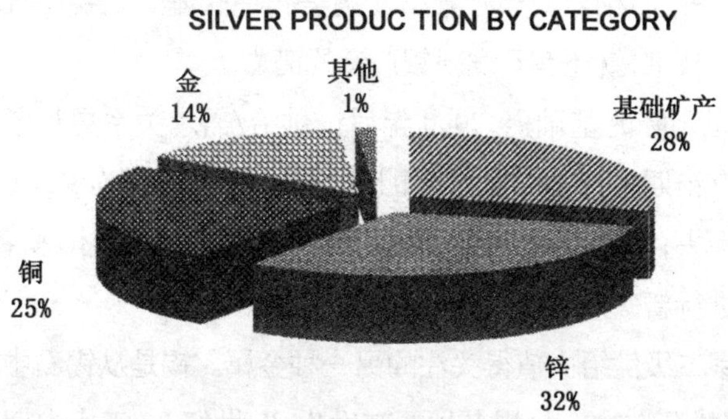

第七章 白银基本分析

SILVER PRODUCTION BY CATEGORY

- 金 14%
- 其他 1%
- 基础矿产 28%
- 铜 25%
- 锌 32%

资料来源：GFMS, Ltd.

图 7.9　新的银产量分类显示大部分生产来自于基础矿产

过考察全球趋势可以清楚地看到工业金属供给量在扩大。

行业预测要求到 2000 年每年增长 6% 或者以上。记住这种预测是复合的。1955 年世界总产量约为 14 570 吨。1999 年估计上升到 17 000 吨。在分析产量趋势时，就必须打破逐个部分分析。比如，铅矿开采在 20 世纪 90 年代末开始经历结构性衰退，并且持续到 21 世纪。不像周期性衰退是与经济趋势或产业趋势相关的，结构性衰退与产业转型息息相关。铅电池占了每年铅消费量的大部分。电池同样占循环利用的铅的大部分。第二个最重要的应用是颜料及化合物，虽然量要小得多。我们大多数人都知道关于含铅涂料与其毒性的争议。虽然铅已经从家庭市场上退出，但仍然是商业涂料的主要组成部分。

每年大约有 300 万吨的新铅矿被开采，同时有等量的铅从废料中回收。全球经济趋势意味着铅消费量将增长，但是，一系列的新技术也许会降低其最大消耗类别的需求。不依赖于传统铅酸设计的高效率电池于新千年开始进入市场。此外，微型燃料电池也打入设备市场（如手机、手提电脑和 PDA 等），并正大规模地在汽车和卡车上试验使用。最有前途的燃料电池将甲醇作为便携式可补充的原料，但是，汽油经过改良后仍然可以用。利用燃料电池电源的优势是高效率和不使用昂贵的充电组件如发电机、电容、传送带和调整器。

因此，铅的未来还是光明的，只是在以下降速度发展。这表明随着对银副产品产生负面影响，新矿需求可能继续下降。根据大多数估计，铅是产银最多的基础金属。因此，铅矿开采趋势对银供给极其重要。21 世纪初，全球超过 50% 的铅来自中国、澳大利亚和美国这三个国家。最常见的铅矿石是方铅矿或铅硫化物，这些矿石相当一部分分布在南美和独联体。只要还有新的高效的提取铅的潜在技术，就还有开发新银产量的潜力。

在新矿产量下降的基础上，2000年后铅供给/需求关系更加紧张。纽约商品交易所没有铅期货合约的交易，因此也没有投机机会。如果21世纪初确定的趋势继续下去，我怀疑铅价将上升到足以使人们在独联体、秘鲁、智利和澳大利亚地区进行新矿开采。

锡是在白银二级供给中值得关注的另一种金属。锡是从锡石中提取出来的，这种矿石同样分布在全世界各地。在发生20世纪80年代中期的价格暴跌前，它大量集中在西欧地区开采。锡低于工会劳工成本的销售价格使得圆顶采矿作业无法进行，这推动了价格上涨。最近，巴西、玻利维亚、中国、印度尼西亚、泰国、马来西亚和秘鲁是排名靠前且最有潜力的生产国。独联体也可能成为其中一员。每年近50%的锌产量用于镀锌钢。这是一个薄锌涂层工艺，可以作为防氧化层，从而减少对昂贵的防氧化合金的需求。镀锌钢材用于建筑，海洋应用和汽车制造——都是处于增长的领域。

中国在2000年跻身主要生产商的行列，占了新矿石总产量的18%有余。锌矿产量在20世纪90年代以25%的速度增长，并且增长趋势似乎还将延续下去。跟铅不同，锌的主要应用不会受到新技术的威胁。西欧有新的大型项目，最值得注意的是爱尔兰。澳大利亚也正处在一个快速的轨道上。如在澳大利亚的昆士兰"太阳金属"汤斯维冶炼厂（或精炼项目），以及在爱尔兰莱尔郡的英美的利希恩矿项目，这两个都是对银的供给有贡献的项目。

根据矿务局，世界上约66%银储备与铜、铅/锌矿石有关。根据1997年产量估计，这些储备有120亿盎司。这也是为什么未来银产量在一定程度上独立于银价的原因。从1990年到2000年铜成本和销售价格差的扩大为1991年后产量的增加提供了动力，导致银充斥市场，这也是银价下跌的一部分原因。

对铅、锌和锡保持关注的同时，我们不应该削弱初级生产的作用。20世纪90年代末，生产技术改进，以至于一些矿业公司发现重开初级设备也是有利可图的。举个例子，在1996年美国熔炼公司和科达伦矿业公司合资挽救了美国的格利纳矿和克尔达兰矿。1997年，阿拉斯加州的格林斯河煤矿重开，预计每年产量在1 000万~1 500万盎司之间。随着资本贬值后预计提炼成本在每盎司 1.50~2.25 美元之间,这种趋势很可能继续。如果银的平均售价能维持在 4.5~5.5 美元之间,获得经济优势就不是问题。

效率是我们从 20 世纪 70 年代初的能源危机中吸取的教训。劳动力、管理和加工技术也继续向"至简至精"的趋势发展。特别是重工业随着生产灵活性加大发展了更为灵敏的设备。这将延续到采矿业——以长期资本密集交货时间而臭名昭著的行业。开发新矿是极费金钱和时间的工程,并且对价格变动极为敏感,因为从公司破土动工到出矿这段时间里边际利润可能变薄或负数。但是,现代矿山设计能在较少的财务风险暴露情况下允许较大的产量变化。

银储备

银储备也叫"地上存银量"。但是,我们必须谨慎区别包括可用废料的所有地上存量和专门储备存货,也就是通常与政府持有银条和私有价值有关的存货。

由央行持有的银数量从 2000 年起再也没有明显增加。统计到的政府储备从 1994 年的大约 7.6 亿盎司减少到 2003 年的 2 亿盎司。美国一直在定期地出售储备,1996 年可用储备不到 2 800 万盎司。市场全数吸收了中央银行出售的储备,并无明显反应。白银投资者不会像黄金投资者非常关注政府供给。当然,政府大量抛售肯定会使价格下跌。但是由于储存量少于 1 年的产量,这个只是一个暂时的因素。

政府官方储备有四点不为人知。到目前为止,储备最多的中国将政府储存与政府控制供给相结合。正如本书所述,银加工、销售以及政府控制之间不会完全独立。据不可靠数字,中国库存已积累了几十年。1994 年开始,中国政府的出售量表明了有相当一部分是隐藏的,但到 2000 年白银的流出有一定程度的减少,这是因为废料再处理在很大程度上弥补了这一缺口。俄罗斯也有未知的官方储备。尽管俄罗斯声称将会提高透明度,但许多银交易商怀疑 2000 年大量的银仍被俄罗斯控制。最后,政府存货的出借不会提供关于可供出售的官方白银数量的准确数据。借贷的白银已在供应链中,因此,不应该重复计算。

最后，白银是一个广泛的储备资产，不会像黄金一样面临着特定剥离任务。白银的会计和清算账目相比于黄金要宽松，并且许多有一定可销售数量的国家没有抛售的动力。当价格达到每盎司20美元时，他们就有从储备中获利的明显动力。到40美元时，几乎成为不可抗拒的冲动，除非有一些灾难性的事件如纸质资产崩溃。官方储备会随着时间调整，直到它不再起到决定价格的作用。而政府净积累的趋势违反了这一假设。但这种情况可能不会出现。

政府储备之外的就是私人储备。在这里最多只能做个大概的估计。因为没有正式禁止私人拥有银，白银已被广泛积累。虽然公司和机构用加总的方法来追踪私人储备变动，但没有准确的方法来识别私人储备在哪里、何时被储备。

实践表明当银价高于8美元时储备的银将会进入市场交易。这在1979年至1980年银价达到每盎司40美元时尤为明显。然后，甚至连银器也被熔化拿来买卖。更近一些，20世纪90年代中期的上涨风潮使白银进入市场，同样在2003年至2004年价格也大涨。像政府的库存一样，私人投资者似乎对8美元以上的价格比较敏感。虽然在8元的价格可能不足以促使所有囤积者进入市场，但表明这是一个值得关注的价格点。

两个统计指标可以让投资者随时跟踪供给情况。在美国最流行的是纽约商品交易所的仓单库存。在欧洲则是伦敦金属交易所（LME）的交易商估算和收据交付量。规则就是当价格上升时这些数据上升，价格下降时这些数据降低。我不认为这是一个可靠的指标，因为时间往往是不准确的，而且，1979年至1980年的大牛市以来，白银价格并没有一个长期的上升。白银仍长期在5美元范围波动，告诉我们交易所和交易商存货的起伏无法解释一个长期趋势。

不过，交易商可能会从交易所和交易商库存里发现当前价格波动变化的线索。库存不足会抬高价格，过剩会压低价格。如果我们看到价格上涨，库存减少，我们可以说这是挤压在起作用。如上所述，投机性囤积能违背价格与供求之间的逻辑性。但如果你是市场的交易者就不同了。

由于私人投资者拥有了政府库存，操纵倾向就增长了。各国政府通常不操纵市场，利率除外（他们称之为调节），私人投资者可以通过减少或增加供给有目的地改变价格。由于银提供了一个实物金属衍生品的两级市场,它就制造了价格变动的动因。

投机操纵的理论本身就是智利投机。它是用期货和期权等衍生市场的杠杆作用创造的一个乘数。这样用适度的资金,想要成为操纵者的人就能建立一个多头或空头的合约头寸。然后,通过减少或增加实物金属来操纵市场,从合约头寸取得的利润(或者损失)就会比纯粹持有实物金属而来得多。记住这是理论而非被实践验证的策略!

除了银条之外,银币也代表供应和需求这两个方面。银币在需求端被囤积。对每一个积攒的银币来说都有一个待售的银币。因此,当银币供应建立时,这就有一个什么时候可以流动的问题。随着时间的推移,全球银币库存可以代表一个巨大潜在不定因素。像银条一样,银币高于 8 美元时存在价格敏感性。

银币等式有一个没有解决的矛盾。价格上涨,对银币的兴趣也随之上升。弹性作用在所谓的奢侈品原则里刚好相反,需求随着价格升高而增加。我们就可以理解银价上升会使得银币成为好的投资工具。虽然专业的交易者在价格高于 8 美元时就想卖出,但是,私人银币购买者会要求一个相对而言更高的价格。

在 20 世纪 70 年代末到 80 年代,投资者纷纷购买持有银币。大把大把的银币代代相传——某些情况下,不用交税。银币给人以安全感。但是,每个人心里都有自己的合理价格。在 20 美元或更高时,一些储备的银币就会进入供应链。

同样,各国政府还推动集邮,银币囤积被认为是一条单行道。我记得是一个集邮爱好者告诉我说,如果收藏家决定使用他们大量收藏的普通纪念邮票,美国邮政服务将会"破产"。虽然这个比较不完全准确,但它提供了一个适当的比喻。银币也被购买收藏,不是吗?

小结

有大量报道说银很可能将要面临短缺情况。从 1993 年到 1996 年,统计表明消费远远超出供给。我调查发现这种分析存在缺陷。这种宣传是基于假定消费增加和产量下降，这些事件并没有成为现实。即使在数字技术革新前，预测卤化银胶片的大量增加被胶片涂料的技术进步导致的银饱和度降低10%～15%所抵消。氧化银电池要与镍和镉（镍镉）竞争。预期的白银需求增长有一个很大的数字化障碍。

21世纪是白银的变革期。非成像应用增长无法弥补卤化银胶片的下跌。显然相对于充足的供给，需求增长将会减少。考虑到在研究这本书的短暂时间里，印度尼西亚、菲律宾、巴西、澳大利亚、加拿大、哥伦比亚、玻利维亚、墨西哥和美国的新发现实际上可以使预期产量增长超过8%。白银是一个很好的行业。基于贬值的美元来衡量平均提炼成本，银价在每盎司3美元是有利可图的。

不管存在普遍共识还是小商贩能从容地高价兜售白银，我不看好这种白色金属的中期价格。从20世纪90年代末的情况来看，作为一个基础金属产量增加的函数，白银产量将继续上升，而需求将遇到严重的阻力。与胶卷相比，电子电器需求相对比较小，而且一些具有前景的银技术也有电池、水净化和反射表面等代替技术。

白银可用于铸造银币，吸收多余的供给。我们非常遗憾地认为，数码技术将会替代这种贵金属。在本书探讨的所有金属中，白银的前景似乎最不明朗。有很多对银重拾兴趣的有效论据，但明智的做法是对科技进步加以关注。白银的价值将取决于质量不断提高和越来越受欢迎的数码成像技术。跟所有的预测一样，时间将证明一切！

但是，白银支持者认为，银胶卷数量的减少将导致胶卷回收的下降。基于矿产产量和需求，我们的生产将出现缺口。在一定阶段，无论数字技术取代多少胶片消费，缺口数量将超过技术的变化带来的影响。考虑到这一点，投机性参与能推动一波大升浪。

忽略这个观点是愚蠢和不负责任的。问题是"什么时候？"根据统计数据，应该是2015年。在这段时期内，要得出需求将会超过供给这样一个精确预测仍有许多变数。

银币的市场由两个方面组成。每一个买家对应着一个卖家。每个人都有他的道理。我们的工作就是识别较强势的一方，然后加入正确的一方。

第八章 铂金基本分析

铂金是一种非常重要的工业金属。其独特的化学特性使它在许多工业中不可缺少，包括汽车行业、玻璃制造、化工、提炼和化肥生产。它的主要特点是作为催化剂，能够加快化学反应。我们大多熟悉能减少碳氢化合物排放和有关空气污染的汽车催化转换器。但是，铂金催化剂的应用远远超出了这个被广泛认知的用途。作为工业贵金属，铂金几乎没有替代品。虽然钯金和镍在一定技术上可以替代铂金，但我相信在可预见的将来，这种金属不大可能被完全替代。

铂金是一种具有高熔点的硬金属。它本身不会产生化学反应，所以是非常稳定的。铂金具有很好的导电性、韧性和相关的延展性。它与其他贵金属结合应用在珠宝、牙科、电子、造币、徽章和金条囤积等领域。因此，铂金有一个充分多元化的需求基础。

需求

铂金是稀有金属。这一特点与其多功能相结合使得它成为最有价值的无核金属之一。世界各地空气清洁标准的采用在1993年后的困难时期增加了铂金属的需求。此外，尽管钯金侵入到汽车和卡车催化剂领域，但由于电脑销售的爆炸性增长也支撑了铂金的需求曲线。铂金需求的减少主要有八个方面：(1)汽车；(2)石油炼制/处理；(3)化学处理；(4)电气/电子；(5)玻璃；(6)珠宝；(7)牙科/其他；(8)投资。

图8.1表明2003年对铂金的需求如何按用途划分。随着时间的推移，应用比例已基本稳定。然而，因为铂金在远东日益流行，20世纪90年代珠宝和自动催化上的应用明显增加，同时汽车的扩张增加了对催化剂的需求。从1996年到1999年，钯金越来越受欢迎，而铂金自动催化剂需求减少。迈向新

的千年之际,当发动机技术进入市场,有人担心铂金催化转换器将减少。由于每年35%～40%的量都用于催化转化器,这一类别应用的任何下降将会对价格产生较大影响。

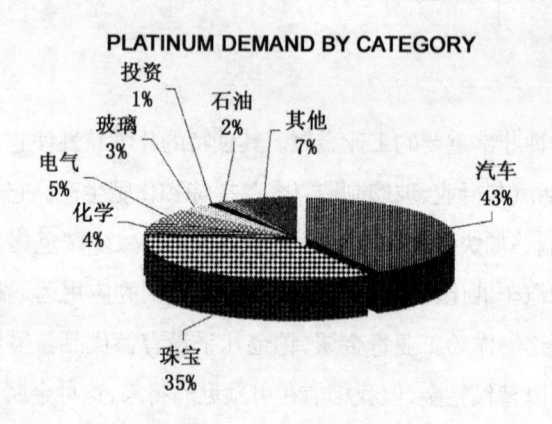

PLATINUM DEMAND BY CATEGORY

- 投资 1%
- 石油 2%
- 其他 7%
- 玻璃 3%
- 电气 5%
- 化学 4%
- 珠宝 35%
- 汽车 43%

资料来源:Johnson Matthey

图8.1 2003年主要分类的铂的用途反映了相对稳定的比率,除了投资需求2003～2004年之后作为名义价格后明显膨胀

汽车业应用

汽车行业中的主要应用是反污染设备。这些设备包括催化转换器、氧气和臭氧探测仪,甚至是火花塞嘴。随着世界人口流动,相关的铂金使用量会稳定增长,包括石油冶炼、化工与减少碳氢化合物、氮氧化物和其他废气排放量的三元铑转化器。很明显,汽车领域的需求增长将直接与汽车和卡车销量的增加相关。

铂金族金属最有用的当前数据的来源之一是英国庄信万丰。我曾出席过定期的铂金早餐并获得了他们的精美报告,我应该感谢他们告知我最新的趋势,为我的数据贡献一二。令我惊讶的是,汽车和卡车行业从铂金过渡到钯金再过渡回铂金,表现出了出色的灵活性。1990年后,铂金族金属在汽车卡车催化上的应用取得重大发展。同时,金属的配比被改变以满足特定的污染控制目标,从二氧化氮(NO_2)排放到未利用的碳氢化合物。

我提到这个是因为我们不会按季度来看,而是以半年为周期来看变化。一个或者其他金属价格上涨的时间,需要24个月来调整。这对像汽车和卡车制造这样的巨型工业来说是闪电般的速度。价格敏感性的触发真是太神奇了！

正如我们讨论的铂金供应量显示，相当数量的铂金被当成废料回收，因为催化剂没有消耗在转换器中。废料回收已经成为总供给的一个重要组成部分，并且随着越来越多的转换器用来回收处理，这个组成部分也日益重要。

截至2004年，催化转换器仍然用来补偿不完全燃烧。根据天气调整、燃料特性、点火、压缩比、气缸设计情况，一些汽油或柴油会在每个冲程后仍然没有燃烧。这些未使用的碳氢化合物通过催化剂转化为二氧化碳和水。错误的燃料空气混合物是产生二氧化氮等氧化气体的原因。这可以被分解成氮气和氧气。一氧化碳来自于不完全燃烧，它是一种致命的有毒气体，因为它跟氧气一样能与血液中的血红蛋白结合，但是作用与二氧化碳相同。臭氧也是转换器的目标之一。

催化剂有助于提高燃烧效率，如果发动机效率得到技术改进，那这些催化剂也可以不用。在20世纪80年代，运输公司通过实验寻找提高发动机效率的方法。这些系统使用计算机芯片精确混合燃料和空气，确定点火时间。通过对燃烧过程的复杂控制，电脑化的引擎要实现两个目标：更大的马力和低污染或无污染的燃烧效率。到1994年，实验技术已经发展到包括小型存储设备，它能记录温度、海拔高度、湿度、道路和驾驶习惯等驾驶情况。此信息被纳入一个效率算法中用来计算理想的发动机设置。最终的目标是效率最大化。

耐人寻味的是，20世纪80年代被奉为解决方案的高效率汽油引擎直到2004年也没有得到商业应用。相反，汽车行业迎来混合动力技术，它结合了电动马达和汽油引擎，能实现更长的旅程，从而降低每英里排放量。如前所述，丰田在20世纪90年代末引入了混合动力车普锐斯，到2004年正式推出，成为美国历史上最受欢迎的车，预定起码要提前10个月。2005年至2006年，丰田推出了雷克萨斯混合动力SUV系列和丰田汉兰达SUV系列，在最佳条件下每加仑可行驶40多英里，一般道路测试（正常驾驶）也超过每加仑30英里。本田推出的混合动力Civic和Insight可以分别达到每加仑50英里和66英里。

2006年，本田车队中的雅阁有超过260马力，其燃油经济性每加仑从30～37英里。这一趋势延续到福特翼虎混合动力SUV和全套的轿车和卡车系列。诚然，许多混合动力引擎需要较少的铂金和钯金，但仍然需要催化转换器。因此，混合动力汽车只是减少而不是消除汽车催化剂的需求。

相比之下，稀燃或全燃汽车和卡车真正提高了效率，以至于没有必要使用催化剂。从理论上讲，这种发动机将于2015年推出。该技术比实验室的测试更为复杂。由于碳氢燃料汽车产生非常多的污染物，因此，很难在不使用一些催化剂的情况下平衡尾气排放量。这就是为何铂金工业对催化剂需求增长充满信心的原因。然而，这些进步可能会像数字成像对白银的影响一样对铂金需求产生影响。

铂金燃料电池

铂金燃料电池是内燃动力车的一个替代。这种电池将化学能（通常是氢气和氧气）直接转变为电能、热能和水。改进这一技术的关键在于电池体积和功率。制造和使用燃料电池的成本很高，以至于到2000年也看不到商业前景。其中的困难包括缺乏氢燃料站、难以储存氢气、铂金价格不稳定。

在听到令人气馁的燃料电池前景的三年后，许多制造商演示了依靠包括汽油、甲醇到甲烷等改良后的燃料的电池。改造者净化并将汽油燃料转变为可用的电池组件。因此，新科技的发展推动了燃料电池加速发展。实用的铂金燃料电池在任何时候都有两个作用。首先，它将取代传统的电力来源。对投资者更重要的是，它将会使部分汽车分析过时。

从1993年到1999年，燃料电池的铂金使用量从7 000盎司上升到大约1.7万盎司。2003年到2004年，估计从2万盎司上升到3万盎司。这表明了燃料电池的使用相对不变。不增长的原因在于商业化的缺乏。2004年很少有商业燃料电池。大部分用来给如医院等小型关键任务的建筑提供备用电源和热量。在其发展历程中的一个关键时刻，铂金价格达到每盎司900美元以上，这扰乱了将成本下降到理想的1 000美元/千瓦时的进程。汽车制造商演示了超过25台边际成本效率比例为1 500美元/千瓦时的样机。业界承认，所需数字应该更接近1 000美元/千瓦时。

每周在互联网上都有关于技术突破的新闻。在撰写本书时，500美元/千瓦时的电池似乎前景光明，但这些依赖于日益减少的铂金量（节省量）。涂料技术的进步注定要将铂金含量降到非常低的水平。例如，有一种工艺使用蒸发法将薄铂金膜置于基板上。另一种工艺被称为外延附生,将少于1 000个原子的金属分子置于表面。如果这种涂料能实现其设计目的,一盎司的铂金将在提供效率和丰富的燃料电池中使用很长时间。

　　日本、美国和欧洲正在设计 50 千瓦～2 500千瓦容量的磷酸燃料电池(PAFCs)和质子交换膜燃料电池(PEMFCs)。它的输出功率足够客运车辆、建筑物,甚至是小社区的使用,并且有成为电源和热源的优势。尽管存在安全和控制问题,但这些电池似乎是最有可能以日益增长的商业规模吸收铂金属的途径。要使燃料电池的铂金消耗量超过汽车催化剂消耗量,可能还需要几十年。在这一领域的进展使我相信这一潜力无限。与这一技术进展相关的时间框架和汽车催化剂的潜在下降暗示了长期趋势将是很微妙的,而且从开始到结束将耗费半生的时间!

　　虽然目前重点是磷酸燃料电池和质子交换膜燃料电池技术,但仍有不使用铂金作为阴极元素的其他燃料电池设计方案。这些电池包括熔融碳酸盐燃料电池(MCFCs)和固体氧化物燃料电池(SOFC)。熔融碳酸盐燃料电池使用镍,因此,有可能与铂金电池一样,不需要更高的成本就能达到同样的效果。然而,MCFCs 体积较大,运行温度高。它的效率虽高,但设计似乎更适合安装在固定设备上。而且固定发电厂市场的减少意味着来自于燃料电池应用的铂金需求将大量减少。

　　随着小型化和效率方面取得重大进展,固体氧化物燃料电池在 2000 年至 2004 年跑在了前沿。这些电池具有重要优势,同样不需要依赖铂金。最初问题主要集中在极高的操作温度上。美国航天局赞助研究,成功解决发热和效率问题。到 2004 年,固体氧化物燃料电池成功代替了便携式设备的电池,并且在没有转换器的条件下给传统燃料车辆提供动力。它们也是众所周知的酒精电池,最常见的是甲醇燃料。但是,这些电池正有效利用甲烷(做饭和取暖)气体。

　　跟所有的技术一样,初步商业化开始比较缓慢。一旦发生,现代化加速的进程会十分迅速。数码摄影和音频 CD 就是商业化引入的完美例子。燃料电池汽车最大的障碍就是氢气(H_2)的储存和分配。如果固体氧化物燃料电池可以在汽油、柴油、天然气上使用可用分配系统,那么无铂金电池将会占据主导地位。

从来没有对铂金燃料电池的消费量进行过精确预测,因为我们无法决定技术革新的最终方向。根据公司预测,专利申请和新闻报道,我认为最好的情况是大约到 2011 年消费量在每年 40 000 盎司以下。此后,在更迅速和更广泛的商业化基础上该曲线加速上升(见图 8.2)。当与 2004 年专用 300 万盎司汽车催化剂比较时,它不太可能出现燃料电池很快取代或填补催化应用变化的情况。

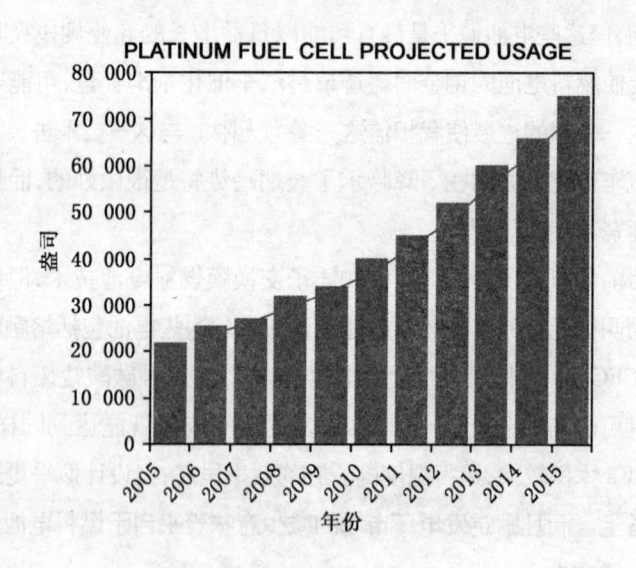

PLATINUM FUEL CELL PROJECTED USAGE

资料来源:Johnson Matthey;EQUIDEX

图 8.2　2010 年后用于燃料电池的铂金相对加速上升

任何人都要从长期来看铂金的潜力,这是一个重要的考虑因素。我们建议紧密关注降低汽车和卡车的铂金催化剂使用的相关技术。到 2003 年,首次暗示任何铂金的替代品或使用铂金、钯金和铑的三效催化剂将威胁到多达 25% 的总消费量。由于燃料电池提供了最明显的替代品,我们看到汽车催化剂销量的不相称的下降潜力,并没有带来预计燃料电池销量增加。

图 8.3 追踪了 1980～2003 年的汽车催化剂中铂金的总需求。消费量与刺激或降低汽车卡车销量的经济状况以及排放标准直接相关。不论经济趋势是间歇性的,第三世界工业化和前东欧集团的工业化的长期内在增长将赶上全球汽车制造业步伐。更重要的是,根据新通过的排放标准和陡峭的增长曲线,中国和印度已成为庞大的铂金潜在消费国。

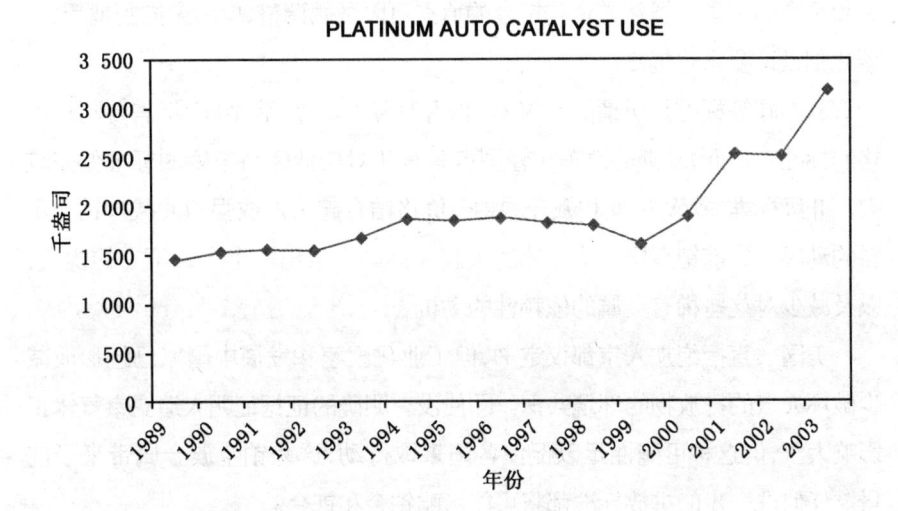

PLATINUM AUTO CATALYST USE

资料来源：Johnson Matthey

图 8.3　用于汽车和卡车催化剂的铂消费在 1988～1999 年间维持平稳状态。从 2000 年后在美国和欧洲排放标准的变化促使了铂需求的不断攀升

1989 年开始，汽车催化剂消费线斜率的改变部分归因于钯金属技术进步。如前所述，钯金使用量的增长一定程度上抵消铂金消费量，但排放标准的变化和欧洲使用柴油动力的趋势使得天平在 1999 年又转向了铂金属。车辆购置模式意味着我们可以期待这种模式继续下去。然而，这同样是建立在 1990 年左右钯金催化剂已经完全替代铂金这一前提下。忽略钯金和铂金之间的乒乓球赛一样的关系，没有一种金属可以完全被另一种金属代替。对特定的催化功能钯金不如铂金。大多数钯金转换器仍使用铂金和铑。回顾之前铂金与钯金价格差的讨论，如果钯金使用量多于铂金这一趋势无法避免，那么投资者将预期铂金价格溢价会下降。

对倾向于追踪污染标准的那些人，美国于 1999 年颁布了全国低排放车辆标准(NLEV)，并补充了过渡性低排放车辆(标准 TLEV)和超低排放车辆(ULEV)标准。混合汽油车 2001 年起要符合 ULEV 标准。这些标准与 1990 年通过清洁空气法案中的 I 级标准结合使用。

2004 年，美国环保局开始实施 II 级标准，适用于所有车辆，特别是对排放的统一标准，不论品种(比如越野车、中型轿车、紧凑型和经济型)。此外，II 级标准对具体型号和排放部件有不同规定。II 级标准的要求决定了催化转换器必须符合的类型。虽然铂金和钯金的填充可以微微调整,但污染控制越严格,催化剂设计要求也越高。

欧洲同等标准是所谓的欧 V 标准,并且从 2005 年到 2007 年需要同样严格的标准。然而,欧洲的汽车和轻型卡车车队对柴油燃料车辆的标准偏差较大。Ⅱ级标准、欧 V 标准和飙升的铂金价格结合起来形成强烈的减少铂金用料的动因。先前钯金属价格迅速的大起大落同样给出一个令人不安的挑战,以及减少对这些稀有金属的依赖性的动机。

美国一直拒绝加入京都议定书,但工业化国家和发展中国家已经形成减少破坏大气的排放物的环境共识。即使没有明确的证据证明人造温室气体正影响大气,但这种可能性足以促使各国采取行动,这为铂金族金属带来了前景。任何进一步的排放标准都将可能影响铂金和钯金。

环境监管不可避免地制约了铂金消费量。不过,总体经济状况将决定销售水平,因此,也决定更短期的金属实际需求。经济的蓬勃发展推动了汽车销量上升,这对于铂金来说是正面的影响,只要节约过程不会用减少的每单位铂金抵消每单位的销售。如我们所见,这个平衡关系是微妙的。

也许贯穿本书最重要的主题就是时间在变化。尽管技术引进缓慢,但是市场反应是迅速的。当 20 世纪 90 年代中期丰田公司宣布将钯金用在一些出口车型上,铂金价格立即下降,而钯金价达到高点。市场通常会有预期。一旦发生技术变革的期望,它可以永久影响价格关系。请记住,关系并不总是支配总体价格运动。当技术扮演主要角色并且在迅速变化,不要期待价格长期稳定。

珠宝

把铂金与其他铂金族金属区别开来的最重要的应用之一是其作为一个纯粹的或近纯元素应用在珠宝中。铂金的强硬度和耐用性,结合丰富的银蓝色色调,使其成为极具吸引力的金属。它的抗氧化性使得金属铂金凌驾于其他白色金属之上,被誉为金属皇后。用作宝石的点缀时,铂金因为其强度和中性色比黄金更具优势。当需要强调宝石时,铂金的颜色也不会失去焦点。然而,铂金的反射特性可以提高外观。相对于黄金,传统的价格溢价也增加了其作为珠宝的吸引力。虽然有时黄金售价高于铂金,但一般情况下铂金是(并将继续)更有价值的商品。

铂金珠宝需求增长的一个重要因素与肤色有关。首饰需求扩大最令人印象深刻的是日本、中国及其他亚洲地区。铂金更能衬托亚洲人的肤色。同样由于这个特点,印度、非洲,还有美国和加拿大人群对铂金的需求都在增加。很明显,日本是铂金珠宝最忠实的拥护者。日本1996年珠宝中铂金消耗量约为150万盎司,而西欧仅有12.3万盎司。整个北美消耗62 000盎司。1996年世界珠宝总产量约为184万盎司,日本150万盎司就占了82%。这表明在日本铂金价格对经济状况会极度敏感。日本人消费模式的任何一个变化都应该仔细观察。

确实,日本在新千年之交时铂金珠宝消费量大幅下跌。从2000年到2004年,日本珠宝需求下降至100万盎司以下。谨慎购买和上涨的价格促使日本转向更为保守的消费模式。珠宝商发现零售价格保持不变但利润变薄了,而铂金条价格增长了几倍。通常情况下,我们认为,这一下降可能会对价格造成负面的影响。然而,自1980年铂金价格却上升至最高水平,2003年消费量下降到66.5万盎司。1980年和2003年至2004年价格都大幅飙升是巧合吗?

图8.4显示了全球、日本和"其他地区"的铂金珠宝消费量。在这里,"其

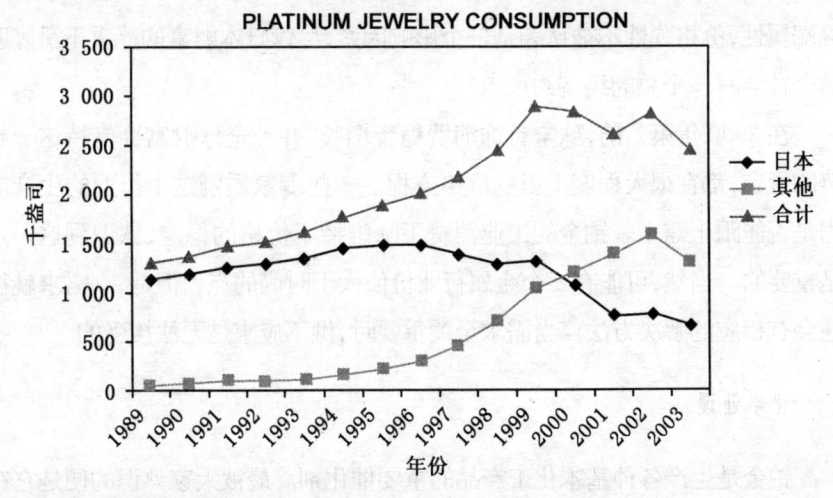

资料来源:Johnson Matthey

图8.4 1999年珠宝总需求创新高后走稳。当日本的需求显著下跌时,中国、印度和除北美及西欧以外区域的国家(图示为"其他")的需求不断走高

他地区"指非北美和非西欧地区消费,比如中国和印度。1989年到1999年总趋势更是上升的。我们可以将产量下降归咎于2000年开始的萧条。高昂的价格削弱了购买量。这个图表不是预测,而是消费量相对于经济情况和定价的一个反映。

从1970年到1985年,铂金与宝石的配饰有关,最引人注意的就是钻石。但是,铂金的耐用性,使之成为高端时尚手表日益流行的材料。铂金手表自20世纪初就开始制造,但其硬度和高熔点使铂金难以运用。即使是用现代设备,铂金也会对工具和模具产生快速磨损。在1980年价格飙升后,对铂金腕表的需求迫切。这股趋势开始出现了。在20世纪90年代初,纽约商品交易所联合主办了纽约市铂金手表展。最昂贵的铂金钻石手表价格将近100万美元。江诗丹顿的"永久骨架"自动上弦计时表只要7.39万美元!为了保证铂金品牌质量,手表只能包含少量的合金(通常是铜)——只有5%的部件。从任何角度来看,铂金手表不太可能为供应作出很大贡献。仅费用一项就限制了市场的扩张。投资者感到欣慰的是,他们明白,如果这个狭窄领域有很大的增长,那么全世界将快速积累大量财富!

珠宝的趋势表明其增长的稳定和对经济波动的中度敏感性。铂金珠宝没有直接替代品,只有可供选择的间接替代品。由于铂金、手镯、项链和手表的高端属性,价格弹性不被认为是一个影响因素,尽管日本财富的严重下滑表明每个社会有一个总的经济约束点。

在2000年萧条前,珠宝首饰消费稳步增长,并且全球财富会支持这一趋势的假定,都在很大程度上影响价格方程。一些专家质疑这个行业的生产能力是否能跟上需求。铂金的工业消费下降维持了价格的稳定,认识到这一点是重要的。当然,可能有一个金属行业价值大于时尚的点。但是,有需求就往往会有相应的解决方法。当需求至关重要时,供不应求是无法接受的。

化学处理

铂金是生产各种基本化工产品的重要催化剂。最被大家熟识的便是它在生产硅中的催化剂作用。这也是生产硝酸、氮化合物、肥料和合成纤维必不可少的。化学品使用与汽车催化剂和珠宝等其他消费领域相比的比例是很小的。然而,铂金独特的属性和缺乏足够的替代品使其成为化学处理的必不可少的成分。具体来说,铂金行业的人士正密切观测全球农业情况,作为对肥料和尿素的需求增加的指标。日益增加的全球财富增加了对合成纤维的需求。用于制作船帆的一些材料要求铂金催化剂在流程前端合成,然而铂金模具在流程后端才能成型。化学二甲苯是用铂金催化剂生产出来的,这是生产合成纤维的对苯二甲酸的原料。

顺便说一句,正当研究表明进入 21 世纪前半叶时可能有大量化肥需求,石化气溶胶的实验似乎给了一些植物从空气中吸收氮或增加根系吸收的能力。例如,甲醇喷剂在高强度的阳光照射下增加瓜果、玉米、小麦和葡萄规模和产量。植物从这个过程中获得益处的确切机制至今不是很清楚。石化的增产喷剂的好处和保护环境之间存在潜在冲突。美国清洁空气法案的前提是挥发性有机物化合物(VOCs)要从土壤、水和空气中减少。因此,环保人士对甲醇喷雾抱有偏见。我再次呼吁关注可能对铂金趋势产生影响的技术,认识到了就会有所准备。

图 8.5 显示了作化学用途的铂金需求的短期趋势。这里存在一个基于 1989～2003 年短期内的工业用途上升趋势的争论。适度波动的倾向反映了它与高度不稳定工业领域的联系。任何熟悉化学品、合成纤维和肥料的人可以理解为什么铂金用量会产生这种波动。通过观察我们知道,与其他应用领

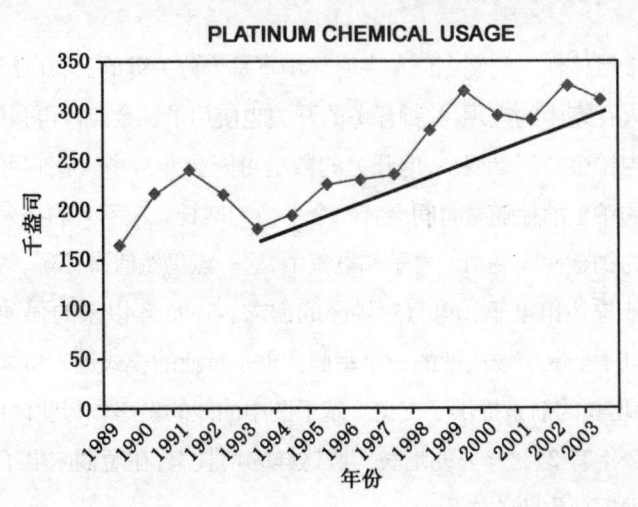

资料来源:Johnson Matthey

图 8.5　1993～2003 年用于化工业的铂金曲线斜率持续扩大

域相比，铂金的化学应用增长相对缓慢。但是，中国、印度和独联体的工业发展可能加强上升的斜率。虽然没有体现在图 8.5 中，但加速增长预测要求到 2010 年时需求超过 100 万盎司，这会开始挑战更广阔的应用领域。

电气/电子

铂金被广泛应用到电子设备中。最具潜力的需求来自于电脑和相关产品。铂金合金用来改良磁盘的磁层涂料。超高密度的光学储存系统加入了铂金涂层来读写磁盘表面。微缩铂金胶片用来制造高度感光和感温的设备中的铂金硅晶片。这些设备代替了镉与银汞，因为它们更廉价、更可靠、更精确，对环境更有利。

铂金在热电偶设备中被广泛用来测量玻璃、金属和电子电路的生产过程中的温度。随着工艺技术在规模和范围上的扩展，基于铂金的控制机制应该会有稳定的增长。虽然每部设备中铂金的用量很小，但这些设备的数量在未来几十年中会变得很庞大。

铂金还是备受争议的冷聚变过程的一个组成部分。尽管钯金是被用来这个能量生产异常的主要金属，但斯坦利·旁氏和马丁·弗莱施曼公布的实验使用了铂金属丝。作为一种附属物，如果冷聚变实现商业化，铂金的需求量可能激增。

铂金接触体在一些高电压和高温环境下是十分关键的。我已经提到了它在长寿命火花塞中的应用，关键任务的开关也使用了铂金点。再强调一下，虽然每单位中铂金的用量很小，但开关的数量可能会非常多。我们可以预期电子和电器的铂金消耗随着时间会有一个平稳的增长。在不久的将来是否会出现有效率的铂金替代品用于电子和电气中，这一点仍然值得怀疑。

图 8.6 描述出电子和电气对铂金的需求。1993 年以来的强劲上升是个人电脑和电子产品市场火暴的一个写照。电子行业的模式进入持续的创新和发展，这为增长的前景提供了支持。基于图中曲线的斜率和行业评估，投资者可以期待每年有 2%~5% 的增长。照这样的增长率，在短期内电子应用将会在定价上发挥更重要的作用。

正如其他方面的应用，电气及电子的应用也受到了 2000 年 3 月份开始的经济衰退的负面影响。由于高科技泡沫最先破裂，我们也有理由认为，电子行

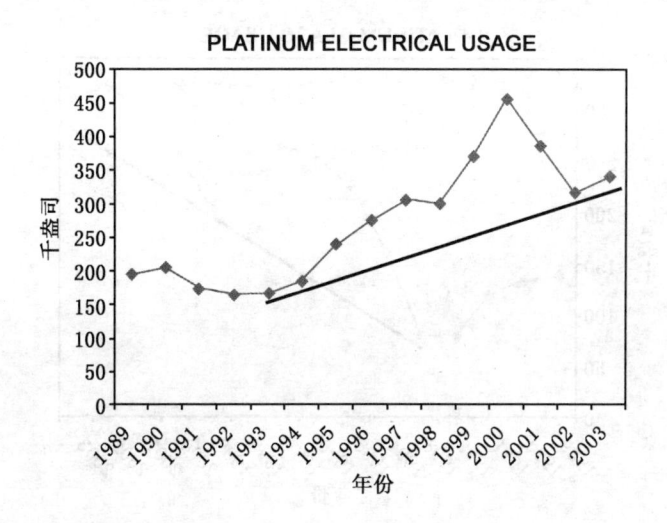

PLATINUM ELECTRICAL USAGE

资料来源：Johnson Matthey

图 8.6　1993～2000 年电力行业铂金消费曲线的斜率不断向上倾斜。虽然中间经历了短暂的经济衰退，2002 年的行情有所回暖

业受到了更严重的冲击。如我们所见，从 2000 年到 2003 年铂金的消费量从 450 000 多盎司下降到 315 000 盎司左右。这样 30% 的跌幅让人印象深刻，但是，到了 2003 年我们看到需求又迅速恢复了。

电子/电器行业能够吸纳更多铂金的新技术包括 MP3 播放器、数码相机以及数码录像机。然而，本书将延伸到这些新设备之外。苹果公司 iPod 和迷你 iPod 的出现代表了微型化和高密度硬盘是如何迈入主流消费产品的例子。同样的磁盘技术用于储存类似 iPod 的相机和摄录机中的数码相片。

随着更多数字设备使用磁盘存储，铂金的需求应当相应增加。到 2020 年，每年电子上的铂金需求可能轻易达到 100 万盎司。这就是为什么新的铂金供应在平衡长期价格等式时显得如此重要。

玻　璃

铂金应用于模具和工艺技术中，用来生产高质量的纤维和玻璃型材，以及绝缘玻璃纤维和强化塑料。这部分应用对住宅、船舶和电子行业的经济趋势比较敏感。绝缘玻璃纤维的需求与住房建设一起变动，而强化玻璃纤维在船舶、轻型飞机甚至除草设备上大量使用。图 8.7 展示了这方面的需求。

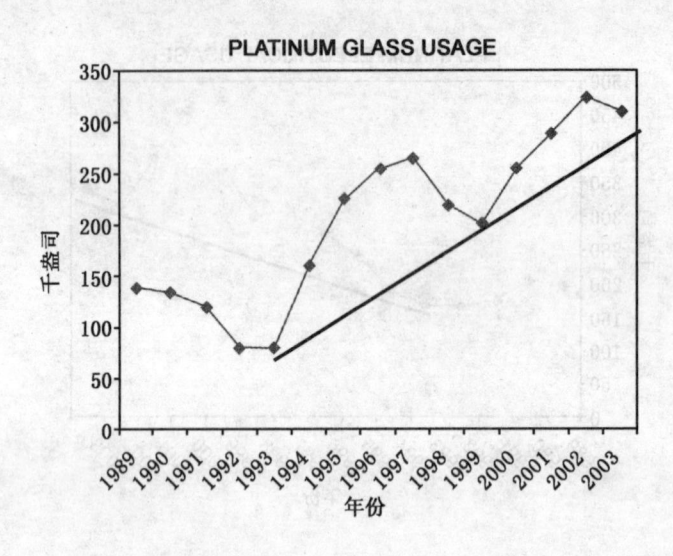

图 8.7 由于奢侈品行业和经济环境影响下,使用玻璃纤维结构的船舶运输和其他休闲娱乐运输行业的消费下降导致了玻璃制造商的需求减弱。这一情势直到 2000 年后才有所突破上升至新的高位

美国的奢侈税因为游艇产业的严重不景气而受到了指责,从游艇业能反映出强化玻璃纤维需求的薄弱。游艇的船体、甲板和内部空间使用玻璃纤维以及环氧树脂和聚酯塑料。很明显,造船业务的压缩降低了对玻璃纤维和相关铂金的需求。

20 世纪 90 年代早期铂金需求的上升与通信光纤以及高分辨率阴极射线和液晶显示器的增长相关。对于笔记本电脑显示器、PDA、手机、呼机、平板电视和数码相机液晶显示屏,以及其他需要高档玻璃的设备的巨大需求扭转了铂金在玻璃制造中的需求下降的趋势。全球经济的扩张增加了传统纤维绝缘体的需求,而且一些汽车生产厂家已经采用强化玻璃纤维的零件,包括保险杠、侧板,甚至底盘弹簧。

从 1995 年到新千年的房地产市场繁荣增加了对玻璃纤维绝缘体的需求。这股趋势与经济状况、利率和人口统计数据相关。X 世代后面 Y 世代的大膨胀表明了 2020 年之后对单户住宅的强烈需求。当然,购买新住宅的能力受制于经济能力。

尽管玻璃只占了每年消费量的一小部分,但它还是代表了一个增长的领域。当潜在投资者考虑到节约型催化转换器或稀燃发动机的改进能减少最大部分的需求时——33%~40%的年度使用量——每一点都会有帮助的。

石油与其他用途

石油行业在提炼原油和其他原料的裂解过程中使用铂金网筛。铂金催化剂在初次提炼和辛烷值提高的异构化作用中扮演了重要的角色。在20世纪90年代末,大约33%的工业化国家使用以铂金/钯金为基础的异构化工艺,而第三世界国家的炼油厂的使用不到15%。全球范围的环境保护运动将提升这些数字。基于直线法分析,专家预测随着北美和西欧走向满负荷生产,铂金的需求会达到40万~60万盎司。此后,当其他地区赶上来时,另外会有10万~30万盎司的需求。

这个领域的消费应该会趋于稳定,因为大量的铂金可能会回收利用。精炼厂会有一个新的和旧的催化材料的周转库存。随着产能增长,铂金储备也随之增加。在某些方面,铂金的可回收属性使它与黄金类似,它不会被消耗掉。当然在回收再生时会有一些损耗,然而,细致的再利用过程会使得回收非常高效率。凭借回收后的供给满足大部分的需求,石油部门可以达到稳定的经营。在这种情况下,只有增补损耗和满足额外产能才会需要增加铂金需求量。

随着所有关于清洁空气和零排放的讨论,铂金的工业前景相比白银和黄金将更为光明。尽管有来自电脑化引擎系统的重大威胁,但我们不可能短期内不用化石燃料。目前来看这个领域的需求是有保障的。

投资

正如大多数贵金属,波动因素来自投资需求。然而,与黄金和白银又不同,相对于它更大比例地用于关键商业过程,铂金的供给要远远小于前两者。这意味着投资者的兴趣可能有两种动机:

1. 总体经济环境能刺激铂金的储藏。这与通胀、信心和投资者情绪相一致。
2. 存在由罢工、矿产停业、全球政治以及相关事态发展而引起的潜在市场收缩的情况。

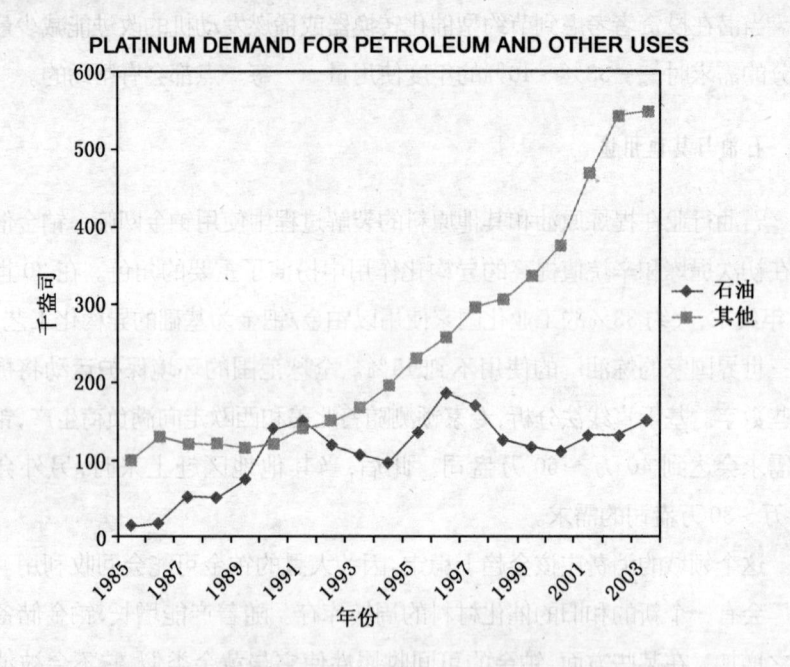

PLATINUM DEMAND FOR PETROLEUM AND OTHER USES

资料来源：Johnson Matthey

图 8.8　1985～2003 年石油行业需求基本维持在每年 100 000～200 000 盎司之间。1990 年后其他行业铂金需求增长呈加速上升趋势

　　进入新千年的总体格局走了一个脱离硬资产积累的趋势。大部分增长都集中于日本市场，因为日本对于硬币、大铂金条有需求。其他国家则对硬币和小铂金条有兴趣。对于日本来说，铂金代表一种硬资产储蓄的手段，因为它经常用来做日元的代替品。尽管在货币市场中存在平价差异，但当价值转移时实物金属提供了一个安全措施。此外，当现金市场和美国期货市场与日元对美元的汇率不一致时，就会有不寻常的套利机会。

　　美元平价已经变得特别重要，因为相对于日元和欧元我们有 40％ 的波动。试想，如果用欧元或日元衡量，大部分 2003 年至 2004 年铂金向上的运动会黯淡很多。强势的日元会使得日本储藏铂金增加，然而，这个逻辑从 2000 年到 2004 年没有得到体现。

　　图 8.9 描述了从 1989 年到 2003 年的投资需求。大幅波动表明一种没有确定的储藏模式的投机方法。正如任何储藏一样，需求可以轻易地引致供给，就像投资转变为撤离。我们没有关于私人储藏铂金的确切数字。如果把从

1989年到2000年大小投资者的累积量加总,我们会有323.5万盎司的净持有量。这意味着经过大概12年,私人投资者目前已取得并持有2004年一年不到的生产量。

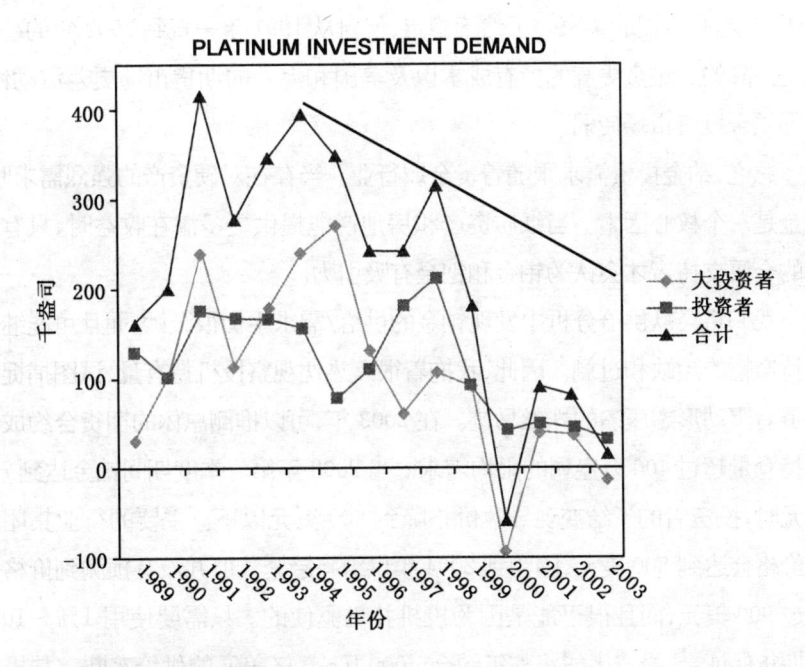

PLATINUM INVESTMENT DEMAND

资料来源:Johnson Matthey

图8.9 图表形态上投资需求表现出游走不定,但是,20世纪90年代到新千年之前的投资需求整体持续走低

测定私人持有的铂金量是不可能的。基于衡量20世纪70年代和80年代的模式,我们能可靠地假设,如果投资性的持有量流入市场,就会相当于有18个多月的生产量直接形成供给。也许被俄罗斯、美国、西欧、日本和中国作为战略性储备持有的量相当于另外24个月的供给量。

同样也不可能预测投资者从一年到下一年的行为。实际上,甚至日常的预测看上去也不可能。然而,任何投资需求的增长或减少都会影响价格和其他应用。如果投资者将价格推得过高,工业应用会成为不经济的受害者。这促使人们寻找替代方案或者减轻对整个应用的依赖。完善钯金催化转换器的最大动机之一来自于大的价格差异。基于1996年的技术以及差不多450美元/盎司的铂金价格,钯金在一路达到2∶1的比率时是拥有优势的。当在

2000年至2001年钯金的价格飙升时,铂金几乎立即在车用催化剂市场中重获关注和重视。

存在两种投资类别:小规模购买一盎司金条和硬币的买家以及大量购买几千克或50盎司的买家。虽然不稳定,但自从1991年一直到2003年的趋势都是下降的。铂金更高的持有成本以及美国和海外的期货市场更差流动性,使得铂金投资市场疲弱。

总之,铂金投资需求跟随着贵金属行业。当存在对硬资产的强烈需求时,铂金是一个核心因素。当纸质资产和房地产能提供更多潜在收益时,只有顽固的金属支持者才会认为铂金和钯金有吸引力。

我们将会从供给分析中发现铂金的供给/需求平衡很微妙,而且可能继续保持窄幅的短缺和过剩。因此,我抱着很大热忱观察投机持有量,试图捕捉到投资者驱动形态压缩的蛛丝马迹。在2003年,可以推测总体的期货合约成交和持仓量超过400万盎司的平均需求。当2003年第一季度期间铂金达到700美元时,投资者的了结变现导致价格降到600美元以下。主要的行业集团预测价格会达到800美元,因为到2004年供给将趋紧。但并没有预测到价格会超过900美元,而且很可能是因为投机扎堆驱使的。只需要使用1%~10%的期货保证金,投资者能将整年铂金5 000万~5亿美元的供给垄断。与投机对冲基金控制的几十亿美元相比,无论多少金额都是小的。

因此,图8.9描绘的需求曲线不能从表面理解。它只表明一个长期的下降趋势,但没有排除如果条件成熟会有狂热投机的可能性。

衍生品

铂金期货主要在美国纽约商品交易所分部的NYMEX以及日本的东京商品交易所(Tocom)市场上交易。日本有更大的交易和持仓量。这部分是因为纽约商品交易所缺少对铂金的推广,纽约商品交易所主要的兴趣在能源合约上。这两个交易所都提供透明的每日交易量和持仓量(买卖方的合约数)的报告。

铂金还有一个十分活跃的场外店头市场,它有很高的交易量和持仓,但不够透明。这个市场在定价方面起着举足轻重的作用。普通投机者通过门槛较低的交易所参与市场,但大型交易商倾向于使用OTC交易更大头寸。OTC

市场更缺乏透明度，而且提供更模糊的头寸累积。

我已经在很多研究报告里提出了投机挤压的问题。我相信投资者驱动价格是一个有力的现实，业界还没有完全解决好这个问题。关于垄断有形市场的法律充其量也是含糊的。很容易得出结论，只要很小的资金就可以控制相对于现有供应量的巨大的头寸。如果策略得当，一个投机头寸可能将铂金价推高到每盎司1 000美元以上。当然，时机会非常重要。到那个价格时，私人储藏的铂金会流出来涌向市场。但是，对铂金和钯金而言特别的是，小的总市值使得这些金属成为国际市场中理想的操纵目标，更别提铑金了。即使有囤积，适量的资金也可以吸收巨大的年度铂金要求。如果看到这样的情况可不要吃惊。如果它真的出现，你一定要参与其中！

铂金的总需求一直在稳步增长，而且会继续下去。随着全球工业化超前发展，我们预期铂金需求曲线会变陡。从这个角度看，对于那些希望积攒贵金属的人来说，铂金提供了一个很好的基础。是的，稀燃引擎技术可能会动摇这个根基。至关重要的是为这样的发展做好准备。同时，铂金的可回收性可能在某些阶段降低需求。我的估计是全球仍需要扩大铂金产量以适应21世纪的需求，并假定没有人发明永动机！

供给

世界上大部分铂金来自三个主要地区：南非、独联体（俄罗斯）和北美。到目前为止，21世纪初最大的生产商是南非，2003年差不多有467万盎司。后面的俄罗斯有105万盎司，还不到它的1/4。北美大约有29.5万盎司，世界其他地区仅仅生产了22.5万盎司。图8.10展示了这一分布。

这导致铂金供给更容易消化和估计，但也更容易受到巨大的波动。最重要的是，两个最大的来源地受到政治和经济不稳定的高度影响。这是一个最明显的刺激因素。在任何时候，南非的一次罢工或矿井关闭可能会不加夸张地大幅减少新产量。

在20世纪90年代末，南非和独联体都在努力建立新的政治体制。南非黑人掌权的事实没有改变矿山所有权，矿山的经营和扩张需要大量资本来支撑。如果21世纪矿山产能想增长，劳资双方的绝对合作是必不可少的。显

PLATINUM SUPPLY

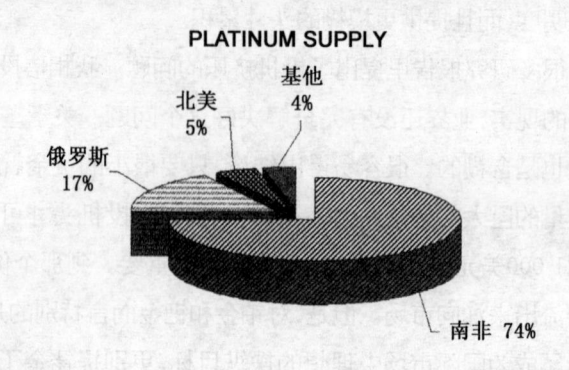

- 基他 4%
- 北美 5%
- 俄罗斯 17%
- 南非 74%

资料来源：Johnson Matthey

图 8.10　2003 年的铂金区域供给显示出南非铂金产出占全球产量的 3/4，居铂金供给首位

然，铂金是一个重要的收入来源。矿山提供工作和收入，还为政府提供了一种经济稳定的手段。一小部分人控制了大部分南非的铂金矿所有权。盎格鲁铂金矿经营着包括卢森堡、PPRust 和勒博瓦（Lebowa）的安拉茨矿山（Amplats）。在 1996 年至 1997 年间，为了增加 10%～15% 的产量，几宗资本扩张计划实施。在整个 20 世纪 90 年代稳定的铂金价格和改良的技术成为令人鼓舞的力量。到了 2003 年，盎格鲁铂金矿生产了 230 万盎司的铂金，比上年增长 2%。这代表比 20 世纪 90 年代末期预测的有更大幅度的增长，但少于 2001 年预期的同比增长。

事实上，所有南非的铂金生产者都具备很好的增长潜力。这取决于估计的储量、新矿勘探和改进的回收技术，以及现代化进程。薄弱的经济和铂金价值裹足不前会成为扩张的一个障碍。即使美国铂金价飞涨，南非兰特的升值也会跟上投资热情，结果导致扩建计划的减少。因此，明显的相关性并不总是能得出正确的结论。

铂金爱好者应该将他们的注意力集中在南非生产者的发展上。除了跟踪每日新闻来源外，来自庄信万丰公司的短期和年度报告提供了关于新发展的最精确可靠的评估。这些报告并不局限于南非，还包括所有重要的关于铂金及其同族金属的事实和数字。主要的南非生产商包括因帕拉铂金矿（Impala）、南非隆罗（Lonrho）、诺丹（Northam），以及安罗瓦公司（Anglovaal）。请记住，它们彼此的关系和合作框架会变化。20 世纪 90 年代末跨国矿业合作的趋势如火如荼。公司名、所有权以及经营实体可以很容易地合并。

由于独联体可能转向民主资本主义，铂金代表了一个坚实的经济基础。生产国内的所有权问题只是整个问题的一个方面。就本书而言，独联体是一个免费供所有国际资本输入的目标。地质调查显示独联体的产矿区拥有超越南非成为第一大供应者的能力。实际上，扩张计划从20世纪80年代中期以来都在进行中，期间只有关于20世纪90年代早期经济不明朗和诺里斯克镍矿(Norilsk)缺乏资本的一些小问题，诺里斯克镍矿生产了大量的副产品——铂金和钯金。我在20世纪90年代末的调查显示，诺里斯克就是独联体的铂金的来源。然而，与一些知情人士的讨论使我相信未来开发的前景是十分光明的。最值得注意的是，我对伯力市东部地区的冲积地层的地质调查十分好奇。

当水把岩石中的矿物冲洗出来并把它们冲到下游，冲积层就形成了。最终，来自水流中的矿物沉淀形成积层。这些沉积物也被称为普莱斯矿，因为它位于著名矿业公司普莱斯多姆。在我初步调查后的五年内，在伯力和昆德尔两地发现聚集了大量的铂金。在乌拉尔山脉也有额外的储量，而且我感觉未来几十年内将会有更大的发现。这些地区的前进动力将会是价格和政治的一个函数。基于巨大的未开发的潜能，如果独联体的产能在十年内翻一番，我不会感到独联体供给的潜能在1997年春天得到了明显的展示。从一个接近每盎司370美元的均衡价格，俄罗斯船运的中断很快把价格推到每盎司430美元。这个16%的涨幅仅仅发生在5周内。然后，俄罗斯出售的恢复将价格打回到一半的位置。因此，正如前面所述，供给可能在中期趋势中起主导作用。

随着蒙大拿州的斯蒂尔沃特矿（雪佛龙资源与恩格尔哈德矿产的合资企业）的开发，北美的产量从静止状态得到了提升。斯蒂尔沃特主要是一个钯金矿。但钯金价在1989年跌到每盎司78美元以下时，该矿遇到了困境，合伙人停止了本来可以让全部产能得到更早开发的扩张计划。价格的下降也殃及南非和独联体。然而，钯金价格恢复和强劲的需求潜力重燃了提高斯蒂尔沃特产能的兴趣。评估表明这单个矿厂将把产量增加1倍，获得的钯金和铂金产量是4:1。这点吸引了俄罗斯的眼球，从而使得大部分矿权被诺里斯克买下了。在这个不寻常的收购公告发布后，我提出俄罗斯试图垄断钯金的可能性，就像欧佩克对石油的控制。在我们学习了下面的章节后，这一点会尤其明显。

在加拿大，岛湖地区产生了马德林矿山，它后来成为北美钯金业的龙头。

从 20 世纪 80 年代末到整个 20 世纪 90 年代这一矿山才刚刚起步。经过数年的低谷后,北美钯金业最终在 20 世纪 90 年代中期步入正轨。就像美国的斯蒂尔沃特矿业那样,北美钯金业也是以钯金为主,正如它的名字所指。它财务上的成功依赖于强劲的钯金价。原始收入估算要求钯金在低至每盎司 98 美元时经营还有利润。从那时起,北美一直享有更高的边际利润。对冲被认为是一个获利能力的障碍,但是一个更灵活的库存管理方法能够推动底线,我们接下去会讲到这点。

基于 1989 年以后的表现,因为具有伴随生产铂金的优势,应该有一个良好的扩张钯金矿的基础。加拿大也拥有大量的镍资源,它能够生产大量除了金银之外的铂金族金属。国际镍业公司经营着萨德伯里矿山,而且它在进行一项 1995 年开始的扩张计划。

也许听上去有些怪,但铂金矿资源没有受到全球范围的大规模开采。除了巨大的附属矿潜力,印度尼西亚、中国、澳大利亚和扎伊尔的新的地质分析都显示了开发铂金或钯金的潜能。智利和秘鲁铜产量的扩大还将继续增加铂金供给。

图 8.11 分析了 1985～2003 年间的供给趋势。图中也许还不够明显,但是,到了 2015～2020 年,南非和独联体具有的优势可能受到其他产区的挑战。新发现的数量和新矿可开工的速度可能以 10 倍以上的速度加快世界产量增

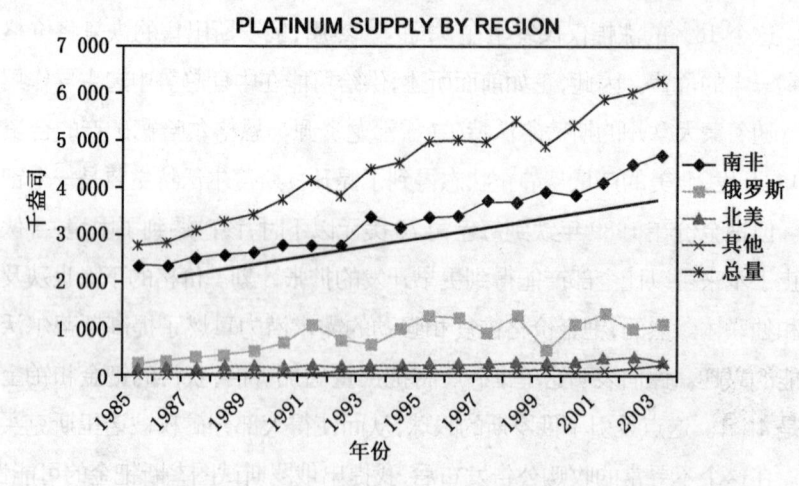

资料来源:Johnson Matthey

图 8.11　两大生产区域(南非和俄罗斯)的铂金供给稳步上升

长,使其他地区的产量超过 125 万盎司。当然,南非和独联体也不会停滞不前。美国的南卡罗来纳州从零起步,后来竟成为世界第九大黄金产区。由此可见,任何事情都是有可能的。

显然,趋势是向上的。问题是生产曲线的斜率是否会开始增加以及何时增加。我们是否能看到需求明显增加,这是一个关键问题。

正如在图 8.12 中显示的,从 1985 年到 2003 年供求是高度匹配的。这清楚地表明了为什么价格会如此动荡、对新闻如此敏感。正如我们所见,所幸直到 1999 年供给都是能跟得上需求的。在那之后,生产就不再跟得上消费。

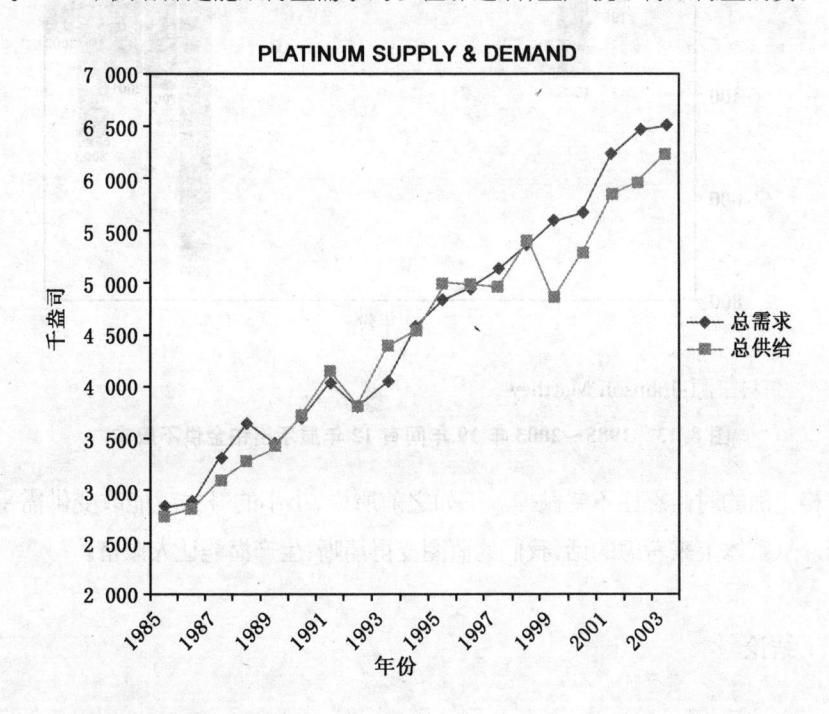

资料来源:Johnson Matthey

图 8.12 从 1985 年铂金总供给和总需求之间微妙的平衡。从 1999 年开始铂金供少于求,因此 2002~2004 年铂金价格飙升

图 8.13 显示这段时期短缺和盈余的模式。1999 年的短缺之后,我们容易看出为什么铂金价格会上升到每盎司 900 美元以上。只要铂金的用途稳定,铂金的需求超过供给的趋势会一直延续。这就是说,在铂金的主要消费用途中没有技术性的突破来形成铂金的替代品。

如果投资积聚变为供给的话将会对此情况有所缓解;但是,投资者必须在

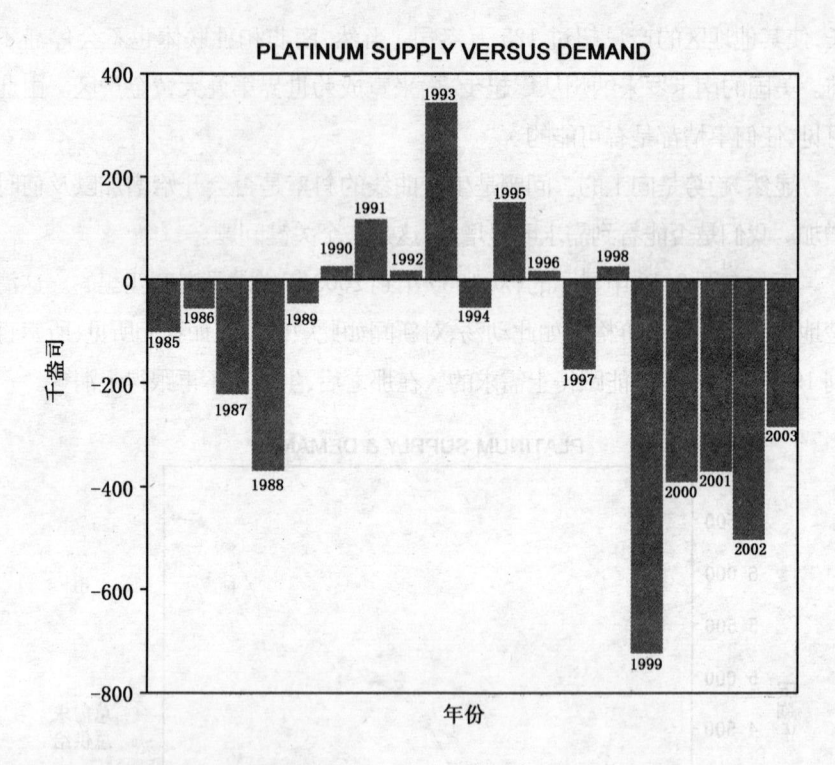

资料来源：Johnson Matthey

图 8.13　1985～2003 年 19 年间有 12 年显示出铂金供不应求

价格上涨的时候忍住不要抛掉。正如之前所说，小小的努力就能改变供需平衡。从整体上来考虑的话，我们的蓝图变得清晰：生产潜能让人振奋。

结论

铂金有着很大的投机潜质，它有着微妙的供需平衡。两大生产国（独联体和南非）稳定的经济和政治环境使得投机边际变得更小。以拉丁美洲为例的话，在达到平稳之前会有几十年的不确定性。同时，你应当全力注意主流趋势。铂金的技术变革使得用途的改变是其需求变化的主要原因。循环使用是增加更多的需求的起点。劳动力、政策以及经济环境是供需平衡的一部分因素。看看销售记录，记住平均销售周期大概是七年。这就暗示了我们循环的周期。假如说巴菲特决定组织一个铂金聚会，那么就加入其中吧。

第九章 钯金的基本面分析

在所有的贵金属中,钯金是最鲜为人知的。但是钯金有着很高的获利潜质。作为铂金类家族的一员,钯金有着很多铂金的特性,比如说很坚硬,有着很高的熔点。就连钯金的应用方面也与铂金相仿,包括污染控制标准、化学加工、导电性和投资性能等方面。与铂金相比,钯金在牙科方面有着更大的作用,但是在珠宝制作方面的用途就不如铂金了。20世纪80年代后期,作为汽车排气管的钯金有了新的发展,从而引致了钯金的需求。这个突破使得钯金工业有了更大的发展,从而开启了钯金升值的大门。

需求

钯金的长期潜质建立于大众对它的关注度。全球工业的发展,使得钯金对维持空气与水资源的洁净有着很大的作用。钯金被用于生产过氧化氢,这对造纸业有着很大的作用。传统造纸业所排废水中含有有毒的氯气的漂白粉,就像是家庭里洗衣后产生的排泄物一样。

环保当局一直旨在减少氯气污染。他们将排泄出的垃圾分解为氧和水。计算机管理流程控制体系提供同样的除氯消毒功能。毫无疑问,过氧化氢会在全球造纸业中起到作用。这就导致了过氧化氢以及钯金生产的重大需求。

在小范围而言,过氧化氢被用作敏感电器及元件的清洗。因为电子产品在不断扩张,所以钯金的需求也在不断上升。

钯金也被用作与铂金一起生产净化的对苯二酸来用在塑料产业。相关材料技术的进步对钯金的消费有着正面的影响。钯金不仅有工业用途,也被用作消费纤维,汽车、住房、航空航天以及造船业都依赖于这种人造纤维材料。人造纤维确实是一个发展行业。2003年钯金主要应用的减幅如图9.1所示。

从1996年到2003年,钯金的主要消费由电子产品变为了汽车卡车尾气

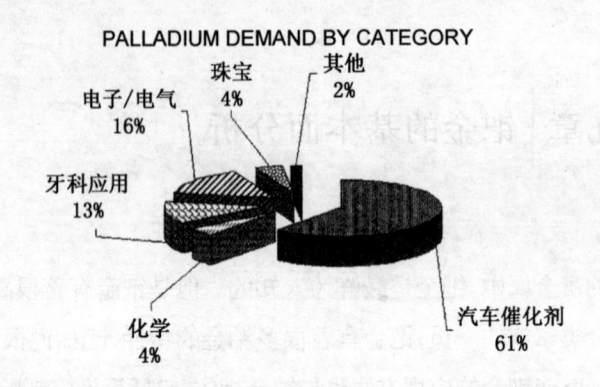

PALLADIUM DEMAND BY CATEGORY

- 电子/电气 16%
- 珠宝 4%
- 其他 2%
- 牙科应用 13%
- 化学 4%
- 汽车催化剂 61%

资料来源：Johnson Matthey

图 9.1　2003 年钯金需求分类显示，几乎 2/3 来自汽车催化剂

净化催化剂。于是，如果有新的技术代替了汽车卡车尾气净化催化作用，钯金就会有像铂金一样的发展命运。整体需求的前景是坚固的。牙医所用材料在经历技术的进化，将逐渐被人工合成材料所取代。

钯金的最大的投机交易故事开始于 1980 年 3 月，当时在盐湖城召开了犹他州大学的会议。斯坦利·旁氏和马丁·弗莱施曼博士带着他们的研究成果"溶在一个瓶子里"公开出席会议。因为冷聚变发生在常温下而不是千万度的高温环境，所以他们叫这项发现为"冷聚变"。冷聚变的声明在丰田的声明之后，丰田的声明表示，它会用钯金作为几种汽车模型的催化材料。钯金价格一跃升至超过每盎司 180 美元。几周之内，科学联会认为冷聚变是垃圾科学，根据传统理论，这种生产过程根本不可能。所以，钯金价格立即回落到 1993 年的水平，即每盎司 80 美元。

关于冷聚变的争论一直没有停息；它在不断地加剧。1989 年的声明之后的每一年，全球各地的科学家们聚集在冷聚变年会上共享实验数据。冷聚变的几项发明已经获得专利，冷聚变成为现实并不是不可企及的事情。我承认自己被冷聚变所吸引。从投机交易的角度，商业性的可获得的冷聚变过程能使得钯金价格攀升至每盎司 1 000 美元，甚至每盎司 5 000 美元。看来持有一些这种金属是理性的赌注。

在冷聚变理论开始的时候我就开始关注。即使在今天，一些能源生产的模式仍然有效。站在乐观的角度，钯金是冷聚变反应最有效和最持久的金属。

站在消极的角度，几个实验表明镍也同样能在实验中起到相同的效果。在2000年冷聚变的三种途径变得可商业化。

奇怪的是，与最初冷聚变设备相关的问题之一是能量转化技术。冷聚变会产生热量。这种热量必须被驾驭转化为电能。在低温情况下，这一转化过程并不容易。除非冷聚变能够产生足够的热量来转化为机械能（就像蒸汽机），否则把冷聚变的能量进行转化是非常复杂的。尽管一些批评者们已经转变观点开始接受这种不寻常的现象或是观察，但是能源并没有变得商业化。钯金或铂金仪器在最终进入家庭、交通工具和能量系统之前，会要求有巨大的进步。尽管如今已经证实，商业化应用会延续一二十年。

第二个能源前景是"所诺发光"。你可能熟悉由于快速汽艇经常出现在晚上的异常的光，这有时是由于磷海藻的发光造成的。然而，一种蓝颜色与气蚀相关与散发光子的类似核反应连接了。表面上，气蚀使得极端力量之下的微观泡影崩溃。当这些泡影崩溃时，光子被发布作为能量。有实验结果表明，"所诺发光"可能导致剩余热作为一个独立过程。当结合在钯金壳或目标之内，气蚀似乎能刺激冷聚变反应。

另一种方法是日本小组使用依靠氢的基于钯金的"能量生成器"。他们的假定是钯金有一个亚原子的矩阵能够吸收氢原子和压缩它们形成在极端小反应的氦气。在旁氏/弗莱施曼的方法中，重水能将氢转化入钯金矩阵。在理论上，一个纯净的氢转化过程能更加高效率和可控制。俄罗斯、印度、法国、英国、德国、日本和美国的实验室全部报告显示了积极的冷聚变研究结果。虽然对这一过程没有明确的解释，但是数据和观察变得越来越难以否认。

冷聚变有着很大的经济意义和政治意义。投资者应该认识到能源部门有链接对一切从运输到环境控制（热化和空调）的制造业的所有形式。矿物燃料对就业、资本投资和工业基础设施有着很大的作用。冷聚变可能是已知的唯一最破坏性的经济力量，它的引进能使其脱离常规能源部门。

在过去，很多新技术都被吸收应用得很慢，比如说，因为安全地和费用问题使得石油工业不再受欢迎，核能才逐渐被接受。太阳不能和常规核设施一样保障安全问题，但是效率和费用在2004年依然是问题。有风力发电、潮汐发电器，甚至是火山动力能源。但是这些现代社会的新方法并没有完全撼动石油的地位。相反，冷聚变能提供从石油、煤炭和气体的直接转化的能量。这样的转化为什么有问题？终究不像冷聚变一样是我们的最终目标。

问题不在于过程，而是在于它的实施。政府极端不愿意将冷聚变作为有前景的科学。因为遣散矿物燃料的机器是私有和国营部门的，因为没有商业性刺激，所以它难以快速发展。汽车、卡车、飞机和火车都将会被要求重新评估与重新设计。简而言之，冷聚变技术后，经济会有大的变化。就连好莱坞也基于这样的事实开始上映几部冷聚变题材的影片。

一个首选的是从实验性反常现象的缓慢的移动到小规模实验室兴趣。2005年看起来像是冷聚变的发展平台。之后，如果冷聚变不存在安全问题，商业化也许就会被推进。这是有很大的投资价值的。一旦冷聚变变得商业化，那么钯金就会价格飙升。假设冷聚变仍然会只依赖于钯金而不是镍或是其他材料，那么投资机会将是非常巨大的。事实上，一旦这种飙升开始，拥有钯金将是很难的。

冷聚变是可能永远不被用出的王牌。就算没有这个可能性，钯金还是有着很好的基础面的。汽车尾气净化催化剂，化学生产过程甚至一切发光之物，都会引致对钯金的需求。

汽车尾气净化催化剂

尽管钯金在催化剂上的功能已经几十年为人所知了，但是，直到20世纪80年代中期，科学家才注意到它作为汽车和卡车的尾气净化催化剂的功能。一些新的发展推动了钯金的成功发展，包括从辛烷值助剂中去除四乙基铅，以及从汽油和柴油去除硫磺。钯金对于含有铅和硫的物质非常敏感。直到这些物质从燃料中完全去除，否则钯金不能完全作为汽车和卡车的尾气净化催化剂。

钯金在减少为燃烧的烃方面特别有用。在冷启动过程中，引擎更倾向于燃烧燃料和空气混合物。通过在初始排气口处放置一个钯金装置，在冷启动过程和平常操作中，烃排放能够大量地减少。正如第八章中所提到的，随着清洁空气相对于人口密度来说变得更加重要时，对于尾气标准的更严格的需求将更加严格。这就转化为更大的钯金的需求。图9.2描绘了从1990年以来的使用钯金的自动装置的过程。

直到1989年，大多数使用于汽车装置中的钯金是铂金的替代物。一旦钯

第九章 钯金的基本面分析

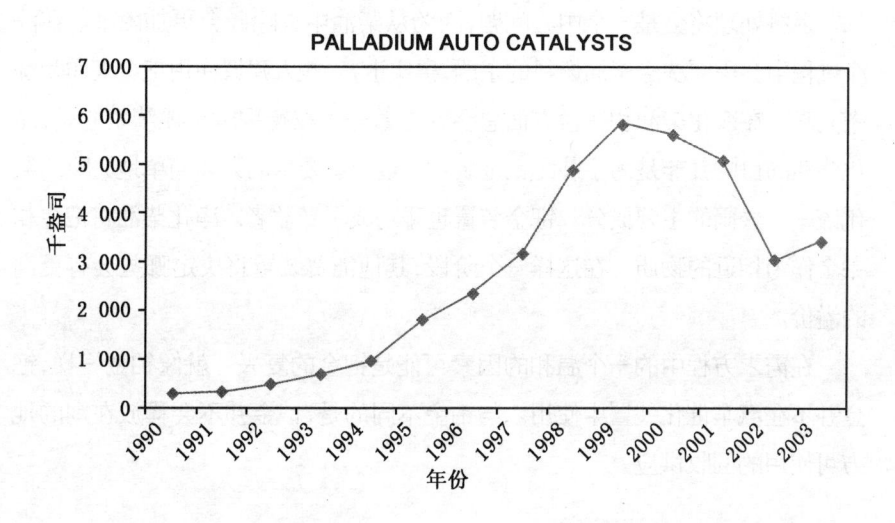

PALLADIUM AUTO CATALYSTS

资料来源:Johnson Matthey

图 9.2　1990～2003 年钯金在汽车和卡车催化剂上的应用

金的技术变得完美,需求将成为一个极端的上斜线。当铂金在此开始上升时,2000 年到 2001 年的价格上的巨大变化在 2002 年大量减少了钯金的消费。没有不正常的价格行为,这条斜线应该更直接地同汽车生产有关。10 年期和 15 年期的预测呼吁需求平衡因为现在的技术暗示着静态的扩张。这意味着所有的汽车和卡车模型都将最终采用钯金(作为催化装置)。钯金的汽车催化剂生长曲线的迷人方面在于它的潜力将超过供应,除非价格迫使更加温和的使用。在 1996 年的 680 万盎司矿产生产出来后,存在着一个预测可能性:汽车催化装置将在进入 21 世纪的短期内吞下年供应量的一半以上。我的这个观点在 1996 年完成的《新贵金属市场》中提到过。当然,到 1999 年,在汽车转化装置中使用的钯金达到了 588 万盎司,但是总供给量只超过 800 万盎司。这之间有一个 130 万盎司的缺口。价格相应回应。

但是,这个潜力并不会持续进入到新千年。然而,在 2001 年的每盎司接近 1 000 美元的飞涨使得催化装置又回归到使用铂金。我们的结论是:价格在每盎司 200 美元到 410 美元之间将使得钯金催化装置处于一个 4%～7%的增长路径上。大部分基于中国、印度和其他发展中国家的汽车增长率上。这些因素都跟铂金相同,除了在汽油和柴油装置的比例。如上所述,柴油更多地基于铂金。

燃料处理将会是一个中心问题,因为从柴油中去除硫会更加困难。在洗涤过程中会需要洗涤柴油燃料的东西,事实上,一些人建议使用钯金来作为洗涤元素。在净化柴油和获益方面总会存在着一个权衡取舍。要清楚的是,净化柴油的目的并非是为了装配钯金装置。这个主要目的只为简单地去除二氧化硫——酸雨的主要成分。钯金装置也碰巧成了受益者。净化柴油将钯金和铂金作为相近的物质。在这样一个阶段,其他消费装置将决定哪些会有更高的溢价。

在需求方程中的一个温和的因素可能是钯金的复兴。就像铂金一样,钯金并不在汽车催化装置中使用。与铂金不同的是,钯金并不会释放在别的地方可使用的回收供应。

电气和电子

大约有25%的钯金用于期货合约、导电膏、特殊电路元件和传感器。到目前为止,最大的电子应用是在片式多层陶瓷电容器(MLCC)。在 MLCC 的应用上,钯金已成为一个有效的铂金——银的替代物。这些设备存储电像微型电池的费用,当手机连接移动个人电脑和极端精密的军事设备时可以充电。钯金的 MLCC 方面的消费增长,直接跟不断扩大的全球电子应用有关。整个20世纪90年代,有一个存在于 MLCC 应用和不断小型化技术两者间的取舍问题。钯金的消费量则平衡了 MLCC 的使用和每单位尺寸的不断减少。研究趋势暗示多层陶瓷电容器接近实际,却受制于小型化。几乎每个长期预报都要求电子产品产量和销量加速增长。除了日本、北美和西欧明显的模式,南美洲、中国、太平洋沿岸地区、印度和前东欧集团国家都在发展全新的通信基础设施。

1997年,根据发展中国家的情况,考虑了两种通信技术:无线网和光纤。由于手机、传呼机和通信设备对于大量的 MLCC 的需要,未来的无线系统可以消费更多的钯金。不过,我的研究表明,混合动力系统更有可能,并且光纤光学和无线网均匀匹配。光纤系统需要的耦合器和中继器会使用到 MLCC。光纤系统的开关和逻辑线路会使用到钯金,镀银钯金的关键任务是印刷电路板轨道。当然,正因为大量手持设备将会被运用,中国的移动电话和类似的无线通信系统的趋势,给出了一个更好的钯金的运用前景。图 9.3 显示了一个静态增长的曲线,因钯金价格上涨而产生的负的影响。假设稳定的价格,我相信,我们可以预期从2001年展出的将会实现并可能加速增长。

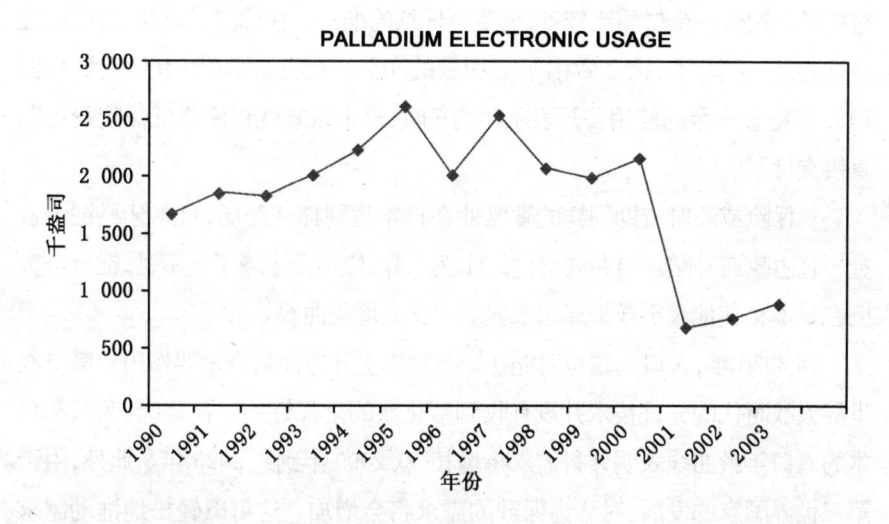

PALLADIUM ELECTRONIC USAGE

资料来源:Johnson Matthey

图9.3 钯金在电子产品中的使用量随2000~2001年高科技泡沫破裂而下降。复苏直接与使用钯金的零件比例升高相联系

如同摩尔定律,可能发生的是,MLCC的钯金含量的比例也会随着线路本身变小而减少。这一趋势抵消了提高整体电路的费用。在某些阶段,收缩数额的实际限制将减少从2006年向前移动,我们应该看到电子消费加速(没有任何意外干扰)。

结合电子和汽车催化剂的增长,很容易基于目标产量来得到目标攻击压力。我没有预见到在这两种类别的钯金任何直接的替代品。主要基于增长的需求和上升的供给之间不断的平衡。MLCC、混合集成电路、印刷电路板、耦合器、交换机和主机相关的组件将依赖于钯金和铂金。即使这些金属的价格波动,在很大程度上更好的措施减少了必需的数量。在我看来,钯金的电子和电气的未来仍然稳固。

牙科应用

如黄金,当银汞合金已经远离我们时,钯金的使用越来越普及了。在价格和耐用性方面,钯金—金合金提供了一个很好的替代较高的黄金含量的充填材料。牙医指出,恢复性较高的含金量是最好的,同时反对涉及面嵌体或高嵌体的天然牙。但是,如果反对的表面材料都恢复,那么就并不急于寻找更好的材料了。钯金—金材质比较难,需要更仔细的准备。在德国,修复和医疗过程被认为是一门艺术,钯金做出了更积极的印象。(牙医那里没有俏皮话!)自1933 年钯金—金的使用公开表示为增长时,一个恢复性程序降低保险费可以直接支付了。

对保险或政府资助同样的敏感性在日本也同样在经历,日本牙科钯金合金一直由政府补贴。当共同支付的比例上升,使用量下降了。不过,钯金合金已在日本和其他太平洋沿岸国家显示出正的增长曲线。

到 2020 年,人口问题也可能在牙科需求上升方面具有重要作用。第二次世界大战时代的先进技术并没有收到氟化水的全部好处。在美国、西欧和日本的人口年龄曲线表明牙科需求将增长,从 2000 年到约 2025 年。此外,由于第三世界国家的发展,对牙齿保健的需求将会增加。这可以轻松地推动需求到 2050 年以后。

世上有很多很多的牙齿!但是,之前的章节中提到的陶瓷、聚合物和硅酸盐的发展,它们可以像贵金属一样植入。如果黄金和钯金的价格上涨过高,将会推动非金属修复。像所有消耗钯金的部门一样,在 1999 年至 2001 年的价格飙升着实让牙医们大吃一惊。我们看到,图 9.4 中显示牙科合金需求急剧下降。1996 年,我预测钯金价格将反弹到黄金的价格。这个预测是根据常识并确实准确预测到了。

由于电脑辅助设计和计算机辅助制造(CAD/CAM 的)在牙科方面的运用,我没有鼓励有关钯金的持续使用和牙科需求的增长。在有些方面,这是一件好事。至于其他类别的要求增加,将有利于看到牙科放弃其部分需求。

化学

图 9.5 指出了化学应用的需求。我以前曾经论述过这包括在使用合成化学纤维制造加工和过氧化氢生产两个支柱。钯金的化学过程享受着从 1993 年后的适度增长。从 1998 年之后,化工行业小幅上升并随着物价上涨和经济衰退而平滑了。有趣的是,这并不如从 1999 年至 2001 年的价格上涨那般影响负面,这表明缺乏弹性。这在很大程度上取决于钯金的定价,但是,牙科合

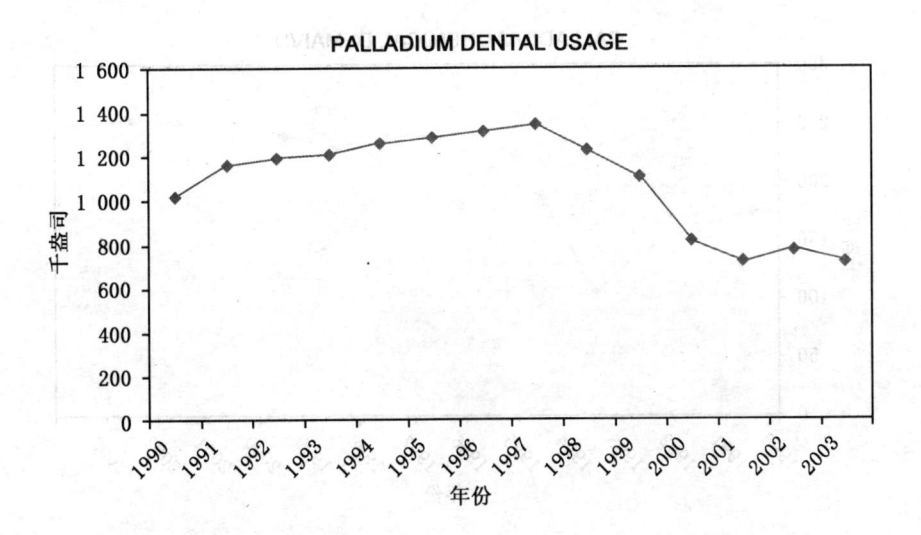

PALLADIUM DENTAL USAGE

资料来源：Johnson Matthey

图 9.4　1990～1997 年钯金在牙科的应用缓慢上升，之后随着钯金价格上涨而受到抑制

金预计可能下降将能够使供应保持平衡。定价低于 300 美元，我们可以看到一个加速过程。特别地，在硝酸生产中所表现的在最优价格上购买的井喷现象。每盎司 300 美元以上，替代技术将变得有吸引力。投资者可以预期工业生产过氧化氢或纸张生产替代漂白技术的不同方法。钯金也被用来恢复其对铂金、铂金和铑的回收，更具体地说是对铑的回收。

合成纤维工业和造纸工业是成本高度敏感的。两者都涉及大的销量和低的卖价。这意味着钯金的使用可能会更加被动于更高的钯金的价格。基于使用率，我不相信化学应用将决定性地指向钯金。因为它是唯一的边缘，基于供给变化或自动滤化器和电器部门的消费可以磨砺价格运动。

纸张和纤维行业的分析显示出稳步增长同增加的全球财富和需求。这些一直是独联体国家和已被归因于更多的新闻自由和平面媒体广告纸出货量大幅增加的前东欧国家。中国的商业企业也在不断增加该国的纸张消耗。事实上，美国是中国印刷品最大的进口国之一，同时也是有额外运费并且高度竞争。工业化国家一直在谨慎地给新兴经济体强加环境责任意识。这就是为什么环保纸漂白很可能是选择的过程。

服装无疑是一个成长的产业。实际种植区域和周期，像棉花和羊毛这样

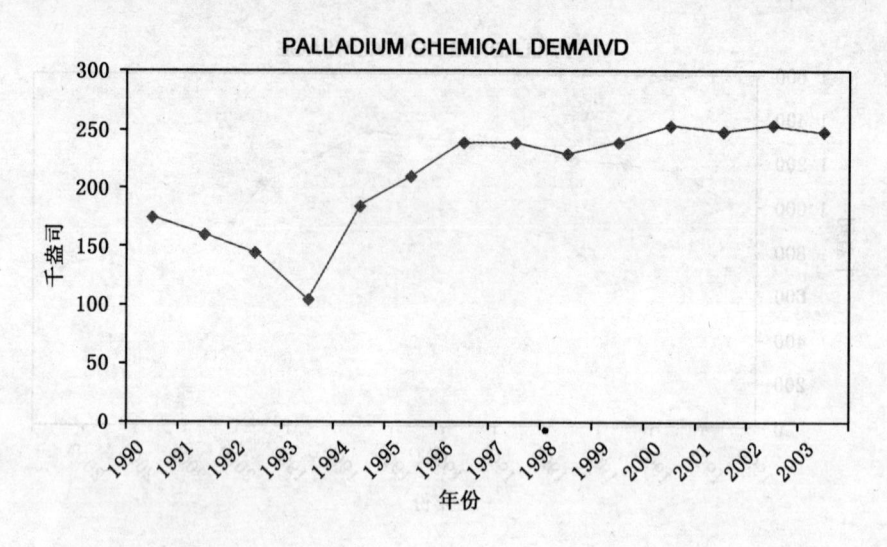

PALLADIUM CHEMICAL DEMAIVD

资料来源：Johnson Matthey

图9.5　1996～2003年钯金在化学方面的应用持平

的天然纤维,在全球的生产能力是有限的。这表明合成材料被更多地使用,因此,加大了对钯金的需求。

有一个问题是,化学需求是否一把抓似地增加了冷聚变反应堆对钯金的需求。冷聚变的谣言在1996年达到了5万盎司。这是一个巨大的数字,因为这几乎占1994年之后在化工行业所有的增长。不过,业内代表强烈驳斥任何上述"名义水平"几千盎司冷聚变的使用。

珠宝

钯金合金是专门用于铂金和黄金的替代物。作为贵金属,钯金已经获得了优于镍及其他合金用于创造白金和铂金属的混合的流行性。使用5%～15%之间的铂金首饰在20世纪90年代末期已经不再风行,因为大部分铂金珠宝在日本视为"纯"铂金而不采用任何合金。然而,意大利开始增加使用钯金以生产高质量克拉白金。钯金合金能生产出具有优于镍对应的颜色的更可行的产品。需要权衡取舍的是钯金的价格相比镍要高很多。便宜的金链很少用钯金。一些中东制造商已经改为制作铂金饰品以便出口到日本和一些地方消费。图9.6显示从1990年至2003年钯金首饰的消费。

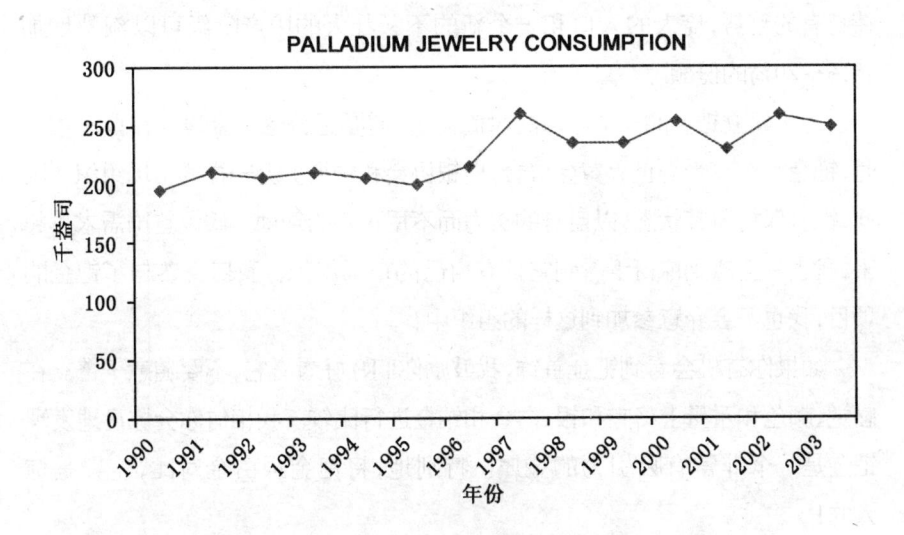

PALLADIUM JEWELRY CONSUMPTION

资料来源：Johnson Matthey

图9.6 钯金首饰直到2002年才流行起来，通常是钯和金的合金。因此，有关钯金首饰的预期增长没有体现在本图中

由这个图所示，饰品消费主要接近于化学用途和配置。还有就是，这些类别的价格可能会比其他用途更加价格敏感，因为它在饰品的应用和改变造纸厂漂白剂方面更容易取代其他金属。

在新的千年大故事的开头是所有钯金首饰的介绍。实验并没有针对北美或西欧消费者，但在中国和日本却很普及。最初，钯金价格波动阻碍了制造商的参与。然而，积极的中国市场却暗示更为重要的首饰需求的可能性。像催化剂的需求，如果价格相等的收益和钯金获得普及，有可能在铂金和钯金之间存在真正的竞争。出现了一种看法认为是铂金，铂金是大家更喜欢的金属，因为已经得到验证。虽然是个人喜好的问题，但纯钯金具有鲜明丰富的色彩，其中一个是有吸引力的蓝灰色色调。当单独将钯金和铂金或者银对比观察时，消费者实际上会首选钯金的颜色。不像白银，钯金不会被玷污。因为它是硬金属，钯金保留光泽，从来不会产生绿锈。

当铂金价格保持在2003年至2004年较高的水平时，中国珠宝制造商开始将钯金作为替代物。到2005年，消费者将钯金视为选择而不是替代物。当考虑到相似的量可能分配给在相对比较新的消费类别时，钯金首饰是否能维持在中国的吸引力和扩展到其他地区是一个关键的问题。即使对中国继续保持特有的趋势,庞大的人口和一个新的不断壮大的中产阶级可以额外增加15%~20%的份额。

为了建立钯金的一个可取的时尚需求,需要区分这个金属。在撰写本文时,钯金没有享受与世界黄金协会、白银协会和铂金协会一样的市场组织。因此,钯金保持着其状态,以自身的实力而不用正式的帮助。假设首饰需求热起来,我也不会感到惊讶于看到它拥有自己的市场组织。我自身参与了钯金的项目,我也不会介意参加到这样的组织中!

如果你有机会看到钯金首饰,我鼓励你们好好看看它,不要随意一瞥。在感觉、颜色和重量上将它和银、白金和铂金进行比较。我相信你会惊喜地发现钯金是一个非常有吸引力的金属。特别地,将钯金跟白金对比,差异是惊人的!

其他需求

钯金对硫的敏感度已经开发了作为洗涤元素金属的应用,使用钯金催化剂用于消除微量柴油和煤油燃料中所含的硫。钯金也被用来降低芳烃燃烧时形成的有毒烟雾。像铂金和铑,钯金也有可以作为氧化感应器的性质。钯金用于化工中用作为防腐材料。最后,一定有限数量的钯金是用于投资的钯金条、钱币和纪念章。

钯金在实物投资方面的核心问题是它的供应不足。虽然更多的富人可以买得起一个100盎司的期货合约,但这已经超出了广大投资者的能力范围。除了成本之外,储存100盎司的钯金条会带来存储的问题和风险。

以任何方法能够得到的唯一的官方硬币是俄罗斯芭蕾舞女演员,在冷聚变物理狂热期间作为非常流行的投资工具。其他例子是由矿主生产的奖章和钯金条,比如斯蒂尔沃特的一盎司0.999 5细圆奖章和一盎司锭。Johnson Matthey公司生产小批量一盎司的钯金条,它已变得不那么难找到有库存的经销商。

1989年3月,在冷聚变的记者招待会上,有一系列的钯金纪念章销售。最常见的是半盎司和全盎司纪念章,来自新罕布什尔州的基准纪念章(Benchmark Commemoratives)出售。这些作品有一种0.999 8高纯度的,被单独追踪编号。很多公司铸造约1.5万盎司的钯金币,希望能赶上冷聚变狂潮。少量的纪念章已经使它们比金属本身更为有价值。因为它们的高纯度,1 000多枚纪念章被买走并融化掉作为实验。

据估计日本在 1996 年囤积了接近 2 万盎司钯金,在 1999 年上升为 6 万盎司。如前面提到的,福特汽车公司曾试图囤积大量的钯金。该尝试在 2002 年钯金价格崩溃时损失了 10 亿美元。总体而言,投资需求是教育问题。只要钯金被铂金的阴影笼罩,而且其首饰用途非常有限,那么其现金投资将是静态的。

总需求的情况出现相当积极。自 20 世纪 90 年代末以来,(钯金的需求)通过几十年同样的模式进入新千年。然而,在 2000 年至 2001 年的挤压明显将钯金的势头扳倒。一些分析家认为钯金的缺陷对供应中断,找到了寻找更稳定、更便宜的替代品的动机。

正如你将看到的对于供给的讨论,新的钯金生产是不容易的。这种金属是极为罕见的,并带来许多挑战。图 9.7 描绘了钯金的总消耗的趋势。

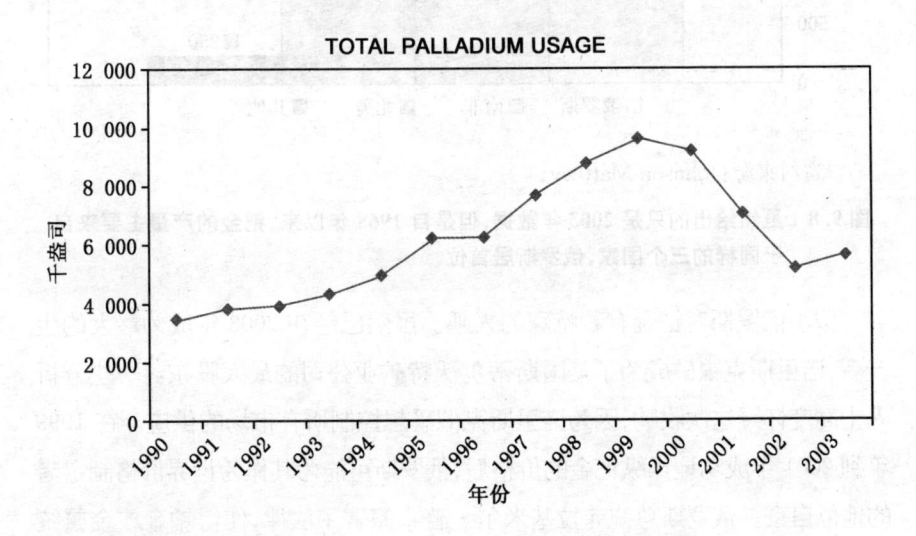

TOTAL PALLADIUM USAGE

资料来源:Johnson Matthey

图 9.7 钯金的总消耗保持上升,直到 2000～2001 年钯金价格暴涨,以及当时美国经济衰退,致使消耗降低

供给

钯金与铂金是伴生的。因此,铂金的供应覆盖面也适用于钯金。最大的

生产者是俄罗斯,其次是南非、北美和其他地区。图 9.8 显示了 2003 年的产量。铂金的大多数作为副产品的诺里斯克的镍矿,俄罗斯矿产量也是一样的。在一些独联体国家,钯金产业有着特殊的发展。新的预期将增加供给一直到 2020 年。

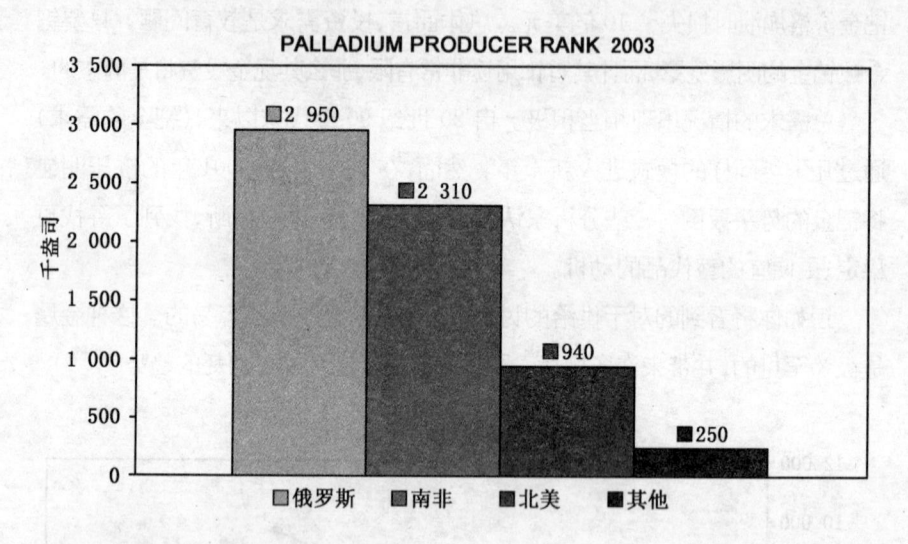

PALLADIUM PRODUCER RANK 2003

国家	千盎司
俄罗斯	2 950
南非	2 310
北美	940
其他	250

资料来源:Johnson Matthey

图 9.8 虽然给出的只是 2003 年数据,但是自 1968 年以来,钯金的产量主要来自于同样的三个国家,俄罗斯居首位

似乎俄罗斯对钯金有着特殊的兴趣。虽然已经在 2003 年成为最大的生产者,诺里斯克镍矿成为了美国斯蒂尔沃特矿业公司的最大股东。一些分析人士高度怀疑这次收购,因为诺里斯克似乎想控制所有市场的供应。在 1999 年到 2001 年成功地操纵钯金的价格后,俄罗斯可能为其作为世界价格制定者的地位自豪。俄罗斯总统弗拉基米尔·普京签署了法律,使得铂金族金属统计数据更容易从行业获得。这是否落入一个宏伟计划或者是在试图建立一个真正的透明度,直到 2004 年底才能看到。

我们确实知道,诺里斯克因为斯蒂尔沃特而在 2004 年买卖了数千盎司的钯金,看来其主要目的是建立一个北美的营销部门。正如我们在本章节中关于股票投资的讨论,斯蒂尔沃特和诺里斯克的结合可能代表了独特而卓越的投资机会,因为它为美国提供了一个参与俄罗斯钯金生产和营销的工具。

如果有人有兴趣在世界各地购买其他钯金矿,我将建立一些投机的头寸。

钯金是非常重要的金属。全球主导地位会成为用户的实际问题,也是疯狂投机的根源!

南非供应的跟踪与几乎相同的铂金矿开发作为同等要务。最有潜力补充钯金供给的是北美和印度尼西亚。如第八章中提到的,加拿大和美国都有显著的钯金矿发展。加拿大的北美钯金在1997年,开始时预计每天2 400吨矿石产量。到2003年,每天产量超过1.5万吨。数百万盎司储量位于拉丁美洲的加勒比地区矿山。分析表明,矿石中含有95%的为钯金,只有5%的其他金属。比值的变化为铂金与黄金占比85%和钯金占比15%。

在一个叫作"富矿"的地区,该公司公布每吨产6.6克钯金。这个区域厚层已从12米延伸至几百米。类似的情况可能存在于整个地质的形成中。

奇迹永不停止吗?加里曼丹和印度尼西亚可能是最令人印象深刻的不断发现新的黄金和矿产的地区。黄金储备可能有50万～150万盎司。钯金的分析表明,每年有超过100万盎司的生产潜力。基于发展速度,2010年应可满负荷生产。当然,我们不能确定"满负荷"的程度。在20世纪50年代,地质学家认为南非的储备将在10年内耗尽——"愚弄喽!"

环太平洋地区有着丰富的未开拓的地质财富。我相信,投资者可以很容易地看到,在2020年钯金的供应增长400%,并且每10年增长10%。图9.9描绘了从1990年至2003年的产量递增。

至于流沙的分析,图9.9并没有画出实际从2003年的向前移动,因为它没有考虑到在"其他"地区的爆炸性增长潜力和俄罗斯拥有比已被发现的更多的矿藏的可能性。澳大利亚、印度尼西亚、中国、智利、秘鲁以及其他有希望的地区结合,这使得北美和南非提高警惕。一个基于2000年底分类性质的指引提供了新的生产区域,如图9.10所示。

俄罗斯的供给反弹,因此,2004年总供给表明前面的趋势和输出的恢复。合并后的图片推断总供给量在新千年的第一个十年将达到1 000万盎司以上。

正如图表显示,新的地区预计将成为南非的对手。如果历史是我们的向导,这一预测是低估了。在20世纪80年代后期,黄金产量被认为是达到了一个顶峰。不久以前,地球还被认为是平的!

废料回收是一个特别重要的供应,因为钯金汽车催化器在20世纪80年代和90年代是新的。自从美国对催化器的平均寿命已经估计为7年,经济复

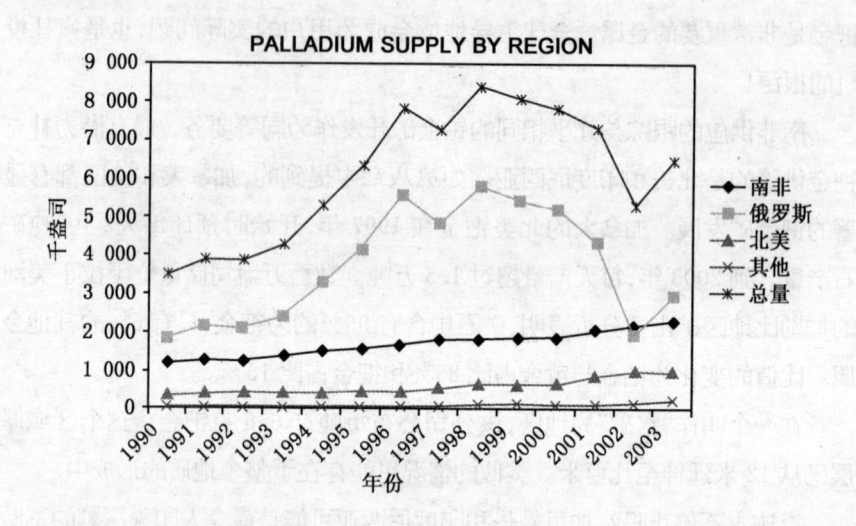

资料来源：Johnson Matthey

图9.9 钯金产量按地区划分显示了俄罗斯在决定供给中的主导地位。俄罗斯对产量限制明显开始于1999~2001年间

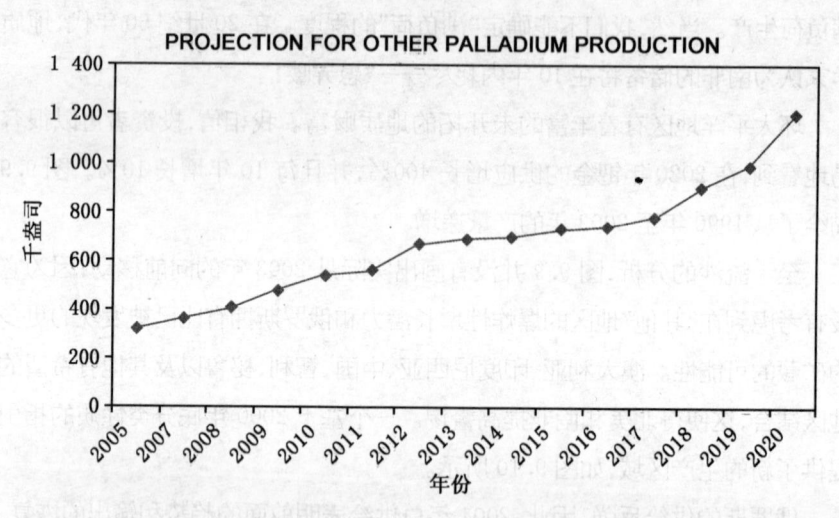

资料来源：Johnson Matthey；EQUIDEX

图9.10 除南非、俄罗斯和北美以外地区的计划产量有望在2020年达到120万盎司

苏的周期正好是1993年大幅增加约7年。我用同样的逻辑来预测铂金的复苏。在这两种情况下，务实的预测在数据中反映了。如图9.11所示，钯金从1996年开始加速复苏。注意从1999年开始的坡度增加，这种趋势是注定要

继续在汽车催化器的持续增长中的。

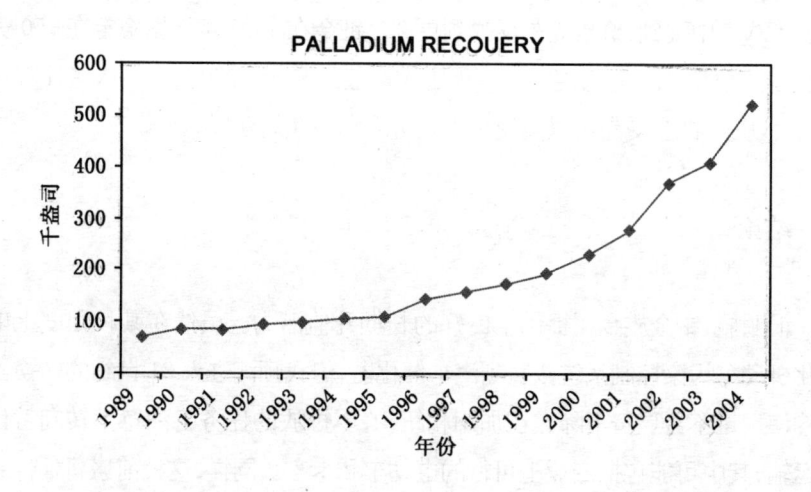

PALLADIUM RECOVERY

资料来源:Johnson Matthey

图 9.11　钯金回收将会成长为重要供给来源,正如快速上涨的趋势所示

图 9.12 描绘了供应和需求,并提供从 1990 年开始的一个全景视图。跟铂金一样,平衡几乎是神秘的,与 1990 年至 1995 年近似匹配。有趣的是,供应和需求的预测,显示每个曲线是同样的接近,这对价格动态来说异常重要。对铂金来说,任何供应中断可以立即将钯金价格推至新高。正如 1997 年突然

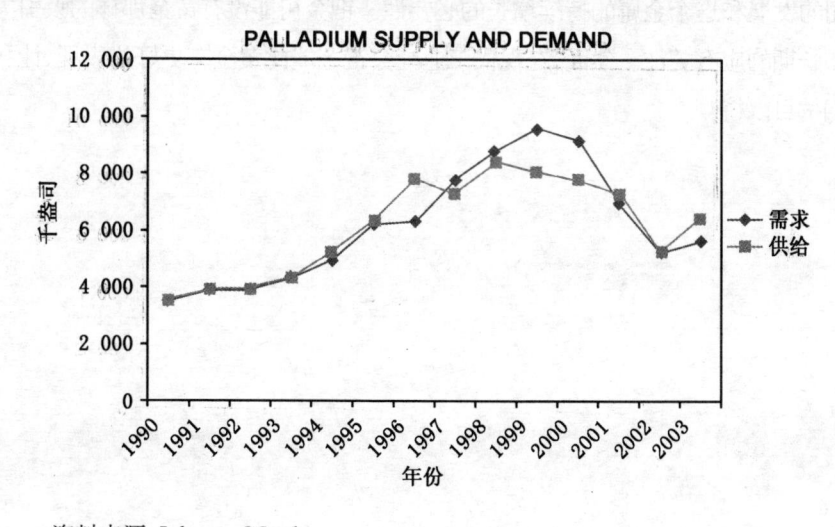

PALLADIUM SUPPLY AND DEMAND

资料来源:Johnson Matthey

图 9.12　钯金的供给和需求非常紧张,这就是为什么钯金的价格总是波动性非常大

停止钯金和铂金的运输，在1999年至2001年钯金价格又故伎重施。正如先前在第八章中提到，价格立刻反弹到更高。钯金在1997年平均稳定在150美元左右并触及210美元，在2001年则火箭般地窜至1 050美元。这些壮观的走势证明了，钯金交易可以实现令人兴奋的和潜在的回报。

结论

很明显，铂金族金属提供了良好的长期升值潜力。虽然在某种程度上电脑化机动车污染控制系统威胁到汽车催化器，但我预测进入21世纪的转换器中的使用量不会显著下降。在加州和纽约，零排放的任务将注意力转向替代性运输，其中可能包括商业上可行的电动车和卡车。同样，这种前景将延伸到21世纪。

与白银产业不同，铂金类金属有雄厚的工业基础，因为可用量很小，更能突出替代性技术的重要。数码摄影可以很容易地担负起新闻纸图片和快照的作用，这将大量减少白银需求。直到本文写作时，钯金的使用量并不会减少。

钯金还给股票投资者提供了独特的机会，因为有像北美钯金（在纳斯达克小型资本市场）和斯蒂尔沃特矿业这样的上市公司。我希望看到，更多钯金公司的发展和这个金属的持续增长的必要性。钯金可能没有黄金那样的吸引力和长期的应有关注。然而，在现代工业社会钯金能比黄金有更好的表现，让我们拭目以待！

第十章 投资股票

虽然鲜有直接投资贵金属的方法,但最流行的参与到其中的方式是一个不那么直接的手段——通过生产企业的股票。本书并非为了推荐特别的股票,而点名特定公司是值得购买。在本书开始印刷和销售之后,企业的前景随着经济环境是可以改变的。然而,只要贵金属市场保持开放和自由,特定的基本面仍会保持原样。高效率的生产商将有良好的股市表现。贵金属的公司评估需要同样的重视,如同食品、电脑或药物生产商一样。什么是产品? 这家公司只生产黄金、白银和铂金类金属吗? 贵金属与其他基本金属的生产相关吗? 该产品是如何定位的? 谁管理公司的? 他的管理风格是什么? 什么是成本相对于收入? 利润的前景如何?

因为这本书最重要的是致力于金属产品评价,所以没有必要重复。但是,也有值得探讨的细小领域。例如,如何销售黄金、白银、铂金和钯金? 我们已经确定了各种用途,但还需积极卖贵金属吗? 然后,我们应该讨论成本结构。我们能够确定一盎司黄金或白银的成本吗? 最后,我们应该着眼于进入贵金属交易和兼并收购的吸引力的资本结构。投资者会看到一个新的矿业公司或移动的趋势巩固吗? 整个20世纪90年代,几大矿业公司进入"合并热潮"。采矿的规模效应以及相应的经济学理论迫使之前的竞争者结盟。在外国领土开采权上,政治发挥着越来越大的作用。所有这些事态发展影响股票表现。

市场营销

贵金属是由贸易团体、零售商和政府来承销,而不是个别生产公司。很少见到由矿产公司展示金银或是铂金类金属的广告。相反,广告和营销都是由以下机构进行的:世界黄金协会、白银协会、美国财政部、政府造币厂、钱币和金银交易商,以及珠宝生产商。生产厂商也许会进行形象宣传来推进股价,但是生产并不是焦点。投资者们应当从整体上考察市场营销效果，而不是站在个别公司的角度来决定股票是否代表了好价值。

多年以来，很多贸易组织基于传统的概念来进行贵金属营销。如果你阅读了这些机构的报告，你会发现对高价格的严重偏差。没有考虑现实情况，贸易团体被认为是过于乐观了。在贵金属领域，"上涨"是一种基本观点。世界黄金协会和类似的组织接受了广大生产商成员的赞助。营销策略主要围绕着"讲故事般"描述贵金属的投资价值。当经济环境对贵金属有利的时候，我们能看到更多的广告和营销。代言人频频出现在电视节目和广播节目中来描绘美好蓝图。作为一种辅助活动，公共关系有效涉及了股票经纪团体，从而使得贵金属公司被很好地代言。

密切追踪这些市场行为是很重要的。贸易团体的努力付出和它们的成员的股票发行是有关联的。当高等金属分析证实白银是很好的投资品种的时候，消费者蜂拥而至期货、期权、个股以及贵金属共同基金。这些额外的需求会引致短期的更好的市场表现。同理，如果预期是消极的，投资者会更加激烈地寻求其他替代品。绝大部分投资者都有看到白银、黄金以及铂金的广告。《华尔街日报》以及投资者商业日报上面刊登的小广告，提供一盎司的金币，甚至5磅的银块。这样的营销有助于维持金属利率在零售投资水平。珠宝营销对于提升零售销量同样重要。看看珠宝部分所消费的金属量就知道了。贵金属含量高的珠宝越来越受欢迎，价位就越来越得到支持。

投资者并不总是被劳力士手表广告和黄金或白金价值或诱惑。然而，一个强大的影响力是存在的。镶有大量黄金和钻石的劳力士手表、凯马特/西尔斯、J. C. Penney、沃尔玛等连锁店的金链、吊坠、耳环、戒指、手链、手镯、银首饰等都数量可观。当这些珠宝精品在零售巨头那里做饰品时，它们成为矿业公司的营销武器。

世界黄金协会或白银协会偶尔也会发布广告。然而，这些行业协会更多会以提供宣传册、信息小册子和研究报告的形式宣传。事实上，本书包含了从这些杰出数据资源中得到的信息。在通胀时期，行业协会和团体有助于将贵金属置于聚光灯之下。在货币稳定时期，注意力将集中在维持对贵金属的认识上。

真正的典范是：20世纪90年代黄金矿业股票和共同基金的表现改变了

一些营销理念。公司意识到投资趋势过于强烈是基于纸资产的积累。许多矿业公司聘请公关公司解决如环境、就业增长、对社区的经济贡献和盈利能力的问题。采矿社团抓住机遇营销，吸引投资者、基金经理和财务顾问。

成本结构

1987年后发生了一种奇怪的现象。刚刚经历了1987年10月"黑色星期一"的崩盘，黄金股表现开始主导产业。然而，黄金自身的利润在整个20世纪90年代是静态的。为什么黄金股走高，而金价却未能突破温和交易范围呢？一个优秀的营销组合和高效的运作效率提供了答案。这个用于提取一盎司黄金的平均价格却在下降。图10.1提供了对美元开采成本估计到2000年的图形。

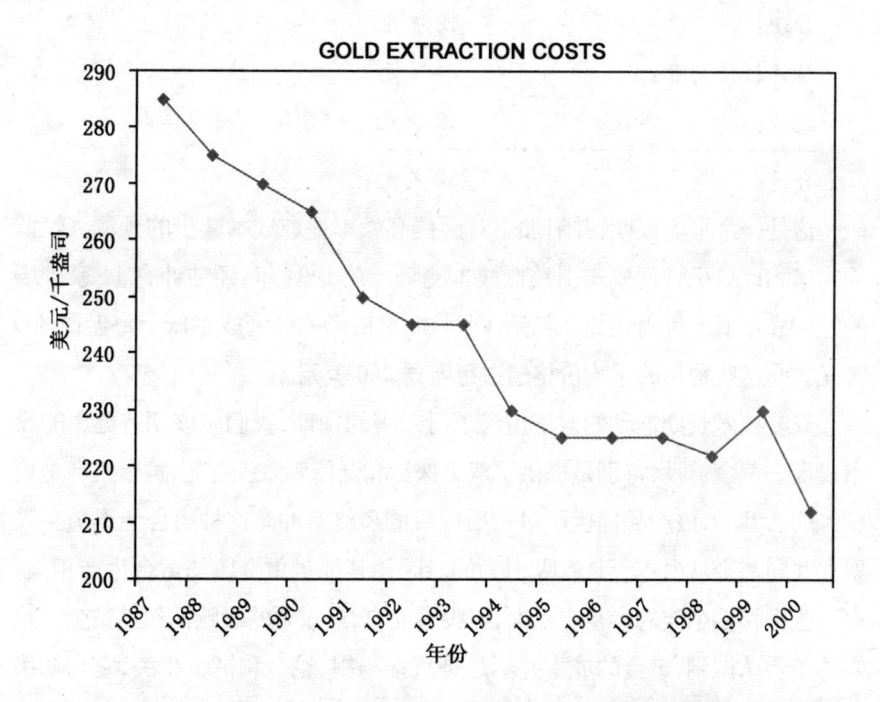

GOLD EXTRACTION COSTS

资料来源：U. S. Bureau of Mines；MacKay School of Mines；Newmont Mining

图 10.1 提取黄金的成本从 20 世纪 80 年代就稳步下降，即使通胀时期也不例外

图10.1提供了一个效率的整体概况；但是，一些变化是由于2000～2004

年间美元平价的变化和低利率导致的。虽然有一个实际限制开采成本在短期内下降，但我们无法知道什么样的新技术可能产生效率和降低成本。

成本曲线的斜率下降会趋向变得更为平坦，甚至可能在接下来的几十年中开始上升。但是，成本的下降解释了一家黄金公司如何在黄金价格下降的时候仍能经营良好。成本的下降十分剧烈，从而抵消了低价格的影响。白银也是同样的处境，铂金类金属也差不多是这样。对于铂金和钯金而言，旧的催化剂和元素的回收造成了平均价格的下降，但同时开采成本仍维持相对稳定。银的生产成本约为每盎司 0.50～5 美元之间。麦凯矿业学院（MacKay）和内华达大学在 1995 年公布了一份名为"1994 年美国黄金产业"的报告，这份报告研究了 1994 年美国金矿的每盎司黄金的现金成本：

开采：	107 美元
加工：	84 美元
管理：	18 美元
特许权使用费：	4 美元
税费：	9 美元
合计	232 美元

这是一个平均预期，并附加了对因提高效率提取成本减少的预测。较低的利率和计算机管理模式引致低成本趋势。在 1994 年，经估计有 11 家矿场的经营成本低于每盎司 200 美元，同时 38 家矿场的经营成本低于每盎司 300 美元。而这些费用的平均价格超过每盎司 360 美元。

只要技术长期推动的效率包含了对未来的预期，我们应该期待健康的股市表现。黄金类股，特别是提供了双刃保护和升值刺激。首先，黄金生产是可获利的。然后，该产品提供了对货币危机的最终对冲。这种组合使得黄金股票和共同基金从根本上是有吸引力的。因为其他贵重金属与黄金生产相关，有一些银和铂金族的参与。然而，对股票而言，最重要的影响仍然是黄金。重要的是要认识到，黄金的成本并不总是直接与银、铂金和钯金相关，它与初级铜、镍、铅、锡和锌等金属有着明显不同的成本分配。

假设你正在考虑投资股票。当你进行研究时，要试图确定成本如何分配。什么是每盎司成本，以及它如何与替代方案相比较。正如前面提到的，有很多种类的矿山，如南卡罗来纳州的矿山，成本将会有本质的不同。如果你倾向于维持一个动态的组合,以寻求最佳的性能,那么,监测成本结构与贵金属生产基地有着极其重要的关联。评估镍和铜,请确保与金、银、铂金族或其他矿山集中的公司合作。

我们往往难以确定哪个金属引导了利润率。例如,当铜的成本为每磅0.50美元,售价是1.20美元,很容易理解为什么副产品银可能被忽略。如果白银是每盎司30美元,铜可能成为次要的被提取的贵重金属。对基础金属需求稳定增长的预期表明,在可见的未来时间里,贵金属仍将是副产品。因此,你应该专注于整体效率,而不是贵金属分配。所以,应当关注可能影响利率和税率的政策变化。永远不要忘记,政府总是企业的合作伙伴,尤其是采矿企业。

并非所有的年度报告都会详细说明每盎司黄金、白银、白金或铂金的成本。对于资产负债表及附注的仔细检查,给予合理的观点,审查经纪公司的特定分析,这往往是一个好主意。我这样谨慎地说明,是因为许多投资者对券商研究不信任,纽约总检察长艾略特·斯皮策曾揭示了市长的公司研究部门的腐败。在丑闻集中在电信领域,损害仍然存在。

当然,共同基金经理都对贵金属和基础金属工业做了成本分析。这使得共同基金的投资更有效率,风险更小。在评估一只股票时,有数以百计的成本因素需要考虑。对于大多数人来说,他们既没有足够的时间,也没有足够的资源,不能像职业经理人那样进行研究工作。尽管如此,对于那些坚持自己做分析的人来说,这种练习是有趣的并且值得的。

资本结构

采矿业是一个昂贵的产业。资本投资已成为新进入现代矿业公司的障碍。不过,新矿藏的发现以及股票发行,使得新进企业仍有发展空间。有两类企业值得特别关注。一类是有储备证明以及按追踪记录有这一行业基础的企业,另一类是有较低开采量和发展水平的企业。

1995年至1996年Bre-X公司的世纪黄金诈骗案,最为有力地展示了市场的潜在风险。这个加拿大暴发户从最初储藏的7 000万盎司黄金中大举获利。政策和资本结构迫使Bre-X与弗利珀特—麦克莫兰公司(Freeport-McMoran)

进行合资。这比很多的间谍惊悚片或是冒险电影更为有趣，Bre-X 成为了近代股市里最大的骗局。与弗利珀特—麦克莫兰公司合资之后，新的调查显示 Bre-X 基本没有黄金储备。股票市值瞬间蒸发数百万美元。

当 1996 年最初公布 Bre-X 的"发现"的时候，我在 CNBC 上评论了这对黄金价格的潜在影响。在我 5 分钟的演示中，我集中讲了两点。首先，我对所估算的巨大黄金储量表示怀疑，因为我的研究显示，几家很有名望的矿产公司已经开发了那一区域，但是，没有如此可观的产量。这就值得我们注意了。于是我说，黄金价格不会受到明显影响，因为产量还需时间去发展。我的两点评论都是正确的。你也许会得出同样的结论。稍作研究就会发现 Bre-X 公司的状况很有问题。坦诚来说，我不明白为什么这么多专家会相信 Bre-X 的故事。

小型创业公司会给予投资者很大的振奋消息，但是，你必须谨慎考察。要对关于金矿资源新开发的轰动性新闻保持警惕。举例来说，我自己的研究显示很多新公司的项目价值都被高估了，那都是市场营销。如果黄金那么容易被发现开采，那么这种金属也将变得不值钱，或者说不是那么值钱。但是，新公司能产生更多的利润，如果他们能在适当的时间、适当的地点、使用适当的激励和理论。对新成立的小公司的股票投资是一项复杂的事情。大多数时候，我们相信表明的账面价值。如果你需要对这项投资进行核查的话，以下是需要核查的项目表。

1. 花时间精力去仔细研究核查权威机构对于这家公司及其经纪承销公司的研究。不要通过电话来承诺投资，除非你有机会来审查事实以及核实来源。

2. 考虑投资的性质。这家公司在哪？它是在美国、加拿大或是欧盟成员国注册成立的吗？如果它是一家南美或者非洲的公司，要确认它是通过权威机构合法注册的。索取地理调查以及评估报告。如果这些都是不能获取的，那么就值得警惕了。

3. 新的矿产资源的发现，往往是在不发达地区，必须考虑当地的政治环境，政府是否稳定，以及企业与政府的关系。

4. 对你自己的投资要实事求是。不要过于延伸也不要总是把对小公司或是新公司的投资当作投机。不要投入你的日常生活费用，而应使用你的风险资产进行投资。

如果你遵从这四条指引原则，你就会减少对心公司及其股票投资的风险。没有哪一个核查清单是完美的。即使是最完善的公司也会有出差错的时候。

我要求投资者们对所谓的大额交易格外警惕。低价股票会有投资机会，就如同美国科罗拉多州皇家黄金公司那样的案例。但是我们也有加比丹一希尔黄金公司(Capital Hill)的案例，由于它有著名的被誉为"墨西哥帽子"的巨额资产而被大大地吹捧。就像 Bre-X 公司一样，它因为普莱斯多姆公布了对于实际资产的令人惊讶的调研结果而身败名裂。但是这些测量值和行业标准并不一致。股票价值经历了大起大落。同时，这家公司被加拿大的不列颠一哥伦比亚省证券委员会警戒。这家公司被"低估价值网"(Under-valued.com)这样的网站大力宣传。

20 世纪 90 年代后期，这些大型矿业公司之前产生了一系列的兼并和收购。最有名的是巴里克黄金(Barrick Glod)、普莱斯多姆(Placer Dome)、豪穆斯塔(Homestake)，以及圣达菲太平洋黄金(Santa Fe Pacific Gold)这四家公司。这标志着一个强大的产业向资本整合趋势的延续。性能、技术以及资本可以联合起来产生双倍、三倍，甚至多倍的价值。在 1996 年，我建议购买包含高度分散化资产的投资组合。

美国公司有：纽蒙采掘公司(Newmont Mining)、弗利珀特—麦克莫兰公司(Freeport-McMoran)、圣达菲太平洋黄金公司和皇家金业(Royal Gold)(小额资本)公司。加拿大公司有：巴里克黄金公司、普莱斯多姆公司、诺兰达公司(Noranda)和英国石油矿业公司(BP Minerals Limited)。南非公司，我推荐了：盎格罗—美利坚集团(Anglo American, OLC)、GFSA 公司(南非金田公司与坚壳公司合并)、约翰内斯堡综合投资公司(Johannesburg Consolidated Investment Company, Ltd)和兰金资源公司(Randgold Resources Limited)。澳大利亚公司主要推荐了以下几个：诺曼底海神公司(Normandy Poseidon Limited)、北方公司(North Limited)、金田公司(Gold Fields Limited)和普鲁东资源公司(Plutonic Resources Limited)。

这些是主要的生产黄金的公司。和其他资产部门相比这一组表现得更好。在过去的 8 年里，产生了一些新的公司名字，另一些公司名字则完全消失了。我预言，兼并重组的公司会继续合并。贵金属开采的动态发展性质代表了一种健康的环境。不像是合并之后会产生实力削弱的其他产业，采矿业有着很大规模的经济效益以及金融威力。

抛开贵金属的价格不管，事实清晰地显示，从20世纪八九十年代直到新世纪，新的贵金属富矿脉正在产生。随着技术改进的激励以及资产增加，获利性也开始扩大。对于除了银矿之外的其他所有贵金属而言，趋势都是强烈的。这并不是说银矿前景不好影响产出，而是因为在智利、墨西哥以及秘鲁这样的国家，银矿是有限的。

尽管我们没有对铜、铅、锡、锌和其他基础金属开采做过研究，但是，这些金属已经展现了它们各自令人振奋的趋势。这些基础金属的波动性会对股市产生或好或坏的影响。一般来说，金属对经济环境变化比较敏感。消费经济的蓬勃发展要求有更多这样的基础金属。较弱的经济环境会减慢住房、交通、电子和包装的消费。就如同循环回收会影响铂金和钯金一样，它会对像铝和锡这样的金属产生不良影响。从罐头回收的铝会有损耗。回收循环的效率会使整个产业面临危机，因为价格不能支持原始产出。

所以，金属产业是极具动态效应的。这就表明股票投资的任何途径都必须遵循适用于所有产业群的基础法则。我相信扩张的世界经济会转化为潜在利润。尽管一路上必有颠簸，但是金属不会变。采矿、加工和销售的公司会在股票投资组合中表现良好。

自从《新贵金属市场》一书面世以来，成百上千的来自不同公司的投资者纷纷以写信、发电子邮件和打电话的形式向我咨询。收到的信件中有许多是来自刚成立的公司，他们咨询有关项目发展潜力的问题。但是，咨询者的看法肤浅得令人吃惊。常常咨询是这样开始的，"我收到一些建议是关于……"，其中这些建议可能包括新发展的资产和"高效"的提取工艺。但当我问及企业结构、资产负债表、产权和远期规划时，对方常常不发一言。

即便是我参加投资研讨会时，情形也与上面的一样。这不仅仅对于贵金属投资行业，对于农业和能源行业也是一样。不管是石油、天然气、金矿，还是所谓的突破，都使我们有所警觉，然而工作尚未开始。正因为如此，我喜欢用现实世界的例子来重新思考这些问题，即何人、何事、何时、何地和为何（五个W）。

纽蒙矿业（Newmont Mining）——"黄金公司"（纽约证券交易所的代号是ASX）是世界上最大的黄金生产商。对此，你会获得一些重要信息：作为最大的黄金生产商，纽蒙矿业显然不是投机的目标。因为它在五大洲都有资产，并且经营的贸易高度多元化。如果你要咨询有关纽蒙矿业的情况，可以在网上下载到将近一本书厚的资料。这本超过200页的信息手册远比本书复杂。这下到了如何运营矿厂的关键时刻了。

与纽蒙矿业公司做生意的好处是操作的透明性。公司会提供所有的重要信息，这样你可以对股票的价值做出明智的判断。而且，像纽蒙矿业这样不断进取的企业巨头常会寻找新的食物来源即新资产。它未来的成功取决于不断的开拓与合作，从而搭建起附属利润。像纽蒙矿业那样的公司常与其他或大或小的公司合作，这种联系常常揭示出一些独立的投资机会。如果要寻找那种有实在增值潜力的便士股，你需要研究低价股票公司与纽蒙矿业、弗利珀特—麦克莫兰和诺兰达之类的公司的合作关系。

当你发觉资产在增值，你可以确定新的有着最高升值潜力的黄金生产地区。因此，如果股票持有人所在的地区被纽蒙矿业收购了，那么将会产生投资机会。当然，还有很大一部分有待发现的秘密。同时，像纽蒙矿业这样的企业不会拿自己的声誉来冒险，故它不会公布可疑的调查报告或敏感的预测数据。

这并不是说，声誉好的大公司不会有经济丑闻。还记得Bre-X吧，该公司正被铜业巨头——弗利珀特—麦克莫兰公司审查。问题之初是Bre-X的地质学研究人员举报了核心的样品。一旦弗利珀特—麦克莫兰公司牵涉其中，事情将变得十分异常。那样的话，一开始被认为是信誉良好的公司不再是安全的，正面临着威胁。但更多的人是真的想搞清楚深层的关系而不是一时兴趣。如果不做这样的工作，疑虑一直会存在下去。

2004年，纽蒙矿业公布了内华达、加拿大的安大略省和墨西哥索娜拉(Sonora)等地的股票利润。如果以每盎司280美元售出280万盎司计算的话，纽蒙矿业的北美资产估计占到了全球产量和储备的39％。用两句话来说，投资者深度解读，每个纽蒙矿业的运作可以用来仔细研究。相反，看看那些低峰事件，经过简单发现可以预期带来丰厚回报。这才是真的投机。考虑到巨大的资本消耗是与发展矿业资产相关的。如果你在研究小公司，必须注意它的资本结构、资产负债表和相关的金融背景。倘若它有合作企业，必须确保它有着实际金融背景和资本资源的实体公司。

贵金属采掘业最不好理解的方面是关于远期合约的实施。不幸的是，市场上存在着一种黄金价高带来高收益的自然看法。然而，采矿企业是不会投机自己的产品的。如果预期的产品被套期保值，意味着金、银、铂金或钯金已经在市场上以行价卖出了。那么，如果产品价格上涨，公司将无法获利，对冲使得投资者遭受损失。

举一个例子。假设黄金的售价是每盎司450美元，生产成本是每盎司225美元，那么净利润是每盎司225美元。如果企业卖出每盎司450美元的期货，但黄金的售价上涨到500美元，则合约的卖方将在期货头寸上遭受50美元的损失。同时，公司的库存将获得50美元的收益，因为在期货合约到期时，库存可用来交割期货合约或直接卖出换取现金。若黄金的价格从450美元跌至400美元，短期期货合约将盈利50美元，而存货会损失50美元。期货的最终结果是将销售价格锁定在450美元。

套期保值的目的在于锁定一个已知的价格，公司并不想在黄金价格变动上投机。然而，套期保值限制了牛市中价格上升的潜力。正因为如此，任何企业——无论大小，它的套期保值策略对价格底线有着重要影响。为保险起见，公司对于自己产品的总方向会有一个合理的预期。当黄金价格处于周期上涨阶段时，精明的管理者会卖出远期合约，减少套期保值数额。当在上涨的市场中减少对冲份额，底线策略的确能够收益。然而，如果在下跌市场中减少对冲份额，底线价格将面临冲击。当市场极度波动时，甚至最灵活的对冲经理也会无法避免风险。不可否认，我的部分收入来自提供的有关价格预测及交易策略的咨询服务。

理解了套期保值策略后，很容易知道企业决策为何迟于价格上涨。实际上，一个公司过度套期保值，它可能会失去自己的竞争地位，远远落后于行业的佼佼者。倘若你看到了对冲和远期合约的责任，你就能决定何时收益。贵金属行业代表了一种稀缺行业，这种行业的产品不受其生产成本影响。

纽蒙矿业是最大的黄金生产商，弗利珀特—麦克莫兰铜金矿业公司是全球最大的铜金属生产商。因为弗利珀特—麦克莫兰出色的铜矿开采技术，也就是说，它也是最大的黄金生产商。对弗利珀特—麦克莫兰来说，它的优势在于两种不同的主要金属受不同的基础物影响，因此，它可以享受金或铜或两种牛市。注意到我先前所讲，基础金属和副产品生产存在着相反的关系，提高铜价来刺激铜产品是可能的。因此，黄金产量也会成比例地增加。如果黄金的基础很弱,不论铜的影响有多强,增加黄金容量都会产生价格抑制效应。

只生产黄金的公司不能从铜或其他与黄金辅助性相关的基础金属的价格上涨中获益。假设中国的快速发展,我们看到了铜、铅、锌和镍的巨大需求。这些基础金属价格的上涨为市场创造了巨大的容量。同时,黄金的需求减少了(记住这是一个假设,不必惊慌)。在这种情况下,基础金属证券可能产生黄金导向证券。这就是为什么弗利珀特—麦克莫兰是不同贵金属证券投资组合的一个良好补充。

弗利珀特—麦克莫兰拥有的另一个优势局势是其与印度尼西亚的政治关系。正如上面提到的,这是一个对贵金属升值潜力有着重要影响的地区。任何时候公司处理外国矿产的权利,强大的政治地位非常重要。弗利珀特—麦克莫兰已经能轻松地与当地协商任何事情,从当地居民的现金补偿到政府工作合同。

2002年,弗利珀特—麦克莫兰夸耀自己每磅8美分的生产成本是"最低的生产成本"。然而,这个成本是基于人们对贵金属的信任而不是采用铜费用。记住公司有可能分摊副产品收入来减少成本造成负的生产成本。

将我们的例子推广到黄金开采公司——巴里克黄金(证券代号 ABX),这是一家拥有唯一优势的巨头公司,主要特点包括出色的资产多元化进程,且在澳大利亚、阿根廷和智利等地都有自己的项目。巴里克也自称在美国、加拿大、坦桑尼亚拥有自己的实业资产。2003年,该公司以每盎司189美元的生产成本产出了550万盎司的黄金,而且,它预计2003年底会有860万盎司的黄金储备。但最引人注目的是,巴里克的净负债为零,拥有近10亿美元的现金。

必须明白这只是2003~2004年报中所公布的,而公司的运营是动态的。调查研究的目的在于揭示巴里克具有以下的重要特点:

1. 出色的财产发展能力;

2. 在设施提供、勘探、资本设备升级、杠杆作用以及衍生品交易等方面发挥出强有力的现金作用;

3. 区域的多样性;

4. 每盎司现金低成本;

5. 可估储备量大。

上述特点是评估公司股价的重要因素，正是这些使得巴里克黄金公司（截至 2004 年底）成为第六大黄金开采企业。与巴里克公司类似，成立于 1910 年的普拉赛尔—多姆公司在 2004 年底的资产负债表上尚有 70 亿美元资产。尽管有人认为，普拉赛尔—多姆公司是巴里克公司的继承者，2000 年以来一直强调铜价和银价走强。这样，普拉赛尔—多姆公司就处在弗利珀特—麦克莫兰公司和巴里克公司之间了。2004 年，普拉赛尔—多姆公司预计生产 4 亿磅铜，近 360 万盎司的黄金。

然而，普拉赛尔—多姆公司面临着这样的一个挑战：在南非的威特沃特斯兰德盆地（Witwatersrand Basin）的金矿的发展问题。还记得我关于劳动力和艾滋病全国蔓延的潜在影响的评论吧，可用劳动力会明显受到艾滋病的影响。这将带来两个问题：一是劳动力的减少；二是感染者所面临的经济负担。这个问题可以扩大到全非洲的资产，包括普拉赛尔—多姆公司在坦桑尼亚的北马拉（North Mara）矿场。

在公司的大股东之间，加拿大与美国双方存在着平衡关系。普拉赛尔—多姆公司在美国科尔特斯矿场有着 60% 的利润，而截至 2004 年该矿场预计还有 3 200 万盎司的黄金储藏量。另外，纵使劳动力成本增加，矿场也要增加储备以维持当地稳定健康地运营。

诺兰达公司（Noranda，股票代号 NRD）是一个生产多元化的企业，其主要产品有锌、镍、铜铅、铝等，以及由此带来的金、银、铂金、钯金等贵金属。与弗利珀特—麦克莫兰公司类似，持有像诺兰达这样公司股票的主要好处是其产品的多样性。不仅仅在金银价格变动时有利可图，而且在全球经济繁荣时期也会有很大的获利空间。因为对基础金属的需求直接刺激了它的增长。但这也是薄弱环节。传统上像诺兰达公司的股票会与周期性股票联系在一起，这意味着股票会随着经济周期的波动而涨跌，这样股票会在经济上升期大涨，在经济萧条期大跌。

进入千禧年后，一个有趣的问题产生了。这些年我们见证了经济结构的变化，这些变化也永久地改变了世界经济关系与经济规则。全球化只是在减弱原料企业与经济周期的联系，特别是矿产企业与其联系。这种产生于尼克松时代的典型的繁荣与萧条，是由于操作在理论上发生异常。高通胀和活跃的经济活动的假设是与能源部门通胀相悖的。这样，突然同时面临高物价和低就业率成为了可能。有人提出过这种现象，但没有进行完整的剖析研究。

20世纪80年代，当美国联邦储备委员会主席鲍尔森·沃克，应用提高利率的办法应对通货膨胀时，市场上又出现了另一个矛盾。当时尽管该政策被广泛认同和接受，但起作用的前提是房地产和其他对利率敏感的行业会因此而产生重大变化。然而，过高的利率却给固定收入的投资者带来了丰厚的利润，由此开辟了一个金融繁荣时期。因为保守的花费观念和积极的税收政策，使得房地产行业没有达到预期的调控效果。资本设备也没有按预期的效果停止增值，因为20%的投资信贷税金抵消了高利率产生的成本。当然，规则改变了，消极后果也显现出来了。例如设备租赁公司的萎缩和房地产的湮灭给储蓄和借贷行业带来了灾难。

克林顿时代出现了另一个类似的局面——高就业率却是几乎为零的通货膨胀率，这部分程度上要归功于美国预算中军事预算的调整。因为当时冷战已经结束，美国几十年来第一次享受着和平发展经济的乐趣。更重要的是，冷战结束标志着西方资本主义阵营与中国之间新的运动的开始。这才是经济周期变化的根源。

随着全球资本结构的调整，原料价格稳定，矿产企业在运营中获利。的确，这里仍然是更大或更小需求的时代，但底线价格在经济繁荣和衰退期表现得相当剧烈。进一步来说，衰退期时间缩短，这将有益于像诺兰达那样的公司。

诺兰达公司的投资组合中的每一种金属对世界经济的增长都很重要。只要公司勤于管理、经营良好，诺兰达会一直处于有利地位。

多年以前，我开始了解皇家黄金公司，这是一家设在克罗多拉的皇家公司（股票代号RDLG）。同时，皇家黄金公司拥有前景很好的财产，但没有政府支持而缺乏资金发展。该企业只能靠发展王室关系，使得它参与资产运营不受与自身相关的订交货时间间隔和面临风险的限制。结果产生了一种唯一的经营结构和运营理念，这就是保持高度灵活性的同时，充分利用贵金属的潜在价值，来开展财产拥有者和矿产企业之间的王室贸易。

必须承认，我发现该企业非常吸引我，迫使我把它加入自己的投资组合之中。尽管我已经抛掉了所有的股票，但我还是要详细地说下这家公司。因为它在设计多种矿产股票的投资组合时,引入了一种不同的风险描述。如上所述,皇家黄金公司的大部分王室财产位于内达华州。这里与科达伦矿产公司(Coeur d'Alene,证券代号 CDE)和位于阿根廷的圣克鲁兹的马萨矿场存在着一个有趣的权利金关系。以 2004 年为例,科达伦公司是最大的主要白银生产商,并正努力突破银的限制,使其基础金属生产多元化。

科达伦公司代表了一种在扩张过程中推行过度投机而不套期保值的公司。采取这种策略的一个原因是科达伦公司低廉的产银成本计划。以 2004 年为例,它产银一盎司的成本大约是 3.81 美元,不需套期保值,企业可以利用市场 2003 年至 2004 年间对银的偏好获利。我强调这些关于公司的说法只是简单描述,它只能提供分析方法而并不代表某种投资建议。

获利空间越大,权利金越多。这意味着科达伦公司的收益会增加皇家黄金公司的收益。皇家黄金公司因为没有与对冲相关的产品而不需面临风险。综上,皇家黄金在希腊、保加利亚和阿根廷都有勘探计划。

2004 年,科达伦公司的股票交易价格在 3.00~7.70 美元之间。对于那些信奉"大涨"原则的投机者来说,低价的股票更具有吸引力。但是,2004 年的总趋势基于负的净收益上是下降的。价格的多变性导致了卖出价格低于预期价格,而资本和财产的发展抵消了盈利。

公司计划在 2004 年的基础上使银产量增加 40%,到 2006 年金的产量增加了 75%。这本书中的数字将在面世后由读者来验证。科达伦公司的偶然成功依赖于来年两个因素:第一也是最重要的因素,金银生产成本和其相对价格;第二,财产的增值。平衡财产增值和赚取正的现金流是不容易的。另外,随着银从摄影应用中脱离出来,转入一个新的消费领域,存在着潜在的艰难时期。

对于关注科达伦公司(最大的白银生产商)的投资者而言,他们在 2004 年至 2005 年间别无选择。因为没有套期保值的意识,科达伦公司表现出了一种贵金属价格与股票运作密切相关的联系。然而,在金属价格下跌和股票价值之间缓冲的是金属产量规模。只要科达伦公司能保持强有力的增长曲线和低成本结构,无论市场价格如何变化,增加的产量可以抵消下降的价格,从而制造出一幕股票表现良好的假象。

我提到的加拿大公司开始是马德林矿业公司后来发展成为北美钯金矿。

必须承认,在钯金价格不到每盎司100美元时,我就已经是该公司的原始股东了。以下是我对于该公司在估值、决策、遭遇困境和经历重生的故事。

我接到了一个叫温·沃佐巴基(Wynn Wozobaki)的同事打来的电话。他来自美林证券公司的私人客户公司,但公司不在美国俄克拉荷马州的塔尔萨。他有一个客户——凯撒—弗朗西斯石油公司,这是一个独资的石油与天然气生产商。除了自己的石油和天然气领域,它还涉足采矿行业,成立的新公司名为马德林矿产。温知道我是因为当时正与美林证券公司合作管理商品基金,但那种关系从未公开。尽管如此,温介绍了马德林矿产的运作情况,如它在加拿大证券交易所上市,并以加拿大元计价。他认为利率很合适,告诉我可以在适合的时候参与投资。

当时,温有一些事情缠着他。最重要的是在他在美林证券公司的席位。提醒你一下,这是在纽约总代理人艾略特·施皮策严厉指责大公司的研究和销售部门之前。温也给了我进入公司内部的渠道——但不是为了或其内部信息(老天爷也不允许),但是可以真实地看到企业的运作、经营理念和发展规划。

碰巧我卷入了钯金的交易,而我说过钯金的价值被低估了(那是另一个鼓动我怎样购买钯金的期货后几乎破产的经历。因为当时钯金的价格从98美元降到70美元)。在调查了马德林的赞助商和莱德斯公司在安大略省的东北部投资情况以后,我决定拿下它。如果我没有记错的话,股票价格是在1美元以下。我的部分理由是期货投机误差。这个恰好是正确的并从正面反馈了莱德斯公司的矿藏储备情况。除此以外,如果公司股票跌至每股1美元,我极有可能失手。我不是大户,因此,我面临的风险很有限。

这里不必讲得太详细(否则可以写成一本书了),一些朋友参与了我的风险投资并运行良好。我的同事在获利,而我却要站在一旁看着自己所得渐渐流失。公司陷入了复杂的诉讼案和国外资产的纠缠之中,事情变得不那么好了。我再次强调,我面临的风险是有限的,而且必须承认,我的交易上的经纪人不是温,因为美林证券对一个持有公开股票账户并有自己私人客户公司没有兴趣。因此,我动用了关系。当股票暴涨时,他大笑道:"你该来舀水了。"啊,20/20如事后一样。

自那以后,马德林成为了北美钯金矿。诉讼问题解决了,而且主要资产比预料的有更大的增值空间。经过长期持有,股票又回到属于它自己的位置。

经过 2004 年至 2005 年的发展,北美钯金矿变得更强了,估计它拥有钯金储备达到 290 万～340 万盎司,还要加上附加的黄金和铂金。公司的主要目标是降低成本、提高产量。它经历的现金资本设备问题一起困扰着股东,那些人开始焦急地等待重大转机。我敢说如果公司不是更沮丧,管理应该和以前一样。"

撇开我个人的股票,任何想对北美钯金矿估价的需要考虑以下问题:

1. 当前的负债结构;
2. 新地下矿藏的远期发展规划;
3. 套期保值策略;
4. 钯金和铂金的价格预期;
5. 公司合并的可能性;
6. 超过当前储备的前景。

如果北美钯金矿不保持强大,很明显的一个问题就是"储备耗尽之后会有什么后果?"倘若没有新的重大发现的话,这个将直指 2015 年。与许多财产一样,莱德斯地质支持一个假设(这片区域蕴藏着更多的金属)。

快速获利可能来自于更有侵略意味的对冲策略。这个策略是于 2003 年的年度报告中提出来的,暗示着没有新的对冲来应对超过降低了的生产成本的平均点价格的预期。然而,马特·约翰逊在 2004 年 11 月 16 日发表了 2005 年钯金属的预期,他预测膨胀的钯金盈余将超过 100 万盎司,并且处于每盎司 150 美元左右的低价。这里提出盈余的问题是因为它在 2003 年年度报告中自夸生产成本从每盎司 264 美元降到 2003 年的 175 美元。尽管有着 33.7% 的惊人年降幅,但这还是比预期的高了 25 美元。

依赖于高级的勘探技术,人们密切关注着该公司,相关的股票也变得有利可图。马特·约翰逊认为它是北美最大的生产商。由于位于蒙大拿的斯蒂尔沃特矿业公司通过俄罗斯的诺里斯克镍矿攫取大量利润。到 2004 年北美钯金矿成为一个独资企业。

考察前面章节中钯金的基础性,我们知道供求平衡表现得极度脆弱。还有俄罗斯压榨的可能与北美钯金矿试图限制套期保值,可能导致投机行为。随着钯金的价格涨过每盎司 1 000 美元而股票却没有暴涨,许多股东都极度失望。试想如果一个牛市都没对冲的话,这时套期保值可能是一个限制因素。

据第九章所述,2004年斯蒂尔沃特矿业公司是北美第二大钯金属生产商,在此之前只有北美钯金矿。

当雪佛龙资源公司(Chevron Resources)和因格哈特矿物公司(Engelhard Minerals)的风险投资答应给予更多的基础设施投资,投资者对斯蒂尔沃特矿业公司的兴趣大增。很长时间,似乎斯蒂尔沃特矿业公司(Stillwater Mining Company)发挥出了它的所有潜能,但是钯金的价格下降了,经济膨胀的操作的可能性也失去了。就在斯蒂尔沃特矿业公司有着合适的投资环境时,价格却几乎崩溃。诺里斯克镍矿公司获得大量利息,呈现出一种有趣的混合所有权。当俄罗斯正转向发展资本主义时,政治的不稳定给主流投资者带来巨大风险。第一,卢布不能在货币市场上大量交易;俄罗斯企业缺乏金融透明和可信的会计准则。

这些妨碍了投资者在21世纪初自信地参与俄罗斯证券市场。然而,斯蒂尔沃特矿业公司是唯一代表俄美的混合体。股票以美元计价消除了卢布不能套期保值带来的风险。一旦斯蒂尔沃特矿业公司成为了美国的企业,投资者有理由相信国内的会计准则和金融透明性。诺里斯克矿业公司将提供参加全球钯金矿开采和市场实体开发的能力。

当考虑到诺里斯克矿业是第一生产商,而斯蒂尔沃特矿业公司是仅有的美国钯金矿企业,很容易得到这样的结论:即使没有完全开发出来,斯蒂尔沃特矿业公司仍有着巨大的增值潜能。如果能得到诺里尔斯克矿业的生产供应的话,该公司的市场运作也会得到客观的收益。另外,诺里尔斯克矿业的支持,会使斯蒂尔沃特矿业公司成为多元贵金属证券投资组合的一个稳定候选股。

当然,我们不能忽略斯蒂尔沃特矿业公司的财产。根据公司网站上的信息,它在蒙大拿的2.8英里长的牙买加暗礁藏有最高级别的铂金矿石。2003年,公司实现铂金产量大约61.5万盎司——4.5万盎司产自斯蒂尔沃特矿厂,16.5万盎司产自科罗多拉东部巨石矿厂。较之于2002年近49.2万盎司和2001年的50.4万盎司,公司在2003年的产量是42.8万盎司。

斯蒂尔沃特矿业公司通过抽样检测发现那里有着惊人的矿产藏储量,总共拥有3 500万盎司。公司矿厂的维持资产运作必须借助于俄罗斯的企业。

斯蒂尔沃特矿业公司在2003年的开采成本为每盎司262美元,而2002年是每盎司263美元,2001年是每盎司264美元。这些数据高于北美钯金矿(North American Palladium),这意味着斯蒂尔沃特在钯金价格下跌时所面临的经营风险较高。然而,管理层将成本降低作为先决条件,投资者应该仔细观察其成本变化趋势以期待更稳定的收益。

在我分析时发现,斯蒂尔沃特矿业公司也有着最强烈的抢占市场意图。公司通过其附属的网站进行实物金属推销,并且鼓励在珠宝中加入钯金,甚至公司代表也佩戴钯金制手表宣传钯金的金属魅力。

扩张的全球市场

观察了各种公司之后,一个引人注意的现象就是贵金属矿业的全球特性。一些最大的最赚钱的矿厂位于南非。如上所述,南非有着最多的铂金、黄金矿藏,因而,倾向于股票的投资者在做证券投资组合时要考虑全球情况。记住,任何地区会因当地劳动力成本、矿石质量、内部利率、货币偏好以及政治稳定性等因素而具有不同的成本结构。

任意拿起一篇关于铂金的文章,你都会看到"Anglo Platinum, Impala Platinum, Lovmin Platinum, Northampton Platinum, Aquanius Platinum, Southern Platinum"等熟悉的名字。当然,书本的年代和名字会因其他因素而改变。调查全球的每一个产铂金公司是一项浩大的工程,互联网将是你的最佳助手。我们研究了艾滋病和美国工人劳动力的问题发现,艾滋病在印度尼西亚、马来西亚甚至在中国和俄罗斯的负面影响很大,而另一面才是劳动力成本的差异。这体现在北美劳动力与南美、亚洲和非洲劳动力之间的成本差异。

2004年,发达国家的劳动力成本过高,不易于控制生产的总体成本。然而从长远来看,其他劳动力市场也会逐步紧缺以及成本的相应增加,所以对于矿产公司的投资应当注重其长期的发展。

在为股票定价时,汇率的因素也是至关重要的。如果加拿大元对美元贬值的话,那么北美钯金公司的加拿大元市值相对于美元市值就会缩水。因此,投资海外公司的股票存在汇率的风险。而对于欧元而言,这样的风险敞口更大。

共同基金和交易所基金(ETF)

对普通投资者而言,或许没有足够的时间或资源去研究每一只股票。我对一些公司做的评论是为了给这些过程提供一个背景(而不是公司)。正如我强调的,任何评论只是当时之言,企业是活的,任何事件都可能从正面或是反面影响公司的运营和股价。

共同基金提供了一种挑选股票的替代方法。一些金属基金提供了多元投资组合和专业的管理渠道,然而,投资策略在不同的基金之间可能差异很大,理解这种差异性十分重要。最需要注意的是,许多基金既投资于实物金又投资于公司股票。下面的八个策略标准值得参考:

1. 该基金是否进行多元化投资?是什么公司设立的基金?是否有国际眼光?如果有,是否存在着持有货币的汇率风险?是否是基金的基金,即是由其他共同基金或交易所交易基金(ETFs)设立的?

2. 该基金是否投资于实物?如果是,是否是合法的保管人并可以交割期货合约?公司是否借贷金属?如果是,那么如何确定贷款利率?

3. 该基金是否使用期货来进行投机或套期保值?占多大比例,杠杆效果有多大?期货交易在哪里进行交割?就是说,交易什么?执行交易的经纪公司是哪一家?

4. 该基金是否对期货或实物金属进行期权投资?如果有,目标是什么?是保值还是获利?公司是否会为存货卖出看涨期权买入看跌期权?

5. 该基金是否会为股票进行投机投资?若有,是卖出期权扩大成果还是买入期权套期保值?

6. 该基金是否会为投机或套期保值卖空股票?杠杆策略是怎样的?利率是多少?

7. 该基金是否允许借款来建立杠杆补足现金短缺?

8. 该基金的一般管理费用是多少?基金经理如何获得报酬?

以上是一个基础的关于基金风险的描述,最终还是由你决定选择适合自己的基金来投资。然而,如果参与投资的目的是参与生产和销售金属而不是持有金属现货的话,你将不会投资这样的基金。因为该基金允许持有实物金属、期货交易或期货期权交易。

你可以在鹰翼黄金基金指南(Eaglewing's Guide to Gold Funds,可以在互联网上获得随时更新的信息),找到一系列效益好的黄金基金。该指南的确切目的在于提供有关黄金基金的信息。投资黄金还有很多方法,可以帮助投资者找出最适合自己的基金。

交易所交易基金(EFTs)是一种混合证券,它里面有一系列带指数或股票投资。ETFs比共同基金好在它的交易类似于股票,是权益而不是利润。它可以在各种交易所全天交易。如共同基金一样,ETFs也必须基于上面的八条标准进行估值。

结论

股权参与贵金属代表了一种投资方法。如上面所述,金属不是真正的投资对象,因为它们不会产生收益或红利。尽管我讲过实物金属可以通过期权买卖获取收入,但传统的投资观点是不包括金银条或硬币的。

生产贵金属的公司和生产销售其他产品的公司是一样的,唯一不同的是贵金属产品本身潜藏着价值。记得有句话说:世上没有东西"和金子一样好",除非它能超越铂金、钯金或银。金属股票的优势在于投资的两层本质:第一,如果公司业绩很好,股票也会很好;第二,如果贵金属价格上涨,其股票也会上涨。股票和共同基金有着自己的风险因素,主要包括管理风险、政策风险和提到的其他风险。只要你能同时购买普通股和实物金属,你就不应该作出股票代替金属的决定。正如我所说的,持有实物金属的目的在于防范纸币危机——信用崩溃。像第二次世界大战时走私的钻石,如果金融市场混乱,你就需要一种坚挺的资产。在这种情况下甚至是贵金属公司的普通股票也可能下跌。

因此,股票与金属是完全不同的两种投资工具。拥有实物黄金、白银、铂金和钯金是抵御灾难的最保险策略,持有股票仅是参与这个产业而已。

第十一章　现货市场

说来奇怪,即使是那些购买了实物贵金属的投资者,对这种媒介的市场也不是很了解。我们会对一个金银制奖章的广告感兴趣。我们会因其金属内质而不是货币价值,购买一种货币或硬币。我们很少会购买半盎司重的金属条,更不可能囤积上千克的金属条。随着金融机构的增多、规模的增大,有经验的投资者反而减少了。

除了为应急而持有部分硬币和金银条外,大多数投资者不会持有大量的贵金属,因为如果那样做很容易发生丢失或被盗。常常许多收藏的邮票、硬币、金银条毁于火灾或其他不可预见的灾难。因而,在考虑现货持有时,我们会有一些替代方法。第一,你可以租一个保险柜。缺点是保险柜的大小会对金属物的数量有限制。当然,黄金是高密度且每盎司的价格达到 400 美元或铂金的价格达到 600 美元,一个很小的保险柜就可以装下价值不菲的黄金。但是,保险柜对于任何数量的白银来说都是不够的。其他缺点还有携带不便、运输不安全等,当你持有现货资产时,将面临着真假辨别的问题。故而,你在转手时需要支付一笔检验费用。

另一种方式是通过保管人来持有自己的金属。你的金银条或铸币将被寄存于仓库中,你会因得到一个注册账户而需要支付一笔费用。例如,位于德拉华州威灵顿的菲得利贸易公司(Fideli Trade)为投资者交易实物金属提供的一系列服务:

1. 交易服务:购买贵金属块;

2. 保管服务:商用公共汽车账户、带子账户的商业保管账户、有律师权的投资者保管账户、无律师权的投资者保管账户;

3. 运输服务:给顾客或第三方提供运输、联邦快递——投保了的、美国邮政服务——挂号信,投保,回执、装甲车、个人小卡车、来自客户或第三方收据;

4. 支持服务:为交易商提供顾客支持、私人电话服务、市场营销支持;

5. 运营支撑：调用公司员工、生成报告、数据下载。

正如前面所述，菲得利贸易公司为不同需求的客户提供合适的账户，并且大多数服务迎合了在贵金属行业的其他财务行业的需求。同时，个人交易者可以开通一个账户来购买、贮存和交易金属。实际上，很少人知道的钯金交易也是通过菲得利贸易公司的账户来完成的。

所有客户服务允许客户把打包好的钯金金币，通过美国邮政服务的挂号邮递业务，用船直接运往菲得利贸易公司。它将以投资者的名义对存货进行检验和出售，当交易完成时，投资者会拿到付款和支票。相反，投资者可以购买钯金、铂金、银或者金币。这些金属可以通过投资者要求的方式运抵。客户在菲得利贸易公司预留存款，交易费用将从客户的账户中划转。

菲得利贸易公司是一个经认证的账户管理公司。有几种认证存在，但是，一些可以作为商品交易所的仓库。这提供了额外的便利条件，使得投资者可以根据其期货头寸收货或者发货。还记得我前面对出售担保期权的描述吗？如果你拥有存储在认证的仓库中托管的金属，当期货合约到期时，就可以入货或者出货。

当我投资钯金时，曾经交割过期货合约，实际接收了几百盎司的金属。我在我的经纪人处存了全额的合约保证金，然后他将资金汇给了存管商。我指明了我对金属运送方面的要求。所有细节经过仔细检查和核准。处理实体金属是非常谨慎的环节。信誉意味着一切。任何小的差错都可能使公司遭到毁灭性的打击。

在我的账户建立之后，我也曾经用它买过美国自由银币。即使它很常见，我还是会用这些银币作为享受服务的小费，或者是圣诞节的礼物。与在报纸和杂志上做广告，29.95美元一个的银币比较，完全相同的银币在菲得利贸易公司只是以白银的现价计价，加上一点合理的管理费来交易的。如果我没记错，我买入的时候，白银价格还在每盎司5美元以下。它们是很好的礼物，很吸引人。任何人都可以给5美元、10美元或者20美元作为圣诞小费，但是银币却具有升值的能力。它也许实际上没那么贵（取决于白银现价），但是却被认为很有价值。

在选择存管商的时候，得查看它的信用度。我曾经提到过北美硬币和货币公司，它位于亚利桑那州的凤凰城，它曾经由于公司所有者携全部资产潜逃而倒闭。所以有必要花点时间，确定下面的问题：

1. 这个公司是否在监管机构注册过，例如国家期货协会、商品期货交易委员会、国家银行授权，或者国家授权牌照？

2. 这个公司关于其资产有多少保险？是否有不取决于承运人的对运送和接收的保险？

3. 这个公司是否是某个商品交易所认证或者准许的，例如纽约商业交易所的分部、芝加哥交易所或者外国交易所等？

4. 是否与某个专业机构有关联，例如白银协会、黄金协会或者零售商协会等？

5. 是否存在诉讼、仲裁或者赔偿的情况？

6. 谁是负责人，他们的背景如何？

7. 公司的保密条款如何？你的名字是否会被其他公司滥用？

像菲得利贸易这样的公司，有可能打交道的客户都是大型投资者、交易员、批发商和零售商等。与那些地区性的零售商或通过报纸杂志做广告的邮寄商不同，它是一个综合公司。你或许并不知道它，但是许多零售商实际上是通过这些公司的系统进行交易，例如菲得利贸易公司、莫加塔金属公司（Moccatta）等。它们拥有机构账户，然后仅仅需要从托管商那里要求送货即可。在提交了与现货相关的费用和风险保险后，很多零售商只是拥有少量的存货。

我发现，如果买入量大，例如 100 块硬币或者更多，使用像菲得利贸易这样的公司享有优惠。买卖的价差合适，没有其他费用，运送也不会加价。在比较两个相同的交易时，我发现手续费可能会相对较高。

虽然可能性不大，但是，如果一些读者有兴趣成为代理商，你会发现如果你的托管商非常专业，而且能够提供全方位服务的话，事情将会非常容易。当贵金属有新闻出现，或者有什么新的情况发生的话，批发和零售可能会有利可图，利润也非常高。去看看互联网上有多少代理商吧。你需要的是建立一个企业账户，确定你的托管商值得信赖。要考虑的因素包括以下几个方面：

库存多样化。不同材质的存货，包括黄金、白银和钯金制成的，提供尽可能多的种类，这样你也能够满足你客户的订单；存货的形态也是多样化的，如块状、条状和徽章等；要有电话和电子下单的服务；无附加费的转账服务；私人标签和保密运送服务；保密条款。

如果你打算做报纸广告,那么先查验你要用的报纸。许多报纸不接受贵金属的广告,一些电视或广播站也是如此,因为这其中有很多骗局。先确认你是否能够得到支持,允许你发广告吧。

标准金条

金币很容易识别并保持一致。但是,来自于不同地区、矿井和加工商的金条金块等却使得黄金投资品出现了各种不同的大小。投资用金条通常是与代表源头的标准化相一致的。标准化金块是独一无二的,而且可以追踪的。

金条交易的一个重要缺陷是,缺乏一个统一的国际化标准,那可以使得简单的实物交易向前发展。对通用标准的最强有力支持很明显,那将实体黄金又变回了交易形式;而对通用标准和跟踪系统的最强反对也很明显,许多投资者不愿意被追踪到。

标准化是金条交易中非常重要的部分,因为它规定了质量、源头、真实性的衡量标准。一些标准比其他的更有信誉。有一些比较老的或者传统的标准,也有一些更现代的。通过互联网和交易机构,例如世界黄金协会、白银协会和铂金协会等,你可以查到所有标准的列表。

金条证券

在不确定性越来越高的世界中,一个新兴的概念是"金条证券"。这是一种证券化的储备,你的证券或者股票代表的是可运送的实物金属。它的优势是,你不必储存金属,流动性比较好,介入市场也比较容易,你可以用普通的投资账户购买,证券化的金属可以分割成小至 1/10 盎司的量,而且,作为证券,黄金可以很容易地加入信托账户,例如 IRA 或者其他的退休计划中。劣势则是,在极端的危机中,你会担忧你没有实际拥有现货,交易手续费,你的代理商如果出现财务问题导致的风险,以及金条买卖中,由于溢价或者折价导致价差的可能性。税法把黄金看作一种收藏品,从黄金证券获得的投资收益可能在税收上处于不利地位。

正如金条证券和 ETFs 一样,其标的价值是实体黄金。事实上,世界黄金协会推出这种证券,在澳大利亚和英国交易。道富黄金信托证券(StreetTrack)最近在美国推出。用于支持这些证券的金条已经完成了分配,就是说信托为他们的所有人们保存着这些黄金。这些分配的金条不能用于借贷、互换或者质押。这些金属与未分配的金条分离开来,而且不与管理商的库存相关。不能基于分配的金属卖出衍生产品,而且每一个金块都是独一无二标记的。

这种黄金的形式由黄金支持货币的子类别和母类别组成,在世界货币市场流通。结果是,这种证券的价格直接取决于标的金属的价格波动。这样,通过购买黄金 ETF,可以非常容易地将实体黄金的等价物加入到股票组合中。如果你的投资组合总额为 25 万美元,而你想用 10% 来购买实体黄金,你不需要去开一个期货账户,建立储存账户,买金币、金块或者徽章等。你只需要买相应量的金条证券。当然,这样做的目的是参与交易黄金价格的波动。黄金没有分红或者盈利,有的只是价格上涨或者下跌。这就是为什么道富黄金信托首次上市时,对其股价没有任何影响。所有的升值必须要来自于黄金本身。

祝贺世界黄金协会推出了第一个具有良好流动性的黄金 ETF。正所谓"恰逢其时"。在本书的前面部分,我讨论了贵金属的下跌,特别是黄金,这可以作为经济指标和金融标准。无论黄金的表现如何,或者如何受欢迎,都应该有这样的工具,来把这种以前的或许也是以后的货币标准用作资产。我相信黄金 ETF 会给市场带来一定的能量。

尽管我相信还会出现其他金属的 ETF,但是当我研究这些东西的时候,我还没有发现任何一个。有些建议认为,白银 ETF 是一个合适的选择,这基于和黄金一样的道理。这就引出了一个问题:"为什么不是铂金或者钯金?"根据投资者参与的程度,以及供给和需求在历史上的平衡,我觉得铂金系金属并不适合建立 ETF。ETF 需要行业的支撑。铂金系行业并不鼓励过分投机。我们看到一些很小的供给错位引发的后果,钯金就像铂金一样,价格可能涨到 1 000 美元以上。

黄金账户

一些银行和机构提供黄金账户,在这种情况下,银行扮演实体金属的托管商的角色。这种账户可以交易已分配的黄金,就像前面说的一样,也可以交易未分配的黄金。未分配黄金的账户比较受欢迎,因为它为托管商和投资者提供了灵活性。

与持有实物或者 ETF 不同,黄金账户经常允许使用杠杆,这使得投资者可以只投入一部分保证金就可以拥有黄金。确实,ETF 也可以通过保证金来购买,但是那种保证金是对账户中所有头寸而言的。黄金账户可能有多种不同的费用和利率选择。未分配的黄金可以借贷、抵押或者用作杠杆。这为此类账户增加了风险。提供这样账户的机构,通过其投资策略和公司的报表来控制风险。我不得不发出警告,任何事情都可能发生。如果拥有黄金的目的是对冲风险的话,那么代理商在风险中的情况应该如何呢?另外,未分配的黄金是和其他资产在一起的。这对那些非常谨慎的投资者来说是值得担忧的。

铂金和钯金

像黄金和白银一样,铂金和钯金同样被铸成硬币。钯金没有像其他金属有那么多的形态,因为投资者的兴趣并不是那么强。但是,还是有一些钯金硬币的品种,比如说俄罗斯芭蕾舞硬币和 100 葡币的钯金纪念币等。铂金和钯金的硬币、徽章和金属块等,是参与这些实体金属投资的最受欢迎的形式。

我曾经接触过一些课题来得出拥有实体铂金和钯金的结论。正如所描述的那样,它们是不同寻常的金属,有着很特别甚至是奇怪的特性。无论用什么办法,我们都很难刮花它们的表面。如果有机会,有什么震惊世界的发明出现,你将可能根本无法去享受如此可观的回报,除非你已经拥有一些存货。

结论

正如在本章中列举的种种为支持投资现货贵金属的论据。在本书的前几章,我提到了值得拥有实体黄金、白银、铂金和钯金的理由。且不说潜在的增值,它们看起来就很好,感觉也非常棒。再一次,我建议所有还未拥有这些金属的人,去拥有它!

第十二章 预　测

　　任何长期预测都只不过是基于当前事实的理性猜测。如果贵金属市场有什么东西是一成不变的，那就是其戏剧性的基本面变化的倾向。贵金属是一种感情投资，其价值基于实用性和稀缺性两个方面。这本书试图把愿望和事实分开，提供这四种最主要的投资金属的客观观点。这需要很大的努力，因为对这些市场的偏爱会导致客观性的丧失。我个人曾经经历过美国禁止个人拥有黄金的时期，一直到1975年这一政策才解除。我没有经历过大萧条，而且我也不喜欢在自己口袋里放入金币，至少未曾尝试。我同20世纪上半叶那些经历过大萧条的人进行过讨论，并对相关文献做了回顾。无论其价值如何，我是在资产担保的货币体系向浮动汇率体系转变的过程中开始认识贵金属的。我已经见识了贵金属市场的结构变化，因此我必须作出非常谨慎的预测。

　　确实，投资者可以依赖的历史参照非常少。黄金和白银只是最近才脱离了货币约束成为商品的。而铂金和钯金只是从20世纪70年代末期才被人关注。从人们如何使用贵金属，到投资者对贵金属的感觉，每一件事都承受着挑战。探测技术和生产技术都在发展，大量新的领土在开放，新的政府结构在行成，全球交流在扩展，财富的积累不再局限于第二次世界大战后的那些工业化国家。

　　所有这些变化都共同影响着贵金属。最终的问题是："如何影响"和任何预测一样重要，我相信会有一个格局。在商业世界中，能够把黄金转变为货币的关键是供给的增加。当足够的黄金可以流通时，它就可以和白银一起作为一个国家的货币基础。当世界经济扩张远快于黄金和白银的供给时，这种货币的联系不得不被打断。

　　人类已经经历了石器时代、中世纪、重商主义、工业革命、通信时代、电子革命和信息时代等，每一个都代表了一个结构的变化，打破了旧的规则，形成了新的发展路线。在信息时代，关注现代社会、政治、生产和服务趋于全球化。

一个在中国的学生可以从高清的产品目录里面看到最新的玩具,这就像在纽约或者芝加哥的消费者一样容易。网络使我们过得比以电话、电视和收音机为代表的通信时代更好。我们互相交换和处理信息,进行交易、关注世界。同时,技术几乎每天都在改变我们的生活水平。

尽管我不赞同回归黄金本位货币制度的想法,我仍然提供了这些事实,以供那些死硬派的黄金白银爱好者们坚持他们的希望。有可能我们会回到某种硬资产本位的货币标准。考虑一下向合并发展的趋势吧。我们看到了货币和市场的合并,我们看到通过机构兼并重组完成合并,我们也看到政治合并。在某个时期,货币系统合并的最简单方法就是选择一个标准,这个标准根据人类发展趋势由政府机构组成的世界组织来定义。从历史的角度说,当G5或者G7或者G20集团主宰货币关系是暂时的。世界究竟有没有可能回归黄金或者白银本位,来建立价值和平价关系呢?

贵金属作为未来储备的变化

如果黄金和白银的产量大幅超过消耗,我相信会有强烈的意愿回归固定标准。这里会有一些问题,比如第三世界的工业化、中国的资本化,以及俄罗斯的民主化等。这里也会有对电脑交易和计算机化的银行账户的担忧。虽然有人预言纸币系统会崩溃,从而回归到金银时代,但是我不肯定这是交易的形式。信息通过互联网和电视以惊人的方式传递,这些交流工具可以被用来重新引入银币时代或以金为本的交易。正如同当年关闭黄金窗口并没有带来大灾难一样,重新启用金银作为交易工具并不会对交易系统产生巨大影响。正如我们所见的黄金证券以及ETF那样,也许这个进程正在被推进。

为什么我们要回到金银交易时代?在没有货币恐慌时,标准的金属一定是方便的。如果金银变得很便宜,它们可以和其他金属和纸币一样方便。如果投资者可以电子的方式记录跟踪,固定资产就能提供方便安全的措施,因为在活跃的世界市场中恐惧是不健康的。

本书之前回顾的供求趋势表明,现在黄金白银的趋势正顺应原始掘金浪潮中的发展轨迹,大量的新金属呈现出来,如果这个产业继续发展的话,那么就必须形成相应的市场。最稳定的市场就是金钱吸收。人口特征带来了更多的选择。来自中国、印度和太平洋沿岸的国家或地区的传统习俗需求总会跟得上供给。如果这一点发展起来的话，那么金钱应用也许会在控制之中。

如果没有新的需求，那么，我很难看到，抵消数字照片替代卤化银感光胶片的进程，或是世界黄金产出的规模扩张。尽管有电子的外部投射、热量和反射性治疗、化工进展和其他工业应用，供求等式并不确保牛市。

如果金属货币化，那么，其投机功能将被减弱，矿产股票会与公用事业股票一样稳定。一旦稳定的价值体系被建立，生产商的利润空间也会相应固定下来。到那时，产量与效率就会成为辨别公司优劣的因素。之后储存与追踪的系统也会被逐步发展起来。只要有需求，就会有投资机会。所有与贵金属相关联的生意都获利于贵金属稳定的货币功能。这就意味着仍有获利机会。途径会变得不一样。

很难预测国家是否会在新标准建立之前无视央行，或者储备资产是否会被用作保险策略。只要有财富的囤积居奇，就会存在着货币金属与储备金属之间的联系。有时候你不得不结束一段关系来挽救婚姻。也许这就会变成黄金白银动态发展中的下一个章节。

当然，欧洲、美国和远东市场的统一开始了黄金剥夺的进程，这以葡萄牙和比利时央行向澳大利亚销售为代表。1997年，金属变为货币的宣言导致了黄金白银价格的低迷。澳大利亚黄金销售和德国储备潜力的再估价，表明了黄金货币职能的延续。

如果在新的货币职能建立之前出现大举重新分配央行储备的话，我并不感到惊奇。货币必须流通。黄金在央行储存，就没有货币职能。由于世界的各个地方都在发现金属，我对未经经济重组而重新建立贵金属本位的货币体系并不看好。换句话说，有着大量储备的国家并不一定会成为经济大国。相反，我们会看到新金属与从前就存在的多样化交易的供给一起平稳流向这样的市场。

产业中的未来使用途径

铂金和钯金有着不同的使用途径。扩大工业使用途径的前景是鼓舞人心的。就算不能被用作汽车尾气净化的催化剂，随着时间发展，也会出现足够多的新的使用途径来填补消费空白。我爱想象。铂金燃料电池的可能性或是钯金能量反常现象就足够促使我储藏一些这样的金属。不，我并没有打算孤注一掷。没有必要为了赌一赌而储藏上千盎司。小量的储藏就能够在新技术发展的时候获利。

电子产品的发展将会是驱动贵金属需求的强大动力。我不能预言电镀物品聚合物的下一步发展是否会对白银、黄金、铂金或是钯金形成威胁。2005年，在电子元件产品中，还没有能够替代金属的东西。我相信，人们一致认为电子产业是发展中的产业，它会强有力地带动贵金属的需求。人口统计学显示，仍有大量未被发掘的需求。财富模式肯定了人口统计学的这一结论。

所以，也许金属永远不会重回归货币标准的职能，但是，这并不要紧。黄金、白银、铂金和钯金在工业使用领域仍处于技术上的上升通道中。站在投资的角度来看，不带货币职能的投机机会越多越好。

贵金属的真正追随者应当学习地质、技术、地理、人口特征模式、政治、经济以及历史。黄金、白银、铂金以及钯金都会带你走上痴迷的道路。研读包含这四种金属的最新科学报告。拿起任何电子设备，其元件都会有这些金属。观察中东市场——那里有黄金。人们的生活不论在过去、现在、将来都会被贵金属包围和影响。我鼓励你多研读、多学习——而且如果条件允许，就多购买。但是永远记得要实事求是，不要对贵金属存在太多的幻想。

附录 A 元素周期表

当原子量越来越大的时候,元素就会越来越稀少。每种贵金属都有它们的独有特征,由此增加了它们的独有价值。元素周期表更加有助于描述这些特征和每种元素特定的化学属性。

部分贵金属编号

Rh(♯45)铑

Pd(♯46)钯

Ag(♯47)银

Pt(♯78)铂

Au(♯79)金

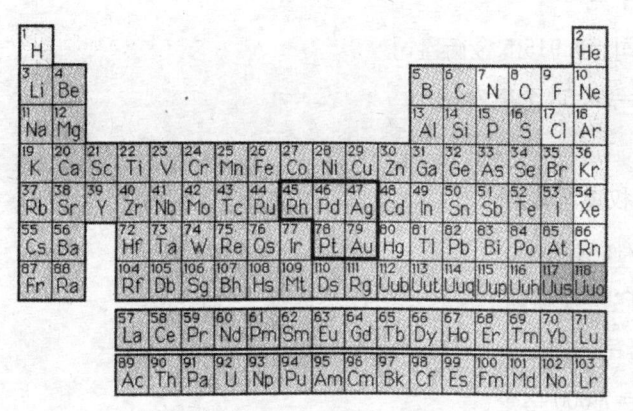

附录 B 度量衡

度量衡

1 盎司＝437.5 格令＝28.349 5 克＝0.911 46 金衡盎司＝0.062 50 磅＝0.028 35 千克

1 磅＝453.592 克＝16 盎司＝14.583 3 金衡盎司＝1.215 28 金衡磅＝0.453 6 千克

1 金衡盎司＝480 格令＝31.103 5 克＝1.097 1 盎司＝20 便士＝0.083 33 金衡磅＝0.068 57 磅

1 金衡磅＝5 760 格令＝373.242 克＝12 金衡盎司＝0.822 86 磅＝0.373 24 千克

1 盎司＝0.915 5 金衡盎司

1 磅＝14.58 金衡盎司

重量权重与转换

27 11/32 格令＝1 打兰

16 打兰＝1 盎司

16 盎司＝1 磅

1 磅＝7 000 格令

14 磅＝1 英石

100 磅＝1 美担

112 磅＝8 石＝1 美短吨

2 240 磅＝1 英长吨

160 石＝1 长吨

20 担＝1 吨

1 磅＝0.453 6 千克

1 担＝45.359 千克

1 短吨＝907.18 千克

1 长吨＝1016.05 千克

公制重量

1 000 克＝1 千克

100 千克＝1 公担

1 公吨＝1 000 千克＝10 公担

1 千克＝2.240 622 磅

1 公担＝220.462 磅

1 公吨＝2 204.6 磅

1 公吨＝1.102 短吨

1 公吨＝0.984 2 长吨

K

纯金百分比纯度为 24K

100％纯度＝24K＝1 000 成色

91.7％纯度＝22K＝917 成色

75％纯度＝18K＝750 成色

58.5％纯度＝14K＝585 成色

41.6％纯度＝10K＝416 成色

后 记

《至臻掘金——金银铂钯趋势交易指南》这本书经过反复校阅总算付梓于上海财经大学出版社。首先我要衷心感谢我的同事杨颖昇、陈皓羽等人的辛勤劳动。由于本书的史料性与众多的专业术语，他们的加入使得本书的翻译质量上了台阶。

随着上海期货交易所的白银期货的成功上市，相信很快会有其他贵金属以及稀缺的有色金属上市。《至臻掘金——金银铂钯趋势交易指南》这本书的出版是恰逢其时的。国内之前有关贵金属交易的译著是有几本的，但是与这本书比较，我们还是能看出作者菲利普·戈特海尔福先生的深厚功力。

我们始终清醒地认知这一点，那就是如果相信事物会轮回，一如行情会重来，那么信用背景之下的纸币价值将重新趋于零，我们这个世界的最终支付手段将只能是黄金。再回首最近一两年内的欧洲债务危机，以及希腊人恐惧他们若重新启用已经使用了整整 170 年之久的德拉克马(Drachma，本意是抓住、领悟)，将导致其剧烈的贬值。现在看来，希腊人的确是抓住和领悟了货币价值的要点。

以往国内译介贵金属交易的书籍，大多是偏重具体的交易技巧，以及现阶段黄金与美元之间的关系，而绝少有不厌其烦地从源头介绍贵金属(包括金银铂钯在内)的人类接触历史以及各类基本面的论述。本书由于成书时间较早，相关的数据有些滞后，但是本书内容颇为翔实，足资从事贵金属交易的人士参考。正因为如此，本书的翻译就显得非常有价值。循着作者的思路与分析架构，读者完全可以用最新的数据去解释交易中所遇到的基本分析的困惑。

益 智
金融学教授　经济学博士
浙江财经学院证券期货研究中心主任
2012 年 6 月吉日

浙江中大期货有限公司

浙江中大期货有限公司,成立于1993年的老牌期货公司,是世界500强浙江物产集团的成员企业,上市公司物产中大元通集团(股票代码:600704)的子公司,是上海期货交易所理事单位,大连商品交易所、郑州商品交易所和中国金融期货交易所会员单位。中大期货总部设在杭州,公司一直以其自身经纪业务优势在行业内独树一帜,先进的管理理念和稳固的营销团队是公司一直保持稳健增长的核心。公司在全国有17家营业部,通过对全国核心区域布点,中大期货将为打造全国性的行业领军品牌迈出坚实的一步。

经中国证监会核准,公司经营范围为:商品期货经纪、金融期货经纪、期货投资咨询。

连续十年经营业绩位列全国十强;

每年获得多项各个交易所各类优秀会员单位表彰;

连续六年荣获和讯网中国财经风云榜"中国期货行业最具影响力的期货公司";

2009~2010年,连续两届蝉联《证券时报》和《期货日报》联合评选的"中国最佳期货公司"称号;

2009~2011年,连续三年荣膺《上海证券报》评选的"中国期货市场最佳公司品牌大奖";

2011年,获评《期货日报》和《证券时报》联合评选的"中国期货业最佳管理团队"、"中国金牌期货研究所"称号。

2011年,获评中金在线2011年度财经排行榜评选活动最具投资咨询业务潜力期货公司。

地址:浙江省杭州市中山北路310号五矿大厦三楼
邮政编码:310003
网址:www.zdqh.com
全国统一客服热线:400-8810-999

上海中大经济研究院

上海中大经济研究院是集研究、信息咨询、出版、培训等功能为一体的综合性经济与金融领域的独立研究智库,拥有一支高学历、专业化、年轻化的,颇具前瞻性和实践性的研究团队,目前与国内外金融机构、国内上市公司等建立了多角度、宽领域的合作,全力打造一家中国经济金融领域功能齐全、实力雄厚、成果丰硕的权威机构和高端平台。

上海中大经济研究院注重各种形式的学术交流,与众多国内外机构建立了良好的合作交流关系,同时积极参与国内外有影响的金融会议和举办有影响的区域经济金融论坛,利用自身雄厚的研究力量以及中大期货的大力支持,积极跟踪经济与金融领域的最新动态,定期推出一系列研究课题,及时发表大量具有前瞻性和操作性的研究论文,每季度集结相关学术论文和研究人员参考文章,出版《牛路客》(*New Looker*)季刊。

上海中大经济研究院自成立以来,一直将与国外金融机构的交流与合作置于重要位置,目前正致力于与华尔街投资大师拉瑞·威廉姆斯(W%R威廉指标发明人)和约翰·布林格(BOLL布林线指标发明人)的合作,全权代理其相关知识产权的金融品牌并在中国内地推广。上海财经大学出版社出版的由上海中大经济研究院翻译的"中大经济研究院·国际证券期货经典译丛",目前已经出版的有拉瑞·威廉姆斯的《与狼共舞》、蒂莫西·奥德的《量价秘密》、约翰·墨菲的《按图索骥》、菲利普·戈特海尔福的《至臻掘金》、罗斯·贝克的《嘉利图形》以及理查德·威科夫的《擒庄秘籍》。

地址:上海市世纪大道1777号10楼E座
邮政编码:200122
电话:021-61053359
传真:021-61096964
网址:www.newlooker.org
电子邮箱:scier@sina.cn,scier@hexun.com